仓储管理与库存控制立体教材

仓储管理

战略、规划与运营

蒋长兵　白丽君　吴承健　编著

中国物资出版社

图书在版编目（CIP）数据

仓储管理：战略、规划与运营/蒋长兵，白丽君，吴承健编著.—北京：中国物资出版社，2010.1（2019.2 重印）

（仓储管理与库存控制立体教材）

ISBN 978-7-5047-3293-4

Ⅰ.仓… Ⅱ.①蒋…②白…③吴… Ⅲ.仓库管理—教材 Ⅳ.F253.4

中国版本图书馆 CIP 数据核字（2009）第 221382 号

策划编辑 李彩琴

责任编辑 戴海林 杨白雪

责任印制 尚立业

责任校对 孙会香 梁 凡

中国物资出版社出版发行

网址：http：//www.clph.cn

社址：北京市西城区月坛北街 25 号

电话：（010）68589540 邮编：100834

全国新华书店经销

北京京都六环印刷厂

开本：787mm×1092mm 1/16 印张：15.75 字数：373 千字

2010 年 1 月第 1 版 2019 年 2 月第 2 次印刷

书号：ISBN 978-7-5047-3293-4/F·1300

定价：36.00 元

（图书出现印装质量问题，本社负责调换）

仓储管理与库存控制立体教材
编写委员会

仓库、委吏及食粮

（代序言）

仓库的起源，有没有人考证过？原始社会人们以猎物为主要食物的时候，打猎是强壮男人的事情，打猎的风险很大，经常有打不到猎物的时候，同时剩余猎物容易腐烂很难保存。一般一个部落的首领会把猎物公平地分割，给部落成员分享，那时没有剩余，仓库也就不存在。但自从人们掌握耕种技术以后，秋收的粮食不可能一次吃完，就有了剩余，粮食储存便成为必要。所以，仓库应该起源于粮食的收藏。还依稀记得童年时东北山区农家的谷仓，装粮食的部分是圆柱体，仓顶是圆锥体，想来与金字塔倒有异曲同工之妙，这谷仓圆形对应的文字是“囷”，方形对应的是“仓”。记得小时玩耍，可以爬山、上树、下河、滑冰，怎么淘气都成，就是不能去谷仓里玩。所以在农村十年，没看过谷仓内部的样子。

话说春秋战国时期，鲁国有一位能力很强的青年，尚未婚配，被介绍到政府权贵季氏那里讨公职，季氏碍于人情，就把他派到很难管控的粮库去当管理员。古代的仓库称“委府”，管理员职位在《史记》中称“料量平”，其他典籍中有称“委吏”。这个青年到岗后，发现整个谷仓管理混乱，账目不清，便着手进行梳理。没过多久，他就把粮库打理得井井有条，账卡物三相符。季氏很是高兴和欣赏，看着青年长大的养父却十分不悦，说：“把那么个大才子派去做管理员简直就是浪费人才，暴殄天物。”青年劝他的养父说：“管理粮食对国家可是个大事，百姓一日三餐需要粮食，遇到灾年赈灾需要粮食，发生战争军队需要粮食，我把粮食管理好了也是对国家作贡献啊。”数年后此人修成“温良恭俭让”正果，开馆授徒，座下三千弟子七十二贤士，他就是孔子。孔子步入谋生阶段的第一个职位就是仓库管理员，仓储业的管理员、理货员可手舞之、足蹈之，把孔子奉作鼻祖了。

此后孔子又做了其他如牧羊等一些小职位，踏踏实实，勤勤恳恳，不仅干一行爱一行，还行行干得漂亮，很快被鲁国统治者发现，不断得到提拔。后来，孔子看到春秋战国时期人们的思想已经不淳朴了，战争连年不断，人的生存环境很不安全，造成这一切恶果的原因就是人心渐渐地变了。经过权衡，他认为还是从教化着手，提倡人心向善，即“仁而爱人”，从此一发不可收，成了千古圣人。看过南怀瑾大师《论语别裁》一书的人一定会记得，他把儒家比作粮食店，道家比作药店，佛家比作百货店。孔孟之道就好像我们顿顿要吃的粮食，日日不可或缺；道家如同药店，每当国家混乱的时候，一般都是道家的人来收拾残局；而佛家真如同一个百货店，凡你想要的这里都有，你想不到的这里也有，一切现成，无须定做。把儒家比作粮食店，与孔子从粮食管理员职位入世真是暗合。南先生不无调侃地说：“五四运动，不砸道家的药店，不砸佛家的百货店，偏偏要砸大家日日不可或缺的孔家粮食店。”

儒家提倡积极入世，跻身政界治世，努力开创太平盛世。孔子自己也从粮食管理员开始积极入世，奉献给了人类伟大的精神食粮，孔子是仓储业最可镜鉴的榜样。

蒋长兵老师邀我给“仓储管理与库存控制立体教材”作序，不胜惶惧。蒋长兵是个勤奋有为的青年，近几年著述甚巨。由他主持撰写的四本有关仓储的皇皇教材摆在面前，使我浮想这青年在文字阡陌中耕耘，韦编三绝、胼手胝足的样子。他的恩师陈梅君教授曾经是国内最了解仓储的老师，师徒传承，成果竟如是丰厚。相信因缘《库存控制：模型、技术与仿真》、《仓储管理：战略、规划与运营》、《仓储作业：流程、表格与示例》、《仓储管理与库存控制：案例、习题与解答》四本教材，会为国家培养更多与现代物流契合的仓储人才。

仓库，收藏了人类的智慧成果；“仓储管理与库存控制立体教材”，形成了当今仓储业的教材新体系，是现代仓储业的新食粮。

中国物资储运协会秘书长 刘洪波

2009 年 10 月 9 日

前　言

“库存是一把双刃剑，是一个必要的恶魔”，一方面，库存量较高，对生产企业来说可以保证企业生产流程的顺畅，对流通企业来说可以保证其经营活动的正常进行；另一方面，库存量较低，可以减少企业的资金占用及相应的库存保管成本及库存管理成本。如何协调好这两方面的矛盾，是企业进行库存控制要解决的首要问题。

仓储活动作为物流系统的重要组成部分，其行为科学合理与否，对保证产品和服务质量、降低库存和产品成本、提高企业经济效益，都会产生直接影响。目前，在我国的经济领域中仓储与库存管理正在成为热门话题，越来越受到人们的普遍重视。为了实现科学合理的仓储管理，要求管理者必须具备经济、技术、管理等方面的专门知识与技能，这就需要通过学习和实践不断提高自身素质。基于这种情况，经过长达一年半的企业调研和一年半的撰写，“仓储管理与库存控制立体教材”终于结稿了。丛书包括《库存控制：模型、技术与仿真》、《仓储管理：战略、规划与运营》、《仓储作业：流程、表格与示例》和《仓储管理与库存控制：案例、习题与解答》四本图书，构成了金字塔式的仓储管理与库存控制知识体系。

本书由浙江工商大学蒋长兵、白丽君和吴承健编著。在写作本书过程中，借鉴了国内外许多专家学者的学术观点，参阅了许多报刊媒体和专业站点的资料，在此特别鸣谢。感谢浙江工商大学信息学院陈子侠教授、彭建良教授、琚春华教授、凌云教授、王勋教授，还有胡军博士、陈达强博士、彭扬博士、伍蓓博士和张芮博士以及浙江工商大学物流协会的陈祎村、陈侃和林若，他们对这本书的编辑和写作给予了不遗余力的支持；另外，还要特别感谢中国物资储运总公司和中国物资储运协会刘洪波秘书长，她对丛书的体系架构及企业仓储物流的调研做了许多具体工作，以及欧文斯科宁（南京）建筑材料有限公司供应链经理张建康，正是有了他们不遗余力的帮助，丛书才能得以面世，非常感谢他们。

由于作者水平有限，成稿时间仓促，书中表述难免出现疏忽和谬误，敬请各位专家、读者提出批评意见，并及时反馈给作者，以便逐步完善（联系邮箱：johncabin@ mail. zjgsu. edu. cn）。

蒋长兵

2009 年 9 月于浙江工商大学

目 录

1 仓储与仓储管理概述

仓储是社会生产出现剩余之后产品流通的产物，当产品不能被即时消耗掉，需要专门的场所存放时，就产生了静态的仓储。将物品存入仓库并对存放在仓库里的物品进行保管、控制、提供使用便成了动态仓储。可以说，仓储是对有形物品提供存放场所、物品存取过程、对存放物品的保管和控制的过程，是人们的一种有意识的行为。仓储的性质可以归结为：仓储是物质产品生产过程的持续，物质产品的仓储业创造着产品的价值；仓储既有静态的物品储存，也包含动态的物品存取保管和控制的过程；仓储活动发生在仓库等特定的场所；仓储的对象既可以是生产资料，也可以是生活资料，但必须是实物动产。

1.1 仓储的产生和发展

1.1.1 仓储的概念

“仓”也称为仓库，是存放、保管、储存物品的建筑物和场所的总称，可以是房屋建筑、大型容器、洞穴或者特定的场所等，具有存放、保护、管理储藏物品的功能；“储”表示将储存对象储存以备用，具有收存、保护、管理、储藏物品、交付使用的意思，也称为储存。“仓储”就是利用仓库存放、储存物品的行为。

1.1.2 仓储的产生和现状

今天，我国的仓储活动已经取得了飞跃，政府采取了一系列措施改革仓库管理制度，新建、改建了一大批设备较好的仓库，为社会主义经济起到了一定的后勤保障作用。但我国仓储业还存在以下的问题：

1. 对于自动化仓库技术的引进缺乏必要的经济论证和可行性研究

在引进自动化仓库技术方面也缺乏必要的可行性研究，特别是在20世纪80年代初我国兴起了一股自动化仓库热，许多企业和部门纷纷建立自动化仓库，投入了大量的财力和人力，但真正能充分发挥自动化仓库作用的不多。

2. 仓储技术发展不平衡

20世纪80年代以来，仓储技术得到较大发展，各地发展不均衡，自动化仓储技术传入我国以后，仓储技术有了较大的提高，但只有少量的机械设备，利用率不高，有些设备已经老化、陈旧，由于资金不足，无力更新，只得带病作业，隐藏着许多不安全因素。这种仓储技术方面先进与落后并存的状态将会继续存在一段比较长的时间。

3. 仓库的拥有量大，但管理水平较低

由于我国没有一个统一的仓储管理部门，也没有做过全国性的统计，所以拥有量的底数并不十分清楚。我国的仓库数目虽然很多，但是仓库管理水平却不太高。究其主要原因，是我们有些领导在思想上对仓储管理不够重视。常见这样的领导“手中有货，心中不慌”，他们把主要精力放在如何争取货源上，一旦货物到手，往仓库里一放，就以为是万事大吉，至于如何管理好库存物资，就不太关心。再加上我国社会上普遍对仓库工作存在一种偏见，认为仓库不需要知识，也不需要技术，致使仓库人员的素质不高，直接影响了管理水平的提高。

4. 仓储管理方面的法制法规还不够健全

建立健全以责任制为核心的规章制度是仓储管理的一项基础工作，严格的责任制是现代化大生产的客观要求，也是规范每个岗位职责的依据。新中国成立以来，建立了不少仓储方面的规章制度，但随着生产的发展和科学水平的提高，至今有些规章制度已经不适合工作，需要进行修改和新建。在仓储管理法制方面，我国的起步较晚，至今我国还没有一部完整的《仓库法》。同时，我国仓储管理人员的法制观念不强，不会运用法律手段来维护企业的利益。

面对新形势的挑战仓储需要从多方面来提高自己的能力。未来的仓储业有四个发展方向：

（1）仓储业将向着更加综合化、专业化、国际化的方向发展。一是仓储增值业务水平将有进一步提高，综合功能集成使仓储企业收入和赢利都将持续增加。基于仓储的综合物流业务将是仓储业的主要方向；就是说仓储业要把功能向上游和下游延伸，这样可以获得更多的增值收入。二是业务流程将进一步和国际接轨，流程的优化和改革将大大提高仓储业的效率，扩大服务的对象。三是向立体化仓容发展。仓库高度会进一步增高，楼库、立体仓库、立体货架的增长速度将会更快。四是物流中心的专业化方向更为明显，冷库、液体库、化工危险品库的需求进一步增加。五是仓储管理公司将会有更多的发展机遇。

（2）品牌仓储企业将成为客户的首选对象。这是因为品牌仓储企业经验丰富、信誉良好、抗风险能力强、服务产品的研发能力强，能够满足越来越多的功能需求。样本企业调查表明，优质客户大多在向品牌企业集中。

（3）仓储业将会和运输业日益密切结合。随着公共仓库的发展，仓库成为重要的货源和货物集散中心，中小运输企业将在这里找到合适的配载货物。同时，较大的运输企业、物流企业也在加快自有物流中心的建设，一些生产厂家也在纷纷建立集中管理的物流基地，整合成以仓库为核心的区域性的、辐射状的物流网络。

有很多大型的外资生产企业，过去的仓库是分散在不同的城市，现在有一种趋势，这些大企业要把物流中心相对集中到生产地或者销售地，把所有的货都在物流中进行分工。例如美国一家企业因为物流中心的集中，原来五个仓库集中成一个大仓库，物流成本下降了40%，同时它的物流流程更加科学合理。

（4）严格的国土政策将对仓储业产生重大影响，仓库基础设施建设将向集约化方向发展。国家出台一系列严格的土地政策，主要目的是加大土地的取得、使用、保有成本。城镇土地使用税将大幅提高，这就加大了仓储企业的运营成本，新增建设用地将更难取得，这就给新设仓储企业征地和原有仓储企业的置换带来困难。可以预见，仓储企业选址将向离城区更远的地方寻找，沿海、沿江、滩涂、闲置建设用地都在热选之列。此外，物流园区也会得到进一步发展，因为它是仓储业的主要载体。

向集约化的方向发展，就在有限的土地上建设功能更加齐全、运营更加有效，产出更高的物流中心。库房的建筑密度提高，道路通行能力加强，站台库数量增长，起重设备更加先进，调度更为科学将是仓储企业追求的目标。将有更多的仓储企业关注仓储物流的技术问题，尤其是信息技术的先进、适用、价格合理，仓储业的信息系统与客户信息系统的对接，公共仓储信息平台建立等问题。

政府层面对仓储物流非常关注，在绿化率、仓储企业重量中的税收基数计算等方面给了很多优惠条件。这对我国仓储业的发展有很大的推动作用。

1.2 仓库的分类

1.2.1 仓库的概念

仓库是仓储活动的主体，是保管、储存物料的场所的总称，比如库房、货场、货棚等。仓库的种类有很多，承担的任务和仓库所处的地位密切相关，再加上储存物资的种类规格繁多、性能各异，就可以根据不同的分类标准，将仓库分为不同的类型。

1.2.2 仓库的类型

1. 根据经营者的性质划分

（1）营业用仓库：仓库拥有者根据相关法律取得营业资格的仓库。

（2）自备仓库：生产经营者为本企业物流业务的需要而建成的。

（3）公共仓库：隶属公共服务的配套设施，为社会物流服务的仓库。

2. 按仓库用途划分

仓库按照它在商品流通过程中所起的作用可以分为以下几种：

（1）采购供应仓库：采购供应仓库主要用于集中储存从生产部门收购的和供国际间进出口的商品，一般这一类的仓库库场设在商品生产比较集中的大中城市，或商品运输枢纽的所在地。

（2）批发仓库：批发仓库主要是用于储存从采购供应库场调进或在当地收购的商品，这一类仓库一般靠近商品销售市场，规模同采购供应仓库相比一般要小一些，它既从事批发供货，也从事拆零供货业务。

（3）零售仓库：零售仓库主要用于为商业零售业做短期储货，一般是提供店面销售，零售仓库的规模较小，所储存物资周转快。

（4）储备仓库：这类仓库一般由国家设置，以保管国家应急的储备物资和战备物资。货物在这类仓库中储存时间一般比较长，并且储存的物资会定期更新，以保证物资的质量。

（5）中转仓库：中转仓库处于货物运输系统的中间环节，存放那些等待转运的货物，一般货物在此仅做临时停放，这一类仓库一般设置在公路、铁路的场站和水路运输的港口码头附近，以方便货物在此等待装运。

（6）加工仓库：前面在讲仓库的功能之后已经讲过仓库的加工延迟功能，一般具有产品加工能力的仓库被称为加工仓库。

（7）保税仓库：保税仓库是指为国际贸易的需要，设置在一国国土之上，但在海关关境以外的仓库。外国企业的货物可以免税进出这类仓库而办理海关申报手续，而且经过批准后，可以在保税仓库内对货物进行加工、存储等作业。

3. 按保管货物的特性分类

（1）原料仓库：原料仓库是用来储存生产所用的原材料的，这类仓库一般比较大。

（2）产品仓库：产品仓库的作用是存放已经完成的产品，但这些产品还没有进入流通区域，这种仓库一般是附属于产品生产工厂。

（3）冷藏仓库：它是用来储藏那些需要进行冷藏储存的货物，一般多是农副产品、药品等对于储存温度有要求的物品。

（4）恒温仓库：恒温仓库和冷藏仓库一样也是用来储存对于储藏温度有要求的产品，这种仓库规模不大，可以存放精密仪器等商品。

（5）危险品仓库：危险品仓库从字面上就比较容易理解它是用于储存危险品的，危险品由于可能对人体以及环境造成危险，因此在此类物品的储存方面一般会有特定的要求，例如许多化学用品就是危险品，它们的储存都有专门的条例。

（6）水面仓库：像圆木、竹排等能够在水面上漂浮的物品，它们可以储存在水面上。

4. 根据仓库的功能分类

（1）存储中心仓库：以存储为主的仓库，主要对物料进行保管，以解决生产和消费的不均衡。如季节性的粮食储备。

（2）流通仓库：也称流通中心，具有储存、发货、配送、流通加工等功能。具有灵活、附加值高的特点。

（3）专用仓库：专门用来保管某些特定物料，如钢铁、粮食、药品等。

5. 按照场库的构造来分类

（1）单层仓库：单层仓库是最常见的，也是使用最广泛的一种仓库建筑类型，这种仓库只有一层，也就当然不需要设置楼梯，它的主要特点是：

①单层仓库设计简单，所需投资较少；

②由于仓库只有一层，因此在仓库内搬运、装卸货物比较方便；

③各种附属设备（例如通风设备、供水、供电等）的安装、使用和维护都比较方便；

④由于只有一层，仓库全部的地面承压能力都比较强。

（2）多层仓库：有单层仓库，必然对应的有多层仓库，多层仓库一般占地面积较小，它一般建在人口稠密，土地使用价格较高的地区，由于是多层结构，因此货物一般是使用垂直输送设备来搬运货物，总结起来，多层仓库有以下几个特点：

①多层仓库可适用于各种不同的使用要求，例如可以将办公室和库房分处两层，在整个仓库布局方面比较灵活；

②分层结构将库房和其他部门自然的进行隔离，有利于库房的安全和防火；

③多层仓库作业需要的垂直运输重物技术已经日趋成熟；

④多层仓库一般建在靠近市区的地方，因为它的占地面积较小，建筑成本可以控制在有效范围内。所以，多层仓库一般经常用来储存城市日常用的高附加值的小型商品。使用多层仓库存在的问题在于建筑和使用中的维护费用较大，一般商品的存放成本较高。

（3）立体仓库：立体仓库又被称为高架仓库，它也是一种单层仓库，但同一般的单层仓库的不同在于它利用高层货架来储存货物，而不是简单的将货物堆积在库房地面上，在立体仓库中，由于货架一般比较高，所以货物的存取需要采用与之配套的机械化、自动化设备，一般在存取设备自动化程度较高时也将这样的仓库称为自动化仓库。

（4）筒仓：筒仓就是用于存放散装的小颗粒或粉末状货物的封闭式仓库，一般这种仓库被置于高架上，例如筒仓经常用来存储粮食、水泥和化肥等。

（5）露天堆场：露天堆场是用于在露天堆放货物的场所，一般堆放大宗原材料，或者不怕受潮的货物。

6. 按仓库所处位置分类

根据仓库所处的地理位置，可以分为码头仓库、内陆仓库等，这是根据仓库的地理位置赋予仓库的特性来进行的分类。

7. 根据储存物料种类

（1）综合性仓库：同时储存一大类以上不同自然属性的物料。

（2）专业性仓库：在一定时期内只储存某一类物料。

1.3 仓储的功能

1. 储存功能

这是仓储最基本的功能，用于保护货物及有序整齐的堆放产品。主要用于克服商品产销在时间上的隔离（如季节性生产但全年消费的粮食），空间上的隔离（如甲地生产、乙地消费），还有克服商品产销的不平衡（供大于求）来保证商品流通的持续性。

2. 拼装功能

所谓的拼装，就是仓库整合来自一系列制造工厂送往某个特定顾客的材料或产品，把它们拼成单一的一票装运，从而得到最低的运输费率，减少收货台可能发生的堵塞。如图1－1所示拼装的流程。

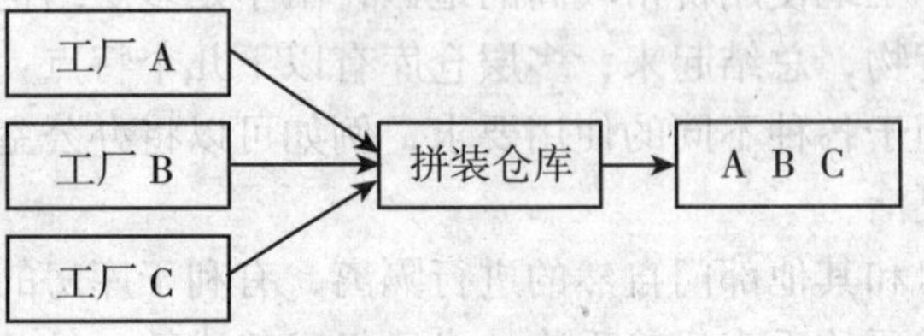

图1－1　拼装流程

拼装的主要经济利益在于把一些小批量装运的物流流程结合起来联系到一个特定的市场。拼装仓库可以由一家厂商单独使用，也可以由多家厂商联合使用。通过拼装，每个单独的制造商或托运人都能够享受到物流总成本低于各自分别直接装运成本。

3. 分类、交叉功能

分类作业和拼装作业恰恰相反。分类作业接收来自制造商的货物，并把它们装运到个别的顾客（如图1－2所示）。分类仓库或者分类站把组合订货分割成个别的订货，并安排当地的运输部门装运。

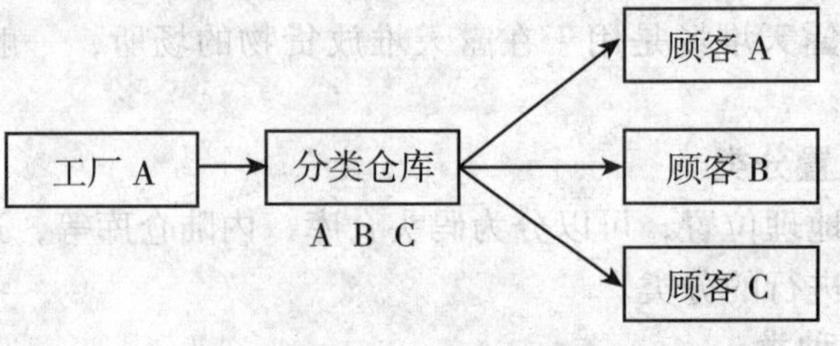

图1－2　分类流程

当涉及多个制造商和客户的时候，就需要采用交叉作业，如图1－3所示。

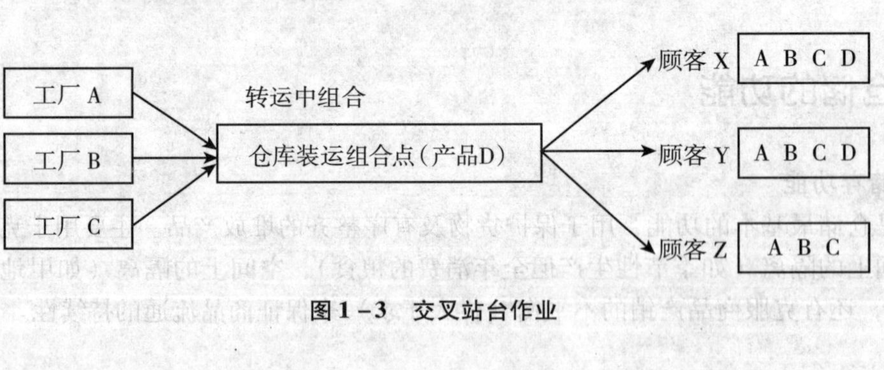

图1－3　交叉站台作业

4. 加工功能

保管物在保管期间，保管人根据客户的需求对货物进行加工，使货物发生所期望的变化。加工主要包括：一是为了保护产品进行的加工，如食物的保鲜。二是为了适应多样化进行的加工，如对钢材卷板的舒展、剪切加工，对平板玻璃的开片加工，以及将木材改制成方材、板材等。三是为了使消费者方便、省力的加工，如将木材直接加工成各种型材，可使消费者直接使用，如将水泥制成混凝土拌和料，只需稍加搅拌即可使用等。四是为了提高产品利用率的加工，如对钢材、木材的集中下料，搭配套材，减少边角余料，可节省原材料成本和加工费用。五是为了便于衔接不同的运输方式，使物流更加合理的加工，如散装水泥的中转仓库负担起散装水泥装袋的流通加工以及大规模散装转化成小规模散装的任务，就属于这种形式。六是为了实现配送进行的流通加工，仓储中心为实现配送活动，满足客户对物品的供应数量、供应构成的要求，可对配送的物品进行各种加工活动，如化整为零，定量备货，把沙子、水泥、石子、水等各种材料按比例要求转入水泥搅拌车可旋转的罐中，在配送的途中进行搅拌，到达施工现场，混凝土已经搅拌好，可直接投入使用。

5. 生产支持的功能

仓库可以向工厂提供稳定的材料供给。由于可能存在较长的前置时间，或者使用过程中的重大变化，所以对向外界采购的项目进行安全储备是完全必要的。对此，大多数总成本的解决方案都建议经营一个生产支持仓库，以经济又适时的方式，向装配厂供应材料。

6. 市场信息的传感器

任何产品的生产都是来满足需求的，社会仓储产品的变化是了解市场需求极为重要的途径。仓储量减少，周转量加大，表明社会需求旺盛；反之则不足。厂家存货增加，表明其产品需求减少或竞争力下降，或者生产规模不合适。仓储环节所获得是市场信息虽然比较滞后，但更为准确集中，且信息成本较低。现代企业生产特别重视仓储环节的信息反馈，将仓储量的变化作为决定生产的依据之一。现代物流管理应特别重视仓储信息的收集和反映。

7. 提供信用的保证

在大批量货物的实物交易中，买方必须确定货物存在和货物的品质才会交易。即买方可以通过去仓库查验货物。由仓库保管人出具的货物仓单是实物交易的凭证，可以作为买方提供的保证。而仓单可以直接作为融资工具，使用仓单进行质押。

1.4 仓储管理的内容

1.4.1 仓储管理的含义

仓储管理是指对仓库和仓库中储存的货物进行管理。从广义上看，仓储管理是对物流过程中货物的储存以及由此带来的商品包装、分拣、整理等活动进行的管理。

仓储管理是一门经济管理科学，同时也涉及应用技术科学，所以属于边缘性科学。仓储管理将生产领域内生产力、生产关系以及相应的上层建筑中的有关问题进行综合研究，以探索仓储管理的规律，不断促进仓储管理的科学化和现代化。

仓储管理的内涵随着其在社会领域中的作用不断扩大而变化。仓储管理从单纯意义上的对货物存储的管理变成物流过程中的重要环节，它已经不再是单纯的货物储存，而是兼有包装、分拣、整理、简单配装等多种辅助性功能。因此，广义的仓储管理应包括对这些工作的管理。

1.4.2 仓储管理的发展

仓储管理是随着仓储物资品种的多样化和仓库结构、技术设备的科学化而不断发展的。因此，概括来说，仓储管理的发展主要经历了简单的仓储管理、复杂的仓储管理和现代化的仓储管理三个阶段。

在仓库出现的初期以及后来相当长的时间内，由于生产力水平不高和发展的缓慢。库存数量和品种都比较少，而且仓库的结构简单，设备简陋，决定了仓库管理工作的单一性，主要负责产品入库的登记，保管好仓库里的物资。这种情况下的仓储行为被称为简单仓储。

随着生产力水平的提高，尤其是机械化生产的到来，仓库储存产品的数量增多，品种日益复杂，产品性质各异，自然对仓储条件提出了不同的要求。随着社会分工越来越细，许多生产性活动也逐渐转移到流通领域，使得仓库的职能发生了变化，仓库不仅仅是单纯进行储存和保管物资的场所，还增加了产品的分类、挑选、整理、加工、包装等活动，从而增加了产品的价值。由于储存商品的复杂化和仓储职能的多样化，必然会引起仓储建筑结构的变化以及技术设备的变化。机械作业代替手工作业，使得仓储活动向复杂化方向发展，称之为复杂的仓储管理。

随着科学技术的进步，特别是电子计算机的出现和发展，给仓储业带来了一系列的变化。在现代化的仓储活动中，使用电子计算机进行控制，增加光电感应系统，利用自动分拣系统进行商品的分类整理，使用机器人等。现代化仓库的出现，要求仓储工作人员专业化，仓储管理科学化，仓储手段现代化。目前，国际上许多先进的仓储，已经不是原来意义上的仓储了，而是变成一个提供多种服务的配送中心，其管理也发展成为现代化的仓储管理。

1.4.3 仓储管理的基本内容

仓储管理的对象是仓库以及库存物料，管理的手段既有经济的，又有技术的，具体包括如下几个方面：

1. 仓库的选址与建筑问题

包括仓库选址的原则，仓库建筑面积的确定，库内运输道路与作业区域的布置等。

2. 仓储的机械作业的选择与配置问题

包括如何根据仓库作业特点和所储存物资的种类及其理化特性，选择机械装备以及应该配备的数量，如何对这些机械进行管理等。

3. 仓库的业务管理问题

包括如何组织货物入库前的验收，如何存放入库物资，如何对库存物资进行保管，如何将物资发放入库，如何分拣配送等。

4. 仓库的库存管理问题

包括如何根据企业生产需求状况，储存合理数量的物资，既不因为储存过少引起生产中断而造成损失，又不因为储存过多而占用过多的流动资金等。

5. 仓库安全管理问题

包括仓库的治安保卫、仓库消防以及仓库安全作业等。

此外，仓库业务考核问题，新技术、新方法在仓库管理中的运用问题等都是仓储管理所涉及的内容。

在很长一段时间内，人们对企业的管理仅仅停留在组织与销售，而在保管物料的组织结构——仓库的职能则重视不足，尤其是在我国这一情况更为严重。因为在传统的计划经济体制下，绝大部分物资由国家统一管理，国家计划分配给企业物资，企业按照计划组织生产，这时的仓库管理很大程度上仅仅局限于在库物料的一般养护。

20 世纪 60 年代以后，社会分工、专业化程度进一步加深，企业之间的相互依赖性进一步加强，物料成本在企业产品成本中的比重呈上升趋势，人们开始重视仓库这一长期被忽视的机构。而几乎在同一时期逐步完善起来的仓储理论和标志现代科学成就的计算机技术也运用到仓库管理中，大大地推动和促进了仓库管理水平的提高。

在我国，党的十一届三中全会以后，在逐步放开生产资料市场的同时，企业也被赋予了更多的生产、自主经营权。这时，企业不再能充分享受由国家计划分配的价格低廉的投入品，企业再生产所必需的一部分物资得由企业在市场上采购。同时，企业作为相对独立的商品经济体，除了计划目标之外，更重要的是利润目标，这就为仓储管理水平提高提供了必要的前提条件和驱动力——企业可以根据经济合理的原则自由地组织物资供应。

1.4.4 仓储管理的任务

仓储管理由简单到复杂到现代化，是与整个社会发展水平相对应的。我国是个社会主义大国，但也是一个经济并不发达的国家，经济发展极不平衡。在沿海发达地区以及某些技术、资金力量比较雄厚的部门，已经开始建立自动化立体仓库了，仓库管理也比较快地向现代化的方向迈进。但是，在一些边远山区和经济落后的地区，仓库还十分简陋，仍然处在简单仓库的发展阶段。从总体上，我国仓储管理和美国这些发达国家相比，存在着一定的差距。因此我们必须吸收和引进一些发达国家的先进经验，继续快速发展我国的仓储业。目前仓储管理的任务包括如下：

1. 利用市场经济手段获得最大的仓储资源配置

市场配置资源以实现资源最大效益为原则，这是企业经营的目的。配置仓储资源就是依据所拥有的资源在时间和空间上进行优化配置，以获得最大的经济效益。具体任务包括：根据市场供应关系确定仓储的建设；依据竞争优势选择仓储地址；根据生产差别产品决定仓储专业化分工和确定仓储功能；以所确定的功能决定仓储布局；根据设备利用率决定社会配置等。

2. 组织管理结构要求的高效率

管理机构是开展有效仓储管理的基本条件，是一切管理活动的保证和依托。生产要素，特别是人的要素只有在良好的组织的基础上才能发挥其作用，实现整体的力量。仓储组织机构的确定需围绕着仓储经营的目标，以实现仓储经营的最终目的为原则，依据管理幅度、因事设岗、负责对等的原则，建立结构简单、分工明确、相互合作和促进的管理机构和管理队伍。

仓储管理机构应仓储机构的属性不同，分为独立仓储企业的管理组织、附属仓储机构的管理组织。一般都设有行政管理机构、商务、库场管理、机械设备管理、安全保卫、财务以及其他必要的机构。仓储内部大都实行直线职能管理制度或者事业部制的管理组织结构。随着计算机网络的普及，管理机构趋向于向少层次的扁平化发展。

3. 开展商务活动不断满足社会需要

商务工作是仓储对外的经济联系，包括市场定位、市场营销、交易和合同关系、客户服务、争议处理等。仓储商务是经营仓储生存和发展的关键工作，是经营收入和仓储资源充分利用的保证。从功能上来说，商务管理是为了实现收益的最大化，但是作为社会主义的仓储管理，必须遵循社会主义不断满足社会生产和人民生活需要的生产原则，最大限度地提供仓储产品，满足市场需求。满足市场需求包括数量上满足和质量上满足两个方面。仓储管理者还要不断掌握市场的变化发展，不断开拓创新，提供适合经济发展的仓储产业。

4. 组织高效率、低成本的仓储活动

仓储活动包括货物入仓、堆存、出仓的作业，仓储物验收、理货交接，在仓储期间的保管照料、质量维护、安全防护等。仓储活动应遵循高效、低耗的原则，充分利用机械设备、先进的保管技术、有效的管理手段，提高仓储利用率，降低成本，不发生差、损、错事故，保持连续、稳定的经营活动。活动的管理核心在于充分地利用先进的技术和手段，建立科学的作业制度和操作规程，实现严格的监督管理。应充分配合客户企业的生产和经营，为客户创造价值，实现增值服务。

5. 有优质服务、讲信用建立企业形象

企业形象是指企业展现在社会公众面前的各种感性印象和总体评价的整合，包括企业及其产品的知名度、社会的认可度、美誉度、企业的忠诚度等方面。企业形象是企业的无形财富，良好的形象能促进产品的销售，也为企业的发展提供良好的社会环境。作为服务业的仓储业，其企业形象所面向的对象主要是生产、流通经营者，其企业形象的建立主要通过服务质量、产品质量、诚信和友好合作获得，并通过一定的宣传手段在潜在客户中获得。在现代物流管理中，对服务质量的高度要求、对合作伙伴的充分信任促使物流环节仓储的企业形象建立极为必要，具有良好形象的仓储经营人才能在物流体系中占一席之地，适应现代物流的发展。

6. 通过制度化、科学化的先进手段不断提高管理水平

任何企业的管理都不可能一成不变，需要随着形势的发展不断变化发展，适应新的变化，仓储管理也要根据仓储企业的经营目的改变、社会需求的变化而变化。管理也不可能一步到位，一开始就设计出一套完善的管理制度实施于企业，这样，不仅教条，而且不可实施。仓储管理要从简单管理到复杂管理，从直接管理到间接管理，在管理实践中不断补充、修正、完善，不断提高，实行动态的仓储管理。

仓储管理的动态化和管理的变革，既可以促进管理的提高，提高仓储效益，也可能由于脱离实际、不同于人们的惯性思维或者形而上学，使管理的变革失败，甚至趋于倒退，不利于仓储的发展。因而仓储管理的变革需要有制度性的变革管理，通过科学的论证，广泛地吸取先进的管理经验，针对本企业的客观实际进行管理。

7. 建立高素质的员工队伍

没有高素质的员工队伍，就没有优秀的企业。企业的一切行为都是人的行为，是每一个员工履行职责的行为表现。员工的精神面貌体现了企业的形象和企业文化。仓储管理的一项重要工作就是不断提高员工的素质，根据企业形象建设的需要加强对员工的约束和激励。

员工的素质包括员工每个人的技术素质和精神素质。通过不断的、系统的培训，严格的考核，保证每个员工熟练掌握其从事的劳动岗位应知、应会的操作，管理技术和理论的知识，且要求精益求精，跟上技术和知识的发展和保持不断更新；明白岗位的工作制度、操作规程；明确岗位所承担的责任。

良好的精神面貌来自企业的和谐的氛围、有效的激励，对劳动成果的肯定以及有针对的开展的精神文明教育。在仓储管理中重视员工的地位，而不能将员工仅仅看做生产工具、一种等价交换的生产要素。在信赖中约束、在激励中规范，使员工形成人尽其才、劳有所得、人格被尊重的感受，形成热爱企业、自觉奉献、积极向上的精神面貌。

1.5 仓储管理的基本原则

1. 效率原则

效率是指在一定劳动要素投入量时的产品产出量。只有较小的劳动要素投入和较高的产品产出量才能实现高效率。高效率就意味着劳动产出大，劳动要素利用高，高效率是现代生产的基本要求，仓储的效率表现在仓容利用率，货物周转率、进出库时间、装卸车时间的指标上，表现出快进、快出、多储存、保管好的高效率仓储。

仓储生产管理的核心就是效率管理，实现最少的劳动量的投入，获得最大的产品产出。劳动量的投入包括生产工具、劳动力数量以及它们的作业时间和使用时间。效率是仓储及其他管理的基础，没有生产的效率就没有经营的效益，就无法展开优质的服务。

高效率的实现是管理艺术的体现，通过准确的核算、科学的组织、妥善的安排场所与空间、机械设备与人员合理配合，部门与部门、人员与人员、设备与设备、人员与设备之间默契配合，使生产作业过程有条不紊地进行。

高效率还需要有效管理过程的保证，包括现场的组织、督促、标准化、制度化的操作管理，严格的质量责任制的约束。现场作业混乱、操作随意、作业质量差甚至出现作业事故，显然不可能有效率。

2. 经济效益原则

厂商生产经营的目的是为了追求获得最大化利润，这是经济学的基本假设条件，也是社会现实的反映。利润是经济效益的表现。

利润 = 经营收入 − 经营成本 − 税金

实现利润最大化则需要做到经营收入最大化和经营成本最小化。

社会主义企业经营也不能排除追求利润最大化的动机，作为参与市场经济活动的主体之一的仓储业，也应该围绕着获得最大经济效益的目的进行组织和经营。但也需要承担部分的社会责任，履行环境保护、维护社会安定的义务，满足社会不断增长的需要等社会义务，实现生产经营的社会效益。

3. 服务原则

仓储活动本身就是向社会提供服务产品。服务是贯穿在仓储中的一条主线，从仓储的定位、仓储具体操作、对储存货物的控制都围绕着服务进行。仓储管理就需要围绕着服务定位，如何提供服务、改善服务、提高服务质量开展的管理，包括直接的服务管理和以服务为原则的生产管理。

仓储的服务水平与仓储经营成本有着密切的相关性，两者相互对立。服务好，成本高，收费也就高，仓储服务管理就是在降低成本和提高（保持）服务水平之间的平衡。仓储企业进行服务定位时有以下策略：

（1）进入或引起竞争时期：低价格高服务而且不惜增加仓储成本。

（2）积极竞争时期：用较低的成本实现较高的服务水平。

（3）稳定竞争时期：提高服务水平维持成本不变。

（4）已经占有足够的市场份额处于垄断竞争：服务水平不变，尽力降低成本。

（5）退出阶段或完全垄断：大幅降低成本，但也降低服务水平。

1.6 仓储管理的目的

1.6.1 仓储管理不当带来的损失

仓储管理对企业的物料存货管理影响很大，不良的仓储管理往往会造成企业的重大损失。常见的不良仓储管理造成的损失如下：

1. 存货管理不当，丧失客户

由于记录的不准确或者存货品质不良，将影响交货，导致客户抱怨，丧失商机。

2. 存货控管不佳，积压资金

存货控管不确实，导致生产过多、生产过早、采购过多、采购过早的存货情况，从而导致成本过高，资金积压。

3. 临时性缺料，导致停工待料现象，增加成本

存货控管不确实或品质不良，导致临时发现缺料，紧急补充物料以避免停工待料现象，使得成本增加；仓储部门发料不足，也会影响生产效率。

4. 存货管理不当，间接增加人工成本

存货记录不确实或者管理不当，将增加相关部门临时工作量，比如重新安排生产进度、重新采购、重复性寻找存货或盘点等工作，增加成本。

5. 无法确保仓储作业的安全性

仓储管理不当容易造成仓库的爆炸、火灾等状况，危及员工生命安全。

6. 增加仓储空间成本

未妥善运用仓储空间，将增加仓储空间租金成本。

7. 管理不当，造成呆废料损失

呆废料闲置在仓库而不能加以利用，使一部分资金滞压于呆废料上，增加资金的积压。

1.6.2 仓储管理的目的

对上述仓储管理上常见的问题进行分析，并主动完成仓储管理工作，实现仓储管理的目的，是仓储管理人员最主要的任务。仓储管理的目的是为了做好以下事项：

1. 妥善保管好存货

已入库的存货应该妥善保管，以使存货保持最适品质，账物一致。

2. 发挥仓储服务的功能

适时提供生产、营销、研发等使用部门所需的物料、零件、半成品、成品等存货，以发挥仓储部门的功能。

3．降低仓储成本

良好的控管存货，使得存货的仓储成本合理化。

1.7 仓储管理人员的要求

1．仓储管理人员的基本素质要求

（1）具有丰富的商品知识。对于所经营的产品要充分熟悉，掌握其理化性质和保管要求，能有针对性的采取措施保管和养护。

（2）掌握现代仓储管理的技术。对仓储管理技术特别是现代化信息技术的运用充分掌握，并能熟练运用。

（3）熟悉仓储设备。能合理高效地安排使用仓储设备。

（4）办事能力强。能分清轻重缓急，有条不紊地处理各种事务。

（5）具有一定的财务管理能力。能查阅财务报表，进行经济核算、成本分析，正确掌握仓储经济信息，进行成本管理，进行价格管理和决策。

（6）具有一般管理素质。

2．仓储管理人员的职责

（1）热爱仓储工作，具有敬业精神；树立为客户服务、为生产服务的观念，具有合作精神；讲效率、讲效益，认真贯彻执行有关仓储工作的方针、政策、法律和法规，具有高度的责任感，忠于职守，廉洁奉公，关心企业的发展经营。

（2）严格履行岗位职责，及时做好物资的入库验收、保管保养和出库发运工作；完善各项手续制度，做到收有据、发有凭，及时准确登销账，手续完备，账物相符，把好收、发、管三关。

（3）熟悉仓库的结构、布局、技术定额，熟悉堆码、苫垫技术，掌握堆垛作业要求。在库容使用上做到：妥善安排货物，合理高效利用利用仓容，堆垛整齐、稳固，间距合理，方便检查及收发作业。

（4）熟悉仓储物资的特性、保管要求，能有针对性地进行保管，防止货物损坏，提高仓储质量；熟练填写表账、制作单证，妥善处理各种单证业务；了解仓储合同的义务约定，完整的履行义务；妥善处理风雨灾、热冻等自然灾害对仓储物资的影响，防止和减少损失。

（5）重视仓储成本管理，不断降低仓储成本。妥善保管好剩料、废旧包装，收集和处理好货脚，做好回收工作。苫垫用具、货板等妥善保管、细心使用以延长寿命。重视研究物资仓储技术，提高仓储利用率，降低仓储物资损耗率，提高仓储经济效益。

（6）加强业务学习和训练，熟练掌握计量、衡量、测试用具和仪器的使用；掌握分管货物的特性、质量标准、保管知识、作业要求和工艺流程；及时掌握仓库管理的新技术、新工艺，适应仓储自动化、现代化、信息化的发展，不断提高仓储管理的水平；了解仓库设备和设施的性能要求，督促设备维护和维修。

(7) 严格执行仓库安全管理的规章制度，时刻保持警惕，做好防火、防盗、防破坏、防虫害等安全保卫工作，防止各种灾害和人员伤亡事故，确保人身、物资、设备的安全。

1.8 仓储管理的发展趋势

1. 仓储业务的集中管理

集中管理可以降低仓储成本，包括租金成本、仓储人力成本、仓储记录成本、存货成本等。

由于零星分散的小仓库不易于管理，因此，仓储规划开始由小仓库向大仓库转型的趋势，或者分仓库受管理于总仓库。

仓库业务的集中储存或者集中管理具有下列优点：

(1) 较易节省仓位，同时仓库及其办公室或附带设备所占的面积比例减少。

(2) 减少呆料情况，由于存料的互补，可以减少安全库存量，从而达到提高物料周转率的目的。

(3) 对仓库管理较易取得指挥与监督的效果。

(4) 易于物料编号的统一，且对料账处理工作的管理较易进行。

(5) 对仓库的盘点较易顺利地进行。

(6) 较易发挥仓储管理功能，容易引进专业的搬运或者储存设备。

(7) 对物料品质与安全维护较易收到效果。

(8) 能较顺利地推行物料计划。

(9) 其他，如易于对地区布局及物料运筹进行规划与推行等。

2. 充分运用仓储空间

仓储规划向高空发展或者运用移动式仓储设备均可降低仓储成本。由于仓储成本的不断上升，所以使节省仓储空间、充分利用仓储空间成为必然的趋势。

如何充分利用仓储空间：

(1) 物料堆置向高空发展。由于产销业务的增加，仓储工作日益繁重，仓库面积有限，所以物料的堆置应该向高空发展。由于物料搬运技术的进步，双层多层料架、叉车、可以自动伸缩的梯子、空中吊车以及各项储运设备的联合运用，皆可以推动物料堆置向高空发展。

(2) 移动仓库。能配合生产工厂实际的需要而随意移动的仓库，称为移动仓库。例如：利用手推车搬运物料发放给作业人员。

移动仓库可以区分为可以自由移动的无轨仓库和不能自由移动的有轨仓库。

①可以自由移动的无轨仓库

推车——即利用移动的手推车代替仓库的料架，甚至于有的工厂还将仓库废除，构造手推车式的移动仓库。

货柜——国际间的海运盛行货柜运输，公司间的货物往来，也可以设计不同的货柜放置于适当的空间作为移动仓库。

卡车——工厂利用卡车将物料装满后以巡回方式走访各厂商或者加工区将所需物料卸下，产品制成之后亦以卡车巡回方式来回收。继而用卡车满载货物到经销商推销，这也是一种移动仓库的方式。

货船——即利用停在港口的船只作为仓库。

②不能自由移动的有轨仓库

搬运台车——转载物料的台车随着地面上铺设的轨道移动。

空中吊车——装满物料的立体仓库随着吊车轨道移动。

3. 储运业务省力化

运用省力化机械设备，减少对仓储人力的依赖。

4. 刚好及时系统（JIT）的仓储管理

除了极低的安全存量外，不希望多于存量；后制成所需物料均以刚好及时（Just in Time）方式供应，减少以存量方式供应的机会，可以大幅度降低存量。存量降低即可减少仓储作业及仓储成本。如仓储租金、仓储人力、仓储记录等成本。

5. 自动仓储的运用

无法实施刚好及时系统且仓储业务量非常庞大，仓储成本非常高时，可考虑无人的自动仓储管理系统，以此剔除对仓储人力的依赖，并确保仓储资料的正确性。

2 仓储商务管理与法律

仓储商务管理是仓储经营人对仓储商务所进行的计划、组织、指挥和控制的过程，是独立经营的仓储企业对外行为的内部管理，属于企业管理的一个方面。仓储商务活动是面向市场、充满风险的活动，市场的作用越明显，经济的竞争越激烈，仓储商务活动就越重要。通过实施有效的仓储商务管理，可以帮助企业更好地处理对外经济联系中的相关问题，规避风险，塑造企业形象，最大限度地获得经济效益，从而保持企业的可持续发展。

2.1 仓储商务概述

1. 仓储商务和仓储商务管理

在市场经济条件下，商务活动具有普遍性，一切以赢利为目的的活动都离不开商务活动。仓储商务是指仓储经营人利用其拥有的仓储保管能力向仓储使用人提供仓储保管产品并获得经济收益的交换行为。仓储商务是仓储企业对外的基于仓储经营而进行的经济交换活动，是一种商业性的行为，因此仓储商务发生在公用仓库或第三方物流企业的仓库之中，企业自用仓库则不发生仓储商务活动。

经验表明，一个营利性组织能否长期生存和发展，起决定性作用的是其赢利能力。而赢利能力的强弱则受到多种因素的影响，如资本实力、员工素质、管理水平、商务能力等。在各种因素中，商务能力起举足轻重的作用。商业机会时时存在、处处都有，靠商务能力捕捉，只有选择到适合自身特点和市场要求的商业机会开展生产经营活动，才能实现赢利目标。随着中国物流市场的开放，越来越多的物流企业进入中国，仓储业务将是它们的投资方向之一，未来中国的仓储业面临着激烈的市场竞争。商务能力是企业生存和发展的重要能力。在激烈的市场竞争中，仓储企业要赢得竞争优势，提高驾驭市场风险的能力，必须增强商务能力。

2. 仓储商务活动的特点

仓储商务活动的特点可概括为：

（1）外向性

即仓储企业的商务活动总是面向外部的，仓储企业与外界的各种联系主要是通过商务活动实现的。因此，仓储企业的商务管理就是为了使仓储企业能进行尽可能大的产品交换，向社会提供尽可能多的仓储产品，满足社会对仓储产品的需要。

（2）多变性

即仓储企业面临的外部环境是不断变化的，仓储企业的商务活动必须经常保持与外部环境的适应性。仓储企业应有效的收集市场信息、跟随市场的需要提供产品，提高服务水平，降低交易价格，提高企业竞争力。

（3）全局性

即商务管理的好坏直接影响到仓储企业的全局，如一项不适当的促销措施可能造成仓储企业产销过程循环受阻，一项错误合同的签订可能导致仓储企业重大损失，等等。

3. 仓储商务活动的内容

仓储企业在经营过程中所进行的商务活动有内部和外部之分。

（1）仓储内部商务活动

仓储内部商务活动是指仓储企业的各部门之间相互协作，根据市场的需求经过一系列的劳动转化，为仓储企业所处的环境提供产品或服务的活动。

仓储内部商务活动包括：

①仓储地点的选择与确定；

②仓储布局规划与设计；

③仓储设施设备的选择与配备；

④仓储人员的组织；

⑤各种仓储服务提供的过程等。

（2）仓储外部商务活动

仓储外部商务活动指仓储企业为了获取经营运作过程中所需资源或者为了销售自己所能提供的产品或服务而进行的所有活动。我们通常所讲的商务活动主要指外部商务活动。仓储外部商务活动的工作中心是要吸引顾客购买仓储产品或服务，同时树立仓储企业良好的形象。

仓储外部商务活动包括：

①有效地组织货源，广泛收集和高质量地分析市场信息，捕捉有利的商业机会，科学制定竞争策略；

②根据市场的需要和发展，科学地规划和设计产品营销策略，促进产品销售；

③进行交易磋商管理和合同管理，严格依合同办事，讲信用，保证信誉；

④提供优质的服务满足消费者和用户的需要，实现企业经济效益；

⑤建立风险防范机制，妥善处理商务纠纷和冲突，防范和减少商务风险。

不管是仓储企业内部商务还是外部商务，几乎每一个活动过程都在为仓储企业创造价值，因此形成了一个由许多价值过程构成的价值链。价值链的概念是由美国哈佛商学院教授迈克尔·波特（Michael E. Porter）在其著名作品《竞争优势》中提出的。他认为企业的竞争优势来源于企业在设计、生产、营销、交货等过程及辅助过程中所进行的许多相互分离的活动。这些活动中的每一个都对企业创造的价值有所贡献，价值链将一个企业分解为战略性相关的许多活动。根据这一理论，仓储企业的价值链是仓储企业在本产业内的各种活动的组合，仓储企业通过比其竞争对手更廉价或更出色地开展这些重要的战略活动来赢得竞争优势。

2.2 货源组织

提高仓储经营效益的关键在于货源的组织。在市场经济环境下货主有权选择仓库，这使原先在计划经济下仓储货源按计划保证的仓储企业面临着市场竞争的挑战。仓储企业不得不以自己优异的设施、良好的服务、优惠的价格积极参与竞争，在竞争中获取更大的效益。因此，通过走出去、请进来等多种方式在客户中宣传自己的仓储业务，树立企业形象，让客户充分了解自己已变得非常重要。如何有效地开展货源组织工作对刚步入市场经济的我国仓储企业来说是一个新的课题。然而，在已有的实践中，人们已积累了许多有益的经验。

1. 掌握营销技术

仓储企业的销售以客户的需求为依据，结合仓储企业的设施，通过分析、规划、执行和控制等程序，合理地制订存储量、收费标准、分销渠道和推销宣传策略等，以最大限度地来实现仓储企业的利润。

销售技术的关键是最大限度地满足消费者的要求，即尽可能创造良好、方便的储运条件，以吸引客户存货。在揽货中，应注意客户的利益，为客户出谋划策，例如，负责任地告诉客户采用怎样的储存方式较好，如何储存更为经济等，仓储企业应通过自己的宣传以及实际的服务来增强客户对仓储安全的信任感；通过分析和改进，来减少流通的环节和节约仓储费用，通过确保货物在仓储中安全无损，来降低客户的货物流通成本。

具体地讲，仓储企业在进行市场营销中，应注意满足以下几个方面的需要。

（1）满足更广泛的客户的需要

仓储企业应打破原有服务对象的界限，广开门户，拓展货源，内联外延，纵横渗透。不仅汴意为商业部门服务，而且也为工矿企业服务，凡社会需要，都应为之服务。

（2）满足服务内容的需要

应改变过去仅从事仓储的状态，积极开展客户需要的各类服务，如承接代客管账、代客分货、代客提发货、代客装卸、加工整理、打包托运，等等。在这些业务中必须提供优质的服务。

（3）满足服务方式的需要

不同的客户会对仓储方式提出不同的要求，仓储企业对此也应采取更为灵活的经营方式。如服务方式除了一般的存储关系外，还可以是租赁关系，当然也可以对存储货物采用自管方式或共管方式。

（4）满足服务的时间需要

客户的货物进出库场的时间越来越难以确定，为此，仓储企业应根据需要确保随时为客户服务。

销售战略是仓储企业经营的重要组成部分，随着社会主义市场经济的不断完善，仓储企业管理者必须从传统的生产管理型向经营管理型转变。只有这样，仓储企业才有生存、发展的空间。

2. 市场调查

（1）仓储市场调查的内容

市场调查是开拓仓储市场的前提，它是指系统地、客观地收集、整理、分析和研究市场活动的各种信息，在此基础上，发现问题和机会，并提出解决问题的方案，以供决策者确定销售战略，做出销售决策。在仓储市场调查中，要研究区域内仓储市场的结构（数量、布局、规模、性质、技术条件和归属等）和区域内商品结构和营销渠道，了解货主习惯和心理，商品流通的变化规律，熟悉竞争对手的情况。对于进出口商品的仓储需求的调查首先应弄清区域内以及流经本区域的进出口商品的数量、品种、贸易额及其发展趋势和增长率，区域内可从事外贸仓储的企业情况等。根据市场特点，研究采用具体的推销（揽货）方式和策略。

（2）仓储市场调查的方法

仓储市场调查的方法分为观察法和问卷法两种。

①观察法。观察法是指通过直接观察取得第一手资料的调查方法。市场调查人员直接到商店、订货会、展销会、消费者比较集中的场所，借助于照相机、录音机或直接用笔录的方式，身临其境地进行观察记录，从而获得重要的市场信息资料。

观察法的优点是可以客观地收集资料，可以集中地了解问题。不足之处在于许多问题观察不到，如被调查者的兴趣、偏好、心理感受、购买动机、态度、看法等。

②问卷法。问卷法是指通过设计问卷的方式向被调查者了解市场情况的一种方法。按照问卷发放的途径不同，可分为当面调查、通信调查、电话调查、留置调查四种。

当面调查，即亲自登门调查，按事先设计好的问卷，有顺序地依次发问，让被调查者回答。

通信调查，是将调查表或问卷邮寄给被调查者，由被调查者填妥后寄还的一种调查方法，这种调查的缺点是问卷的回收率低。

电话调查，是指按照事先设计好的问卷，通过电话向被调查者询问或征求意见的一种调查方法。其优点是取得信息快，节省时间，回答率较高；其缺点是询问时间不能太长。

留置调查，指调查人员将问卷或调查表当面交给被调查者，由被调查者事后自行填写，再由调查人员按约定时间收回的一种调查方法。这种方法可以留给被调查人员充分的独立思考时间，可避免受调查人员倾向性意见的影响，从而减少误差，提高调查质量。

在调查中，应注意听取货主意见和要求，了解自己存在的问题，提出改进意见，并且进一步再与货主交换，以做到真正满足货主的需求。

在市场调查的基础上，应建立货主档案，并将调查结果写成市场调查报告。

（3）市场营销

处于市场竞争中的仓储企业，应注意利用一切机会开展仓储业务的推销工作，通过宣传和信息反馈，使更多的货主了解仓库，这便是仓储业务的营销工作。

仓储业务的营销手段有多种，可以通过新闻媒介的广告宣传，或企业自我介绍的材料，向社会宣传仓库的规模、便捷的地理位置，向货主提供的优厚条件、仓储的设施特长和现代化程度等，以吸引货主与仓库进行业务联系，并在此过程中，使货主进一步了解仓库情况。在企业宣传推销中，应设计出具有自己特色的方法和手段，以加深货主对仓库的印象。例如，可进行仓储企业的形象设计。

仓储业务的营销手段还可以是登门推销，与货主面对面的单独进行接触。在此过程中，应针对具体对象和特定的货主制定出具体的营销策略。在与特定货主进行接洽时应根据货主货物的专业特点，指派懂行的专业人员上门联系，对于一些重要的货主，仓储企业经理应亲自出马，这样会使货主产生对企业的信任感。

仓储促销的另一种方法是召开仓储企业的展示会，将货主请上门，集中向货主介绍企业的情况，并让货主参观仓库的先进设施和设备，使货主直观了解仓储企业的能力。当然，这需要仓储企业确实有竞争实力。

不重视营销的仓储企业在今后的市场经济中将更加步履维艰，这必须引起仓储企业领导者的高度重视。

2.3 仓储法律法规概述

1. 综合法律法规

（1）与仓储相关的国家综合性法律法规

与仓储相关的国家综合性法律法规，主要有《中华人民共和国合同法》、《中华人民共和国公司法》、《中华人民共和国劳动法》、《中华人民共和国招标投标法》、《中华人民共和国政府采购法》、《中华人民共和国公司登记管理条例》等几个主要法律法规，分别从合同管理、仓储企业、仓储员工管理、仓储招投标管理、采购管理等方面，提供了法律依据。

（2）与仓储作业相关的物流法律法规

仓储是物流、供应链管理的一个主要操作环节，与物流相关的法律法规，对仓储操作也直接或间接起着约束指导的作用。

这方面的法律法规，主要包括《物流企业分类与评估指标》、《关于促进我国现代物流业发展的意见的通知》、《关于促进运输企业发展综合物流服务的若干意见》、《关于开展试点设立外商投资物流企业工作有关问题的通知》、《商务部关于进一步做好物流领域吸引外资工作的通知》、《中华人民共和国国际货物运输代理业管理规定》、《中华人民共和国国际货物运输代理业管理规定实施细则（修订）》、《国际集装箱多式联运管规》等。

2. 专业的法律法规

考虑到仓储与各种运输方式的关系，各种运输方式相关的法律法规，也不同程度地对仓储业有约束力。

专业的法律法规，主要有以下几个方面。

（1）公路类的法律法规

这方面的法律法规，主要包括《中华人民共和国公路法》、《中华人民共和国道路交通安全法》、《中华人民共和国道路交通安全法实施条例》、《中华人民共和国道路运输条例》、《公路运输统一单证使用和管理规定》、《超限运输车辆行驶公路管理规定》、《道路大型物件运输管理办法》、《道路货物运输服务业管理办法》、《道路货物运输及站场管理规定》、《道路危险货物运输管理规定》、《危险化学品安全管理条例》等。

其中，《道路货物运输及站场管理规定》涉及了货运站经营管理的内容，可以为涉及这方面业务的企业提供参考。

（2）水运类的法律法规

与仓储物流相关的水运类法律法规主要包括：《中华人民共和国海商法》、《中华人民共和国港口法》、《中华人民共和国国际海运条例》、《中华人民共和国水路运输服务业管理规定》、《水路货物运输合同实施细则》、《水路货物运输管理规则》、《港口货物作业规则》、《港口危险货物管理规定》、《国内水路集装箱货物运输规则》、《中华人民共和国海上国际集装箱运输管理规定》、《港口经营管理规定》、《省际水路运输企业审批管理办法》等。

（3）铁路类的法律法规

铁路类法律法规主要包括：《中华人民共和国铁路法》、《铁路运输安全保护条例》、《铁路货物运输管理规则》、《铁路集装箱运输规则》、《鲜活货物运输规则》、《铁路零担货物运输组织规则》、《铁路危险货物承运人资质许可办法》、《铁路危险货物托运人资质许可办法》。

（4）航空、快递类的法律法规

与仓储物流相关的航空类法律法规主要包括：《中华人民共和国民用航空法》、《中国民用航空货物国内运输规则》、《空运进出口危险货物包装检验管理办法（试行）》、《中国民用航空货物国际运输规则》、《中国民用航空货物国际运输规则》、《民用航空运输销售代理业管理规定》、《中国民用航空快递业管理规定》、《国家税务局关于国际航空运输业务若干税收问题的通知》。

（5）与仓储物流相关的快递类法律法规

与仓储物流相关的快递类法律法规主要包括：《中华人民共和国邮政法》、《关于规范速递市场的通告》、《中国民用航空快递业管理规定》、《关于开办国内快递包裹业务的通知》、《民航快递赔偿规定》、《国际快递服务条款》、《我国邮政包裹运输保险险别与条款》。

3．与仓储业务直接相关的法律法规

仓储合同的直接法律依据是《合同法》。我国《合同法》第281条规定："仓储合同是保管人储存存货人交付的仓储物，存货人支付仓储费的合同。"

根据《合同法》，1985年9月25日国务院批准了当时商业部、对外经济贸易部、国家物资局发布的《仓储保管合同实施细则》，1988年10月12日，商业部制定了《商业仓库管理办法》。

其中，《仓储保管合同实施细则》给出了仓储合同的主要法律要求和合同框架，但鉴于该细则已经发布了20年，在此期间，仓储物流产业发生了很大的变化，仓储企业应根据业务发展的实际，结合国际惯例，在国家相关法律框架下，制定适合业务实际需要的仓储合同。

4．鼓励仓储物流产业发展的相关法律法规

为鼓励支持现代物流业的发展，国家和各级地方政府现又出台了一系列的文件和规章。国家级的政策规定主要有：国家发改委等七部委联合发布的《关于促进我国现代物流业发展的意见的通知》、交通部发布的《关于促进运输企业发展综合物流服务的若干意见》，当然，在2008年全球金融危机的影响下，国务院又出台了《物流业调整和振兴规划》，这可以说是物流业在中国全面发展的开始。

各省、自治区、直辖市和地方政府，也出台了相关的政策措施。比如，广东省广州市先后出台的物流政策措施包括：《中共广东省委、广东省人民政府关于大力发展现代流通业的意见》、《关于给予现代流通业用地政策支持的通知》、《广东省现代物流业"十五"计划》、《广州现代物流发展规划纲要》等。深圳市最早制订了物流业专项规划，并出台了鼓励现代物流业发展的若干意见。

5．保税监管、涉外的仓储的法律法规

（1）市场准入与企业监管

涉及市场准入与企业管理方面的涉外法律法规，主要有以下几项：《外商投资国际货物运输代理企业管理办法》、《外商投资道路运输业管理规定》、《外商投资铁路货物运输业审批与管理暂行办法》、《外商投资国际海运业管理规定》、《中国海事仲裁委员会仲裁规则》、《外商投资国际海运业管理规定》、《中华人民共和国海关对进出境快件监管办法（2006年）》、《速递物品检验检疫工作的通知》等。

根据加强和支持两岸经济和经贸发展的需要，国家部委制定了《台湾海峡两岸间航运管理办法》、《交通部关于加强台湾海峡两岸集装箱班轮运输管理的公告》等法规。

（2）保税监管的法律法规

为支持外向型经济发展，国家制定了相关保税仓储方面的法律法规，由海关总署及其他国家部委颁布和实施。海关信息化、区域通关一体化，探索新的保税监管模式，对经济发展起到了积极的促进作用。

我国保税物流经历了两个发展阶段：

第一阶段：1978—1999年，设立了保税仓、监管仓（简称"两仓"），建立了15个保税区；

第二阶段：2000 年以后，陆续设立了 1 个保税 A 型保税仓、4 个 B 型保税仓，建立了 59 个出口加工区。

2004 年，出台了《海关总署关于加工贸易和保税物流监管改革的指导方案》，确立了以保税港区为龙头、以保税物流园区（B 型）为枢纽、以星罗棋布的保税仓库为网点，建设功能齐备、政策叠加、监管完善的覆盖，满足不同区域不同层次保税进出口物流发展需要的保税物流大体系。分三个层次，最便利的第一个层次是保税港区，批准设立了三大保税港区——上海洋山、天津东疆、大连大窑湾，相当于真正意义上的自由贸易区；第二个层面为保税物流区和区港联动区，设立了 4 家保税物流中心（相当于 B 型，指不依托保税区的物流园区），批准了区港联动区（已经具备保税区和港口条件的）；第三个层面是整合原有的监管仓、保税仓，一般贸易货物可以进出、可转仓，入仓退税，2006 年出台了《保税加工与保税物流的实施方案》。

根据海关总署的计划，未来将继续采取政策措施，整合、发展保税物流。首先将进行局部整合。对 59 个出口加工区拓展物流功能，允许开展物流、研发、检测、维修等业务；对两仓进行整合，进出口可以实现双向流动，打开监管仓和保税仓之间的物理隔离；具备港口或口岸直通条件的，设立保税港区，比如，苏州的口岸直通点，与保税区、出口加工区合并，成立内陆“保税港区”，实现功能的“三合一”。局部整合完成之后，将进入全面整合阶段，发展自由港或自由贸易区，暂名“海关保税监管区域”。2007 年，海关总署加大试点的范围；推进保税区转型和发展；调整区内外的加工贸易政策。

6. 国际仓储法律法规

（1）基本仓储法律法规

美国、加拿大等发达国家普遍采用国际仓储物流协会（International Warehouse Logistics Association）的标准文本制定仓储合同。这个标准文本对货物损害的责任和赔偿有很多限定，其中包括：只对不正当操作引起的损害负责；由货主负责保险；对赔偿责任的最高限定；货主承担非仓库责任所产生受损货物的清理费用，等等。

在美国，美国统一商法（UCC）中对仓储操作损害赔偿的有关条款［第 11 条（a）款］规定，仓库只对野蛮操作产生的损害负责。

（2）国际标准仓储合同条款

在美国、加拿大，仓储行业协会均制定了标准仓储合同，成为业界使用的标准版本。这些合同条款是在长期的仓储实践中积累、建立起来的，具有代表意义。先将美国仓储协会的标准仓储合同条款（Standard Contract Terms and Conditions for Merchandise Warehousemen）的主要内容列出如下，以作参考。

①接收

合同条款和价格，应在收到建议书 30 天内接收。建议书由货主发出，背书、签字，并以签署的日期为起始计算日。如果货物发生变化，仓库方有权拒绝收货，或提出更改条款。

②发货

货主统一，仓库不作为发货的收货人。如果将仓库作为收货人，货主必须通知承运人，仓库只是仓库，不拥有物权以及与物权相关的一切收益，不承担相关的责任与风险。

③储存

所有货物交付入库前应标识清晰，包装完好，仓单要显示唛头、商标、规格、是否应该单独存放、储存的等级和其他服务。

④存期及收费

所有收费按照包装数量或计费吨按月收费。收费自仓库收到货物之日起计。除非特别约定，1～15 天按照一个月收费，15 天后至最后一天按照一个半月收费。所有收费应在每月的第一个日历天支付。

⑤转移、终止储存、提货

提货指令到达仓库、被仓库接受前，所有之前产生的仓储及合同约定的费用都属于货主承担。如果需要倒库，要加收倒库费。在通过挂号邮寄仓储记录单或可转让仓单给货主，而 15 天还没有收到货主提货或倒库，仓库有权移动货物，可以放置在其他的库区。但如果此项操作属于倒库，则不收当月仓租。

仓库在通知、移库一个月之后，有权向货主或任何物权持有人要求提走货物。如果下一个月还不提货，仓库有权依照相关法律将货物转卖。

如果货物有可能变质、贬值，仓库可以做出提前出售公告；如果货物有害、对其他货物有不良影响，仓库可以不用公告提前出售，并不承担相关责任。

⑥操作

操作费包括正常的在仓库门收货、摆位、储存、将货物送至仓库门的费用。操作费在仓库收货时支付。

装卸费另计。坏损货物、装卸到非仓库门口的汽车上等作业，可能要加收费用。

装卸铁路车卡的人工和物料可以向货主收费。

如果不是整批提货，仓库可以根据提货批次加收操作费。

仓库不承担滞期、压车责任，除非仓库没有实施负责的工作。

⑦付货

除非收到书面指令，仓库不会付货或倒库。书面指令包括但不限于传真、EDI、TWX或者类似的通信方式。但是，如果没有剩余的可转让仓单，可以电话通知提货，但仓库对货物的损失或差错不承担责任。

如果发出了可转让收据，仓库就不能交货或倒库，除非收据得到了背书，或转让取消，或允许部分交付。如果可转让仓储收据损毁、丢失，仓库可以根据法庭裁决及法院公示安全之后交付货物。

货主提货应给仓库足够的时间执行操作，如果由于不可抗力、战争、公众敌人、法律扣押、罢工、叛乱和内乱，或者任何非仓库可控原因，或由于非仓库责任的货物灭失，或者认可法律要求的借口，仓库不承担不能够交付货物的责任，而剩余货物仍要按合同收费。

⑧特别服务

仓库提供特别服务要收费。特别服务包括但不限于：提供特别仓储清单，报告标志的重量、编号或其他包装信息，货物检查、处理过户开单等，均须收费。

填料、绑扎、包装材料，可以由仓库提供，要另外向货主收费。

根据提前安排，货物可以在非工作时间收付。

超出正常报告之外的通信费，包括邮资、电报、电传、电话等向货主收费。根据货主要求，可以采用非平信邮寄方式传递单证。

⑨保税仓储

保税仓储在一般费率基础上另外加收费用。当仓储收据属于海关监管货物时，按照法律规定，在储存日到期之时即无效。

⑩最低收费

仓库根据最低操作数量或每个月的最低操作数量收取最低收费。如果有多票货物，可能按照票数、商标或不同种类收取最低收费。

最低月费按户头收取。如果一个顾客在仓库有多个户头，且需要单独开单计费，每个户头需要收取最低收费。

⑪损坏的责任和限度

仓库对货物储存期间的任何损失或伤害不承担责任，除非这些损失和伤害是由于仓库未能按照一个细心的责任人实施正常的操作，如果实施了细心的操作，仍造成损失，则不承担损失责任。

仓库不保证货物不会受到损失或伤害。

货主声明，货损的赔偿不超过仓储费的100倍，同时，前提是合同签订的时候，货主已经接受了这样的条款，就是如果要这样约定，货主要多付一个月的仓租。

如果非仓库原因导致货损，货主要负责清理和处置，所产生的任何环境清理的费用和库场恢复的费用均由货主承担。

⑫索赔和上诉

索赔应书面提出，并在货主被告知货损的最短时间内提出，但不得超过提货后60天或入库后60天。

超过这个时限，货主不得再提出索赔。货主提货前，仓库可能发出了货损通知，但邮寄时间仍算做投诉有效期之内。

⑬间接损失

仓库对任何间接损失均不承担责任。

⑭发错货的责任

如果仓库失职发错货物，仓库承担合理的将货物运回仓库的费用。如果误收的收货人不退回货物，仓库的最大责任就是货损责任，如第⑪条所规定。同时，仓库不再承担货物被收货人使用或因运输而造成的损失。

⑮神秘消失

仓库不承担库存短缺或不能解释的货物失踪所造成的损失，除非货主能够证明这种损失是由仓库的非正常操作所引起。如果货主提供了确切的证据，仓库按照第⑪条承担赔偿责任。

⑯物权凭证

货主保证合法拥有所储货物的物权并出示凭证，证明有权将货物储存到仓库。货主同意免除因物权的纠纷或争议给仓库带来的任何损失。如果因物权纠纷产生损失，仓库可以向货主收取。

⑰信息准确

货主应保证提供的货物信息准确、完整、充分，使仓库可以符合储存、操作、运输的各项法律规定。如果因货主提供信息原因，导致仓库受到损失、损害、诉讼，货主应免除仓库这些责任并承担所有费用。

⑱免责条款

合同中任何一个条款，因合同或法庭原因失效，不影响其他条款继续有效。

仓库未能坚持货主严格遵守《仓储收据》的要求不等于仓库放弃严格执行条款要求客户。

仓储收据的条款，对货主的继承人、执行人、签转人和其他签约人具有同样的约束力，除非书面约定，否则不得更改。

仓储合同范本

存货方：　　　　　　　　　　　　　　合同编号：

签订地点：

保管方：　　　　　　　　　　　　　　签订时间：　　年　　月　　日

根据《中华人民共和国合同法》和《仓储保管合同实施细则》的有关规定，存货方和保管方根据委托储存计划和仓储容量，经双方协商一致，签订本合同。

第一条　储存货物的品名、品种、规格、数量、质量、包装。

1. 货物品名：

2. 品种规格：

3. 数量：

4. 质量：

5. 货物包装：

第二条　货物验收的内容、标准、方法、时间、资料。

第三条　货物保管条件和保管要求。

第四条　货物入库、出库手续、时间、地点、运输方式。

第五条　货物的损耗标准和损耗处理。

第六条　计费项目、标准和结算方式。

第七条　违约责任。

1. 保管方的责任

（1）在货物保管期间，未按合同规定的储存条件和保管要求保管货物，造成货物灭失、短少、变质、污染、损坏的，应承担赔偿责任。

（2）对于危险物品和易腐物品等未按国家和合同规定的要求操作、储存，造成毁损的，应承担赔偿责任。

（3）由于保管方的责任，造成退仓不能入库时，应接合同规定赔偿存货方运费和支付违约金__________元。

（4）由保管方负责发运的货物，不能按期发货，应赔偿存货方逾期交货的损失；错发到货地点，除按合同规定无偿运到规定的到货地点外，并赔偿存货方因此而造成的实际损失。

（5）其他约定责任。

2. 存货方的责任

（1）由于存货方的责任造成退仓不能入库时，存货方应偿付相当于相应保管费________%（或__________%）的违约金。超议定储存量储存的，存货方除缴纳保管费外，还应向保管方偿付违约金__________元，或按双方协议办。

（2）易燃、易爆、易渗漏、有毒等危险货物以及易腐、超限等特殊货物，必须在合同中注明，并向保管方提供必要的保管运输技术资料，否则造成的货物毁损、仓库毁损或人身伤亡，由存货方承担赔偿责任乃至刑事责任。

（3）货物临近失效期或有异状的，在保管方通知后不及时处理，造成的损失由存货方承担。

（4）未按国家或合同规定的标准和要求对储存货物进行必要的包装，造成货物损坏、变质的，由存货方负责。

（5）存货方已通知出库或合同期已到，由于存货方（含用户）的原因致使货物不能如期出库，存货方除按合同的规定交付保管费外，并应偿付违约金__________元。由于出库凭证或调拨凭证上的差错所造成的损失，由存货方负责。

（6）按合同规定由保管方代运的货物，存货方未按合同规定及时提供包装材料或未按规定期限变更货物的运输方式、到站、接货人，应承担延期的责任和增加的有关费用。

（7）其他约定责任。

第八条　保管期限

从________年______月______日至________年______月______日止。

第九条　变更和解除合同的期限。

由于不可抗力事故，致使直接影响合同的履行或者不能按约定的条件履行时，遇有不可抗力事故的一方，应立即将事故情况电报通知对方，并应在______天内，提供事故详情及合同不能履行或者部分不能履行或者需要延期履行的理由的有效证明文件，此项证明文件应由事故发生地区的__________机构出具。按照事故对履行合同影响的程度，由双方协商解决是否解除合同，或者部分免除履行合同的责任，或者延期履行合同。

第十条　解决合同纠纷的方式：执行本合同发生争议，由当事人双方协商解决。协商不成，双方同意由＿＿＿＿＿仲裁委员会仲裁（当事人双方不在本合同中约定仲裁机构，事后又没有达成书面仲裁协议的，可向人民法院起诉）。

第十一条　货物商检、验收、包装、保险、运输等其他约定事项。

第十二条　本合同未尽事宜，一律按《中华人民共和国合同法》和《仓储保管合同实施细则》执行。

存货方（章）：	保管方（章）：
地　　址：	地　　址：
法定代表人：	法定代表人：
委托代理人：	委托代理人：
电　　话：	电　　话：
电　　挂：	电　　挂：
开户银行：	开户银行：
账　　号：	账　　号：
邮政编码：	邮政编码：

鉴（公）证意见：

经办人：　　　　　　　　鉴（公）证机关（章）

年　　月　　日

（注：除国家另有规定外，鉴（公）证实行自愿原则）

有效期限：　　　　年　　月　　日至　　　　年　　月　　日

监制部门：　　　　　　　　　　　　印制单位：

2.4　仓储招投标管理

1. 法律依据

仓储招投标管理的主要法律依据是《中华人民共和国招投标法》，包括总则、招标、投标、开标、评标和中标、法律责任及附则，共6章68条，自2000年1月1日起施行。

2. 招投标的准备

在准备阶段，要对招标、投标活动的整个过程做出具体安排，包括对招标项目进行论证分析、确定采购方案、编制招标文件、制定评标办法、组建评标机构、邀请相关人员等。作为投标的一方，要准备标书。

招标、投标准备工作的主要程序是：

（1）制订总体实施方案

即对招标工作做出总体安排，包括确定招标项目的实施机构和项目负责人及其相关责任人、具体的时间安排、招标费用测算、采购风险预测以及相应措施等。

（2）项目综合分析

对要招标采购的项目，应根据政府采购计划、采购人提出的采购需求（或采购方案），从资金、技术、生产、市场等几个方面对项目进行全方位综合分析，为确定最终的采购方案及其清单提供依据。必要时可邀请有关方面的咨询专家或技术人员参加对项目的论证、分析，同时也可以组织有关人员对项目实施的现场进行踏勘，或者对生产、销售市场进行调查，以提高综合分析的准确性和完整性。

（3）确定招标采购方案

通过进行项目分析，会同采购人及有关专家确定招标采购方案。也就是对项目的具体要求确定出最佳的采购方案，主要包括项目所涉及产品和服务的技术规格、标准以及主要商务条款、项目的采购清单等，对有些较大的项目在确定采购方案和清单时有必要对项目进行分包。

（4）编制招标文件

招标人根据招标项目的要求和招标采购方案编制招标文件。招标文件一般应包括招标公告（投标邀请函）、招标项目要求、投标人须知、合同格式、投标文件格式五个部分。

①招标公告（投标邀请函）

主要是告知招标人的名称、地址和联系人及联系方式，招标项目的性质、数量，招标项目的地点和时间要求，对投标人的资格要求，获取招标文件的办法、地点和时间，招标文件售价，投标时间、地点以及需要公告的其他事项。

②招标项目要求

主要是对招标项目进行详细介绍，包括项目的具体方案及要求、技术标准和规格、合格投标人应具备的资格条件、竣工交货或提供服务的时间、合同的主要条款以及与项目相关的其他事项。

③投标人须知

主要是说明招标文件的组成部分、投标文件的编制方法和要求、投标文件的密封和标记要求、投标价格的要求及其计算方式、评标标准和方法、投标人应当提供的有关资格和资信证明文件、投标保证金的数额和提交方式、提供投标文件的方式和地点以及截止日期、开标和评标及定标的日程安排以及其他需要说明的事项。

④合同格式

主要包括合同的基本条款、工程进度、工期要求、合同价款包含的内容及付款方式、合同双方的权利和义务、验收标准和方式、违约责任、纠纷处理方法、生效方法和有效期限及其他商务要求等。

⑤投标文件格式

主要是对投标人应提交的投标文件做出格式规定，包括投标函、开标一览表、投标价格表、主要设备及服务说明、资格证明文件及相关内容等。

（5）投标人制作标书

①投标的语言

投标人提交的表述以及投标人与买方就有关投标的所有来往要点均应使用“投标资料表”中规定的语言书写。投标人提交的支持文件的印制的文献可以用另一种语言，但相应内容应附有“投标资料表”中规定语言的翻译本，在解释投标书时以翻译本为准。

②投标书构成

投标人编写的投标书应包括下列部分：

A. 按照投标人须知要求填写的投标函格式、投标报价表。

B. 按照投标人须知要求出具的资格证明文件，证明投档人是合格的，而且中标后有能力履行合同。

C. 按照投标人须知要求出具的证明文件，证明投标人提供的货物及其辅助服务是合格的货物和服务，且符合招标文件规定。

D. 按照投标人须知规定提交的投标保证金。

③投标函格式

A. 投标人应完整地填写招标文件中提供的投标函格式和投标报价表，说明所提供的货物、货物简介、来源、数量及价格。

B. 为便于给予国内优惠，投标书将分为以下三类：

Ⅰ组：投标书提供的货物在买方本国制造，其中：（i）来自买方本国劳务、原材料、部件的费用占出厂价的百分之三十（30%）以上；（ii）制造和组装该货物的生产设施至少从递交投标书之日起已开始制造或组装该类货物。

Ⅱ组：所有其他的从买方本国供货的投标。

Ⅲ组：提供要由买方从国外直接进口或通过卖方的当地代理进口的外国货物。

为了便于买方进行以上分类，投标人应填写招标文件中提供的相应组别的投标报价表，如果投标人填写的投标报价表不是相应组别的投标报价表，其投标书不会被拒绝，但是买方将把其投标书归入相应类别的投标组别中。

（6）组建评标委员会

①评标委员会由招标人负责组建。

②评标委员会由采购人的代表及其技术、经济、法律等有关方面的专家组成，总人数一般为 5 人以上，其中专家不得少于 2/3。与投标人有利害关系的人员不得进入评标委员会。

③《政府采购法》以及财政部制定的相关配套办法对专家资格认定、管理、使用有明文规定，因此，政府采购项目需要招标的，其专家的抽取须遵从其规定。

④在招标结果确定之前，评标委员会成员名单应相对保密。

（7）邀请有关人员

主要是邀请有关方面的领导和来宾参加开标仪式，以及邀请监督机关（或公证机关）派代表进行现场监督。

3. 招投标的执行

在招标阶段，应按照招标、投标、开标、评标、定标几个步骤组织实施，基本程序是：

（1）招标

①发布招标公告（或投标邀请函）

公开招标应当发布招标公告（邀请招标发布投标邀请函）。招标公告必须在财政部门指定的报刊或者媒体发布。招标公告（或投标邀请函）的内容、格式与招标文件的第一部分相同。

②资格审查

招标人可以对有兴趣投标的供应商进行资格审查。资格审查的办法和程序可以在招标公告（或投标邀请函）中载明，或者通过指定报刊、媒体发布资格预审公告，由潜在的投标人向招标人提交资格证明文件，招标人根据资格预审文件规定对潜在的投标人进行资格审查。

③发售招标文件

在招标公告（或投标邀请函）规定的时间、地点向有兴趣投标且经过审查符合资格要求的供应商发售招标文件。

④招标文件的澄清、修改

对已售出的招标文件需要进行澄清或者非实质性修改的，招标人一般应当在提交投标文件截止日期15天前以书面形式通知所有招标文件的购买者，该澄清或修改内容为招标文件的组成部分。这里应特别注意，必须是在投标截止日期前15天发出招标文件的澄清和修改部分。

（2）投标

①编制投标文件

投标人应当按照招标文件的规定编制投标文件，投标文件应载明的事项有：投标邀请函，投标人资格、资信证明文件，投标项目方案及说明，投标价格，投标保证金或者其他形式的担保，招标文件要求具备的其他内容。

②投标文件的密封和标记

投标人对编制完成的投标文件必须按照招标文件的要求进行密封、标记。这个过程也非常重要，往往因为密封或标记不规范被拒绝接受投标的例子不少。

③送达投标文件

投标文件应在规定的截止时间前密封送达投标地点。招标人对在提交投标文件截止日期后收到的投标文件，应不予开启并退还。招标人应当对收到的投标文件签收备案。投标人有权要求招标人或者招标投标中介机构提供签收证明。

④投标人可以撤回、补充或者修改已提交的投标文件

投标人应当在提交投标文件截止日期之前书面通知招标人，撤回、补充或者修改也必须以书面形式。

这里特别要注意的是，招标公告发布或投标邀请函发出之日到提交投标文件截止之日，一般不得少于20天，即等标期最少为20天。

（3）开标

①举行开标仪式

招标人应当按照招标公告（或投标邀请函）规定的时间、地点和程序以公开方式举行开标仪式。

②开标仪式的基本程序

A. 主持人宣布开标仪式开始（需简要介绍招标项目的基本情况，即项目内容、准备情况等）。

B. 介绍参加开标仪式的领导和来宾同志（来自单位、职务、身份等）。

C. 介绍参加投标的投标人单位名称及投标人代表（这里需要对所招标项目作进一步介绍：如招标公告发布的时间、媒体、版面；截止到什么时间有多少家供应商做出了响应，并提交了资格证明文件；有多少家供应商购买了招标文件；在投标截止时间前有多少家供应商递交了投标文件，等等），在介绍招标人及其代表时，应按照递交投标文件的顺序介绍，先介绍招标人单位名称，接着介绍其代表人姓名、职务、身份。

D. 宣布监督方代表名单（监督方代表所在单位、职务、身份）。

E. 宣布工作人员名单（工作人员所在单位及在开标时担负的职责：主要是开标人、唱标人、监标人、记标人）。

F. 宣读有关注意事项（包括开标仪式会场纪律、工作人员注意事项、投标人注意事项等）。

G. 检查评标标准及评标办法的密封情况。由监督方代表、投标人代表检查招标方提交的评标标准及评标办法的密封情况，并公开宣布检查结果。

H. 宣布评标标准及评标办法。由工作人员开启评标标准及评标办法（须在确认密封完好无损的情况下），并公开宣读。

I. 检查投标文件的密封和标记情况。由监督方代表、投标人代表检查投标人递交的投标文件的密封和标记情况，并公开宣布检查结果。

J. 开标。由工作人员开启投标人递交的投标文件（须在确认密封完好无损且标记规范的情况下），开标应按递交投标文件的逆顺序进行。

K. 唱标。由工作人员按照开标顺序唱标，唱标内容须符合招标文件的规定（招标文件对应宣读的内容已经载明）。唱标结束后，主持人须询问投标人对唱标情况有无异议，投标人可以对唱标作必要的解释，但所作的解释不得超过投标文件记载的范围或改变投标文件的实质性内容。

L. 监督方代表讲话。由监督方代表或公证机关代表公开报告监督情况或公证情况。

M. 领导和来宾讲话。按照开标仪式的程序安排，参加开标仪式的领导和来宾可就开标以及本次采购过程中的有关情况发表意见、看法，提出建议（此部分程序可以提前在开标程序的第三步进行）。也可以安排采购人代表发言，由采购人代表向有关方面做出承诺。

N. 开标仪式结束。主持人应告知投标人评标的时间安排和询标的时间、地点（询标的顺序由工作人员用抽签方式决定），并对整个招标活动向有关各方提出具体要求。

开标应当做记录，存档备查。

（4）评标

①开标仪式结束后，由招标人召集评标委员会，向评标委员会移交投标人递交的投标文件。

②评标应当按照招标文件的规定进行

评标由评标委员会独立进行评标，评标过程中任何一方、任何人不得干预评标委员会的工作。

③评标程序

A. 审查投标文件的符合性。

B. 对投标文件的技术方案和商务方案进行审查。如技术方案或商务方案明显不符合招标文件的规定，则可以判定其为无效投标。

C. 询标。评标委员会可以要求投标人对投标文件中含义不明确的地方进行必要的澄清，但澄清不得超过投标文件记载的范围或改变投标文件的实质性内容。

D. 综合评审。评标委员会按照招标文件的规定和评标标准、办法对投标文件进行综合评审和比较。综合评审和比较时的主要依据是：招标文件的规定和评标标准、办法，以及投标文件和询标时所了解的情况。这个过程不得也不应考虑其他外部因素和证据。

E. 评标结论。评标委员会根据综合评审和比较情况，得出评标结论，评标结论中应具体说明收到的投标文件数、符合要求的投标文件数、无效的投标文件数及其无效的原因，评标过程的有关情况，最终的评审结论等，并向招标人推荐 1 ~ 3 个中标候选人（应注明排列顺序并说明按这种顺序排列的原因以及最终方案的优劣比较等）。

（5）定标

①审查评标委员会的评标结论

招标人对评标委员会提交的评标结论进行审查，审查内容应包括评标过程中的所有资料，即评标委员会的评标记录、询标记录、综合评审和比较记录、评标委员会成员的个人意见等。

②定标

招标人应当按照招标文件规定的定标原则，在规定时间内从评标委员会推荐的中标候选人中确定中标人，中标人必须满足招标文件的各项要求，且其投标方案为最优，在综合评审和比较时得分最高。

③中标通知

招标人应当在招标文件规定的时间内定标，在确定中标后应将中标结果书面通知所有投标人。

④签订合同

中标人应当按照中标通知书的规定，并依据招标文件的规定与采购人签订合同（如采购人委托招标人签订合同的，则直接与招标人签订合同）。中标通知书、招标文件及其修改和澄清部分、中标人的投标文件及其补充部分是签订合同的重要依据。

2.5 仓储合同与合同仓储

2.5.1 仓储合同的概念和特征

仓储合同，也称仓储保管合同，是指仓储保管人接受存货人交付的仓储物，并进行妥善保管，在仓储期满时将仓储物完好地交还，由存货人支付仓储费用的合同。仓储合同是我国合同法分则的有名合同，《中华人民共和国合同法》第 381 条规定："仓储合同是保管人储存存货人交付的仓储物，存货人支付仓储费的合同。"

仓储合同源自一般的保管合同，是一种特殊的合同，具有保管合同的一般特性，但又具有与一般保管合同相区别的显著特征：

1. 仓储合同为诺成合同

这一点显著区别于实践性的保管合同。为约束仓储合同双方的行为，更好地维护双方利益，法律规定仓储合同自双方意见达成一致时成立，而不需要存储货物的实际交付。《合同法》第 382 条规定：仓储合同自成立时生效。

这样规定具有重要的实践意义。在仓储合同中，保管人是具有专业性和营利性的从事仓储营业服务的民事主体。合同一旦成立，在仓储物交付之前必然要耗费一定的人力、物力、财力为履行合同做必要准备，若存货人此时反悔不交付货物，必然给对方带来损失。若仓储合同为实践性保管合同，则合同从交付之日才成立，从订立合同到交付之间的这种损失只能依缔约过失责任而不是违约责任请求赔偿。若为诺成性合同则不同，只要双方达成一致协议、合同成立，则合同立即生效，双方当事人必须受合同效力的约束，上述损失就可依违约损失获得赔偿。

2. 保管人必须具有一定的资格

保管人必须是经工商行政管理机关核准，依法从事仓储保管业务，具有仓库营业资质，拥有仓储设备并从事仓储保管业务的法人。仓储是一种商事行为，有无仓储设备是仓储保管人是否具备营业资格的重要标志；仓储设备是保管人从事仓储经营业务必备的基本物质条件。从事仓储业务资格是指仓储保管人必须取得专门从事或者兼营仓储业务的营业许可。

3. 仓储合同为双方有偿合同

由于仓储经营是一种商业营业活动，因此，仓储合同的双方当事人互负给付义务，保管人提供仓储服务，存货人给付报酬和其他费用。这与一般的保管合同不同，因为一般保管合同既可以是有偿合同，也可以是无偿合同。

4. 仓储保管的对象必须是动产，不动产不能成为仓储合同的标的物

与一般保管合同的标的物必须是特定物或特定化了的种类物不同的是，作为仓储物的动产不限于特定物，也可以是种类物，若为特定物，则储存期限届满或依存货人的请求返还仓储物时须采取原物返还的方式；若为种类物，则只需返还该种类的相同品质、相同数量的替代物。

5. 存货人的货物交付或返还请求权以仓单为凭证，仓单具有仓储物所有权凭证的作用

一份好的仓储合同，应该将企业寻求的仓储服务的范围勾画出来，确定仓储服务供应商的角色和责任，为寻求投资提供执行力和基础。要求形成相互分享资源的格局，建立供求双方的相互信任，让业务计划更有效率，让资源利用率最大化，并影响企业基本业务提升。

2.5.2 仓储合同的种类

1. 一般仓储保管合同

一般仓储保管合同，是指仓储经营人提供完善的仓储条件，对存货人的仓储物进行保管，在保管期届满时，将原先收存的仓储物原物交还给存货人而订立的仓储保管合同。该仓储合同的仓储物为确定物，保管人须原物返还。保管合同特别重视对仓储物的特定化，仓储物所有权和使用权不转移，保管人应严格承担归还原物的责任，包括仓储物在仓储期间自然增加的孳息（孳息指由原物所产生的收益）。

2. 混藏式仓储合同

混藏式仓储合同，是指存货人将一定品质、数量的种类物交付给保管人，保管人将不同存货人的同样仓储物混合保存，存期届满时，保管人员以相同种类、品质、数量的商品返还给存货人，并不需要原物归还的仓储方式。这种仓储方式常见于粮食、油品、矿石或保鲜期较短的商品的储藏。混藏式仓储合同的标的物为种类物，保管人严格按照约定数量、质量承担责任，且没有合理耗损的权利。混藏式仓储合同对仓储物的品质、数量要有极为明确的认定，应在合同中进行完整的描述。当保管人不能按照合同要求向存货人交还仓储物时，需补偿存货人的损失。

3. 消费式仓储合同

消费式仓储合同是指存货人在存放仓储物的同时，将仓储物的所有权也转移给保管人。在保管期届满时，保管人只需将相同种类、品质、数量的替代物归还给存货人。存放期间的仓储物所有权由保管人掌握，保管人可以对仓储物行使所有权。消费保管的经营人一般具有仓储物的消费能力，如面粉加工厂的小麦仓储、加油站的油库仓储、经营期货交易的保管人等。消费式仓储与其他形式的仓储的不同之处是涉及仓储物所有权的转移，保管人享有所有人的权利和承担相应的义务。消费式仓储经营人的收益，除了约定的仓储费外，还有消费仓储物与到期购回仓储物所带来的差价收益。

4. 仓储租赁合同

仓储租赁经营是仓库所有人将所拥有的仓库以出租的方式开展仓储经营，由存货人自行保管商品的仓储经营方式。仓储人只提供基本的仓储条件，进行一般的仓储管理，如仓储环境管理、安全管理等，并不直接对所存放的商品进行管理。仓库租赁合同从严格意义上来说不是仓储合同，而是财产租赁合同，但是由于仓库出租方具有部分仓库保管的责任，所以具有仓储合同的一些特性。

2.5.3 仓储合同的订立

1. 仓储合同的订立原则

签订仓储合同时，合同双方应遵循下述原则。

（1）平等原则

当事人双方法律地位平等是合同制度的基础，是任何合同行为都需要遵循的原则。订立仓储合同的双方应本着平等的心态，通过平等协商，订立公平的合同。任何一方采取恃强凌弱、以大欺小或者行政命令的方式订立的合同都是无效合同。平等的原则还包括订立合同机会平等的内容，不能采取歧视的方式选择订立合同的对象。

（2）等价有偿原则

仓储合同是双方合同，合同双方享受相应的权利，承担相应的合同义务。保管人的利益体现在收取仓储费和劳务费上，保管人在仓储过程中劳动和资源投入的多少，决定了所能获得报酬的多少。等价有偿的原则也体现在当事人双方合同权利和义务的对等上。

（3）自愿协商一致原则

当事人双方订立合同时完全根据自身的需要和条件，利用各自的知识和能力，通过广泛的协商，在整体上接受合同的约定，这是合同生效的条件。任何采取胁迫、欺诈的手段订立的合同都是无效合同。如合同未经协商一致，双方会在合同履行过程中产生争议，导致合同无法履行。

（4）合法和不损害社会公共利益原则

当事人在订立合同时要严格遵守法律法规，不得进行任何违反法律法规强制性规定的经济主体、公民不能从事的行为，包括不能发生超越经营权、侵害所有权、侵犯国家主权、危害环境等违法行为。不损害社会公共利益的原则要求，合同主体在合同行为中不得进行有损社会安定、扰乱社会经济秩序、妨碍人民生活等不良行为以及从事不道德的事。要尊重社会公德，维护国家形象，有利于精神文明的建设。不损害社会公共利益从内容上说属于道德规范，但在合同法的规范中形成了法律规范，损害社会公共利益已成为违法行为。

2. 要约与承诺

仓储合同的订立需经过要约和承诺的过程。仓储双方当事人一方发出要约，另一方做出承诺，仓储合同成立。作为一项有效的要约，必须具有明确的订立合同的愿望和完整的交易条件，这些条件可以是在要约中明示的，也可以是受要约人通过合理判断确定的默示条件。要约人在要约送达受要约人后，承担遵守要约的责任。承诺是对要约无条件地接受，任何对要约实质性的变动都不是承诺，而是要约人的反要约。承诺必须是明确的，有确切的表现，承诺到达要约人即生效，承诺人即受承诺的约束。

当一方向另一方发出不明确的交易愿望的行为为要约引诱，要约引诱不具有约束力，如广告、推销宣传等。但是如果广告等具有明确的交易条件和交易愿望，且明示有约束力的，则成为了要约。

当一方（主要是存货人）向另一方发出愿意订立仓储合同的要约，但没有明确合同的主要事项，这种要约构成了双方订立预约合同的要件，保管人的承诺表明双方成立了预约合同。预约合同并不是仓储合同本身，仅仅是双方达成了成立预约合同的协议。生效的预约仓储合同也是有效的合同，双方承担将要订立仓储主合同的义务，否则需承担违反预约合同的责任。

3. 仓储合同的形式

根据《合同法》的规定，合同可以用书面形式、口头形式或其他形式。电报、电传、传真、电子数据、电子邮件等形式的归类为书面合同。订立仓储合同的要约、承诺也可以是书面的、口头的或其他的形式。由于仓储的存货量较大、存期较长，期间可能进行配送、流通加工等作业，有时还涉及仓单持有人，因此，仓储合同使用完整的书面合同较为合适，完整的书面合同有利于合同的保存、履行和发生争议时的处理。

仓储合同的其他形式，包括通过行为订立合同、签发格式合同等。在未订立合同之前，存货人将货物交给仓储保管人，保管人接收货物，则表明事实上合同已成立。在周转极为频繁的公共仓储中，保管人可以采用预先设计好条件的格式合同。在格式合同中，存货人只有签署或者不签署合同的权利，而没有商定格式合同条款的权利。

4. 仓储合同的条款

仓储合同为不要式合同，没有严格的条款规定，当事人根据需要协商合同的主要条款以及合同的形式。仓储合同的条款是检验仓储合同的合法性、有效性，以及当事人民事责任的重要依据，应当写清楚当事人条款、仓储物条款、仓储相关条款、违约责任、合同变更解除和争议处理、合同签署条款。

（1）总则条款

①适用法律

在我国境内制定的仓储合同，应适用于《中华人民共和国经济合同法》的有关规定。国际仓储合同，应注明适用的国家、地区的法律。

②合同制定的背景和意义

仓储保管合同是存货方和保管方为加速货物流通、妥善保管货物、提高经济效益而明确相互权利、义务关系的协议。

就目前仓储发展的现状与趋势分析，仓储合同建立，不仅限于仓储保管，还可能包括库存管理服务、增值服务、配送服务、金融服务、客户服务等目的和范畴。

合同背景还应介绍签约双方的企业背景，建立合同的意愿，以及法定代表人、企业的联系方式，等等。

③合法性

仓储合同的订立，应由经工商行政管理机关核准、依法从事仓储保管业务的法人同委托储存货物的法人之间签订。

订立合同，必须遵守国家法律、法规，符合国家政策和计划的要求；必须贯彻平等互利、协商一致、等价有偿的原则。

根据存货方的委托储存计划和保管方的仓储能量，双方依法就合同的主要条款协商一致，由双方的法定代表或授权的经办人签字、单位盖公章或合同专用章，合同即成立。如法定代表授权本单位经办人员代理签订合同，应事先出具本单位的委托证明。

法人之间代订合同时，必须事先取得委托单位的委托证明，并根据授权范围以委托单位的名义签订，才对委托单位直接产生权利和义务。

④合同形式

合同应当采用书面形式。当事人协商同意的有关修改合同的文书、电报、图表和购销合同副本也是合同的组成部分。当事人一方在接到修改合同的文书、电报（也适用电子邮件）后15日内或合同规定期限内未提出异议，即视为同意。

（2）当事人条款

仓储合同当事人是履行合同的主体，需要承担合同责任，当事人条款中应注明存货人、保管人的名称和地址，并且要采用完整的企业注册名称和登记地址。主体为个人的，需明示个人的姓名和户籍地或常住地。必要时可在合同中增加通知人，但通知人不是合同当事人，仅仅履行通知当事人的义务。

（3）仓储物条款

仓储物必须是动产，能存放在仓储地进行保管并转交，因而需要明确地将仓储物特定化或者特定物种类化。仓储物条款一般包括仓储物的品种、数量、质量、包装、标记。①仓储物的品种需要采用完整的商品名称或种类名称表示；②数量采用公用的计量方法确定并达到最高的精度，用最小的独立封装单元确定件数，如箱装货物以封口的外包装为单位，或者用最小的组成单位，如成捆的管材，用具体管材根数表达；③商品的质量可以仅用外包装的可见质量或者商品本身的质量表示，标准可以采用国家标准、行业标准或者约定的标准来表达，必要时可以商品的质量检验报告为准；④包装情形应详细注明；⑤标记应采用外包装上的标记，或拴挂的标签标记。

（4）仓储相关条款

①仓储物的损耗标准

仓储物在经过长期存放和多次转移后，由于挥发、散发、氧化、计量方法等原因造成的耗损减量，一般采用协议免责的方法处理。也就是在合同中订立合理耗损条款，双方约定不追究对方责任的数量减少的标准，包括重量或者件数的减量。商品损耗标准可以采用国家标准、行业标准，也可以由双方合理约定，有约定标准的则适用约定标准。合同中还需要明确交接、理货方法，以及验收的内容、标准、时间和方式。验收内容与质量标准具有较强的相关性，双方约定了验收标准的，保管人仅对验收事项负责。如约定仅对仓储物的外包装进行验收，则返还仓储物时，对于外包装的损坏，保管人承担责任，而对内容不承担责任，除非是可证明为保管不当造成损害的。

②交接时间、地点以及验收方法

交接时间是指存货人将仓储物交给保管人的时间。保管人应在约定的交货时间之前做好接货的准备工作。

交接地点是存货人将仓储物移交给保管人的地点，表明了运送货物入库的责任承担人，但还需要明确卸车搬运的承担人。

为了明确区分存货人和保管人的责任，合同中还需要明确交接理货的方法以及验收的内容、标准、时间和方式。验收一般是针对仓储物的质量进行。若约定了验收标准，保管人仅对验收事项负责，除非能证明是因为保管不当造成的损害。

③储存场所约定

仓储合同要注明仓储物的交接时间和地点、验收方法。交接时间确定了仓储物的入库时间，保管人须在此前准备好货位并确保能够顺利进行交接。交接地点需要明确运送货物入库的责任承担人，还需要明确卸货搬运的责任人。双方约定仓储物存放的仓库或堆场。根据仓储物的特性，储存场所可以约定得较为笼统或者具体明确，对于特殊商品要明确保管条件和保管方法。储存场所不仅体现了保管人的保管条件和存货人的保管要求，还确定了运输便利程度和出入库的运输成本。

④储存时间约定

双方约定的仓储物的储存时间有三种表示方式：一是采用期限的方式表示，如储存6个月，自货物入库起算；二是采用日期的方式表示，如3月15日至6月15日；三是不约定具体的存放期间，但约定到期方式的确定方法，如提前半个月通知等。储存期间是保管人计收仓储费的基础以及承担责任的区间，也是仓库使用计划安排的依据，对不能遵守储存期间条款的存货人，保管人有权要求其承担违约责任。

⑤仓储物的保险约定

仓储物必须进行保险。若存货人已对仓储物进行了保险，必须告知保管人所投保的保险人、保险金额、保险期间。存货人未投保的可以委托保管人进行投保，但保险费由存货人承担。

⑥仓储费确定

仓储合同中应有确定仓储费的费率、计算方法、支付方法和支付时间的条款。支付仓储费有预付、定期支付、结算支付等方式。《合同法》规定，当事人没有约定支付时间的，在交付仓储物时支付。当事人未约定仓储费的，保管人可根据提供的服务向存货人要求支付报酬。

（5）收货与检验条款

①货物入库

可以约定双方的责任，比如，保管方不能全部或部分按合同议定的品名（品类）、时间、数量接货，应承担违约责任；存货方不能全部或部分按合同议定的品名（品类）、时间、数量入库（含超议定储存量储存），应承担违约责任。

②货物入库交接

由存货方或运输部门、供货单位送货到库的，或由保管方负责到供货单位、车站、港口等处提运的货物，必须按照合同要求或国家有关规定当面交接清楚，分清责任，合同另有规定者除外；交接中发现问题，供货方在同一城镇的，保管方可以拒收；外埠或本埠港、站、机场、邮局到货，保管方应予接货，妥善暂存，并在有效验收期内通知存货方和供货方处理；运输等有关方面应提供证明。暂存期间所发生的一切损失和费用由责任方负责。

③货物验收

保管方的正常验收项目为：货物的品名、规格、数量、外包装状况，以及无须开箱拆捆直观可见可辨的质量情况。

包装内的货物品名、规格、数量，以外包装或货物上的标记为准；外包装或货物上无标记的，以供货方提供的验收资料为准。

散装货物按国家有关规定或合同规定验收。

保管方未按合同或细则规定的项目、方法和期限验收或验收不准确，由此造成的实际经济损失，由保管方负责。合同议定按比例抽验的货物，保管方仅对抽验的那一部分货物的验收准确性以及由此造成所代表的那一批货物的实际经济损失负责，合同另有规定者除外。

存货方未提供验收资料或提供的资料不齐全、不及时，所造成的验收差错及贻误索赔期由存货方负责。

验收期限，国内货物不超过 10 天，国外货物不超过 30 天，法律或合同另有规定者除外。超过验收期限所造成的实际损失，由保管方负责。

货物验收期限，是指自货物和验收资料全部送达保管方之日起，至验收报告送出之日止。日期均以运输或邮电部门的戳记或直接送达的签收日期为准。

(6) 货物保管条款

①保管方的责任

按合同议定的储存条件和保管要求保管货物。

货物在临近失效期（只限外包装或货物上标明了有效期或合同上申明的）60 天前应通知存货方，合同另有规定者除外；发现货物有异状，应及时通知存货方。

按国家或合同规定的要求操作、储存危险品和易腐货物。

②存货方的责任

易燃、易爆、易渗漏、有毒等危险货物以及易腐、超限等特殊货物，必须在合同中注明，并向保管方提供必要的保管、运输技术资料。

及时处理临近失效期或有异状的货物。

③储存期间的不可抗力和货损货差

货物在储存期间，保管方履行了合同规定的保管要求，由于不可抗力原因、自然因素或货物（含包装）本身的性质所发生的损失，由存货方负责。

货物在储存保管和运输过程中的损耗、磅差标准，有国家或专业标准的，按国家或专业标准规定执行，无国家或专业标准的，按合同规定执行。

货物发生盘盈盘亏均由保管方负责。

④货物包装

货物的包装由存货方负责。有国家或专业标准的，按国家或专业标准规定执行；没有国家或专业标准的，在保证运输和储存安全的前提下，由合同当事人议定。

货物在储存保管过程中，因保管或操作不当而使包装发生毁损，由保管方负责修复或按价赔偿；造成货物损坏，由保管方负责。

包装不符合国家或合同规定，造成货物损坏、变质的，由存货方负责。

（7）货物出库

货物出库须按照先进先出或易坏先出（易坏只限合同中申明或货物外部显露出来的）原则发货，否则由此造成的实际损失由保管方负责。

①由存货方或用户自提或保管方送货上门的责任划分

A. 当面办理交接手续。

B. 保管方没有按合同规定的时间、数量交货，应承担违约责任；存货方已通知货物出库或合同期已到，由于存货方（含用户）的原因不能如期出库，应承担违约责任；由于存货方调拨凭证上的差错所造成的实际损失，由存货方负责。

②由保管方代办运输的责任划分

A. 由保管方负责向运输部门申报运输计划，办理托运、发运手续。

B. 保管方未按合同规定期限和要求发货或发生错发到货地点、收货人等差错事故，应负责赔偿由此造成的实际损失。

C. 存货方未按合同规定及时提供包装材料或未按规定期限变更货物的运输方式、到站、收货人，应承担延期的责任和增加的有关费用。

D. 保管方代运的货物，发生数量、质量异议时，除合同另有规定者外，由保管方负责处理，其费用由责任方承担。凡原装、原标记完好无异状，包装或货物上标明的品名、规格、数量、花色与实际不符时，除合同规定应开箱（拆捆）检验而未检验或验而不准者由保管方负责外，发生质量不符合要求或其他问题，按国家有关规定或合同规定处理。

（8）违约责任条款

合同应约定：存货人未交付货物、未在约定时间交付仓储物的违约责任；保管人不能接受仓储物或者不能在约定的时间接受仓储物的违约责任；存货人未在约定时间提取仓储物的超期费用。违约金是违约责任的主要承担方式，但必须在合同中明确，包括各种违约项目及违约金数额的标准或者计算方法、支付方式等。

(9) 合同变更解除条款

合同的订立和履行是合同双方期望发生的结果，但因为客观原因发生重大变化或者出于双方利益的需要，原合同的继续履行可能对双方都不利，这时可以采用合同变更或解除的方法防止不利局面的发生。当事人在订立合同时就确定发生不利于合同履行，以及处理具体的不利履行合同的条件或变更或解除合同的方法的条款，就是合同变更和解除条款。

(10) 争议处理条款

争议处理是指有关合同争议的诉讼或者仲裁的约定。双方当事人可以在合同中约定，一旦发生纠纷，提请仲裁机构仲裁，也可以在合同中约定仲裁地点，还可以约定发生纠纷时，不申请仲裁，而直接向法院起诉。但如果双方已在合同中约定或事后达成仲裁协议的，必须先向仲裁机构申请仲裁。

(11) 合同签署条款

合同签署是合同当事人对合同协商一致的表示，是合同成立的标志。仓储合同由企业法定代表人签名，注明签署时间，当事人为法人或者组织的，还需要盖合同专用章。个人签订合同时只需要签署个人的完整姓名。合同一经签署，就开始生效。

2.5.4 仓储合同的有效性及其变更、解除

1. 仓储合同的生效

仓储合同是诺成合同，无论仓储物是否交付存储，仓储合同自成立时生效。具体表现为：双方签署合同书，合同确认书送达对方，受要约方的承诺送达对方，公共保管人签发格式合同或仓单；存货人将仓储物交付保管人，保管人接收。仓储合同成立后，存货人不交付仓储物、保管人不接收仓储物都是仓储合同的未履行，由责任方承担违约责任。

2. 仓储合同的无效

仓储合同的无效是指已订立的合同由于违反了法律规定，而被认定为无效。无效合同自始无效；合同无效由人民法院或仲裁机构认定，可以认定为合同整体无效或部分无效；合同无效可以在合同订立之后、履行之前、履行之中或者履行之后认定；通过变更或者撤销的方式处理合同无效。无效合同的具体形式有：一方以欺诈、胁迫手段订立的仓储合同；损害国家利益的仓储合同；恶意串通，损害国家、集体或者第三人利益的仓储合同；以合法形式掩盖非法目的的仓储合同；损害社会公共利益的仓储合同；违反法律、法规强制性规定的仓储合同；无效代理的合同，等等。对于因重大误解订立的合同、在订立合同中显失公平的合同，一方当事人有权请求人民法院或者仲裁机构给予变更或者撤销。无论无效合同在什么时候被认定，都是自始无效，也就是说因无效合同所产生的民事关系无效。依法采取返还财产、折价赔偿等方式使因无效合同所产生的利益消亡。通过没收违法所得，对造成合同无效一方给予处罚。

合同生效后，当事人应按照约定全面履行自己的义务，任何一方不得擅自变更和解除合同，这是《合同法》所确定的合同履行原则。仓储经营具有极大的变动性和复杂性，会因为主客观情况的变化而变化，为了避免当事人双方的利益受到更大的损害，变更或者

解除已生效的不利合同是更有利的选择。

3. 仓储合同的变更

仓储合同的变更是指对已生效的仓储合同的内容进行修改或者补充，如对仓储物数量的增加或减少，对履行期限的推迟或提前，对其他权利和义务条款的修改、补充、限制等。仓储合同变更一般不涉及已履行的部分，其效力仅涉及未履行的部分。任何一方当事人不得因仓储合同的变更而要求另一方返还在此之前的履行，变更后如给对方造成损失的，责任方应承担损害赔偿责任。因此，仓储合同的变更不改变原合同的关系和本质事项。

仓储合同当事人一方因为利益需要，向另一方提出变更合同的要求，并要求另一方在限期内答复的，另一方在期限内答复同意则变更。如另一方在期限内未作答复，合同也发生变更，双方按照变更后的条件履行；如果另一方在期限内明确拒绝变更，则合同不能变更。

4. 仓储合同的解除

仓储合同的解除是指仓储合同订立后，一方当事人对未履行的合同或还未履行的部分不再履行，提前终止合同，使双方当事人的权利义务归于消灭，这是合同终止的一种情形。

（1）仓储合同解除的方式

①存货人与保管人协议解除合同

协议解除合同和协议订立合同一样，是双方意见一致的结果，具有完全的效力。解除合同协议可以在合同生效后、履行完毕之前由双方协商达成，也可以在订立合同时订立解除合同的条款，当约定的解除合同的条件出现时，一方通知另一方解除合同。

②法定解除合同

这是当事人一方依照《合同法》规定的有权采取解除合同的法律规定的行为。《合同法》规定，因不可抗力致使合同的目的不能实现，任何一方可通知对方解除合同；一方当事人将发生预期违约，另一方可以行使合同解除权；仓储合同的一方当事人迟延履行合同义务，经催告后在规定期限内仍未履行，另一方可以解除合同；仓储合同一方当事人迟延履行义务或者有其他违约行为，致使合同目的不能实现，另一方可以解除合同。一方依法选择解除合同的，只要书面向对方发出解除合同的通知，当通知到达对方时，合同解除。有权解除合同一方也可以要求人民法院或仲裁机构确定解除合同。

（2）仓储合同解除后的处理

合同解除后，因仓储合同所产生的存货人与保管人的权利义务关系消灭，对于未履行的合同当然终止履行。合同解除并不影响合同的清算条款的效力，双方仍需要按照清算条款的约定承担责任和赔偿损失，需承担违约责任的一方仍要依据合同约定承担违约责任、采取补救措施和赔偿损失。如违约的存货人需要对仓库空置给予补偿，造成合同解除的保管人要承担运输费、转仓费、仓储费差额等损失赔偿。

2.5.5 仓储合同当事人的权利和义务

仓储合同生效即发生法律效力，仓储合同当事人享有合法的权利与承担相应的义务，合同当事人在履行合同过程中有权要求对方采取一定行为和自身需要进行一定行为或不行为。在仓储合同中权利和义务的规定包括合同明示条款和合同的默示条款，明示条款具有绝对的效力，当事人应尽可能采用明示条款明确双方的权利和义务；默示条款则是在合同中没有写出的，但是根据订立合同的环境和合同的性质，依据一般的专业知识可以合理地推定得出当事人在合同履行中所能享受的权利与承担的义务。

1. 存货人的权利与义务

（1）存货人的权利

①查验权

在仓储保管期间，仓储保管人负责保管存货人交付的仓储物，对仓储物享有占有权，但仓储物的所有权仍然属于存货人。存货人对仓储物拥有查验的权利，有权提取合理数量的样品进行查验。由于查验会影响保管人的工作，取样还会造成仓储物的减量，但存货人合理进行查验和取样，保管人不得拒绝。存货人行使查验权时，不得妨碍仓储保管人的正常工作。

②提货权

存货人拥有凭仓单提取仓储物的权利。

③转让权

存货人是货物的所有人，有权按自己的意愿转让物品。

（2）存货人的义务

①按时提货的义务

存货人应按照合同的约定，按时提取仓储物。因保管人根据合同的约定安排仓库的使用计划，如果存货人未将仓储物提取，会使得保管人已签订的下一个仓储合同无法履行。

②告知义务

存货人的告知义务包括两个方面：对仓储物的完整告知和瑕疵告知。

A. 完整告知是订立合同时存货人要完整细致地告知保管人仓储物的准确名称、数量、包装方式、性质、作业保管要求等涉及验收、作业、仓储保管的资料，特别是储存易燃、易爆、有毒、有放射性等危险货物或易腐蚀的特殊货物时，存货人还要提供详细的说明资料。存货人未明确告知的仓储物属于夹带品，保管人可以拒绝接受；因该货物造成的损害，存货人应承担损害赔偿责任。

B. 瑕疵告知是指告知仓储物及包装的不良状态、潜在缺陷、不稳定状态等已存在的缺陷或将会发生损害的缺陷。保管人了解仓储物所具有的瑕疵可以采取针对性的操作和管理，以避免发生损害和危害。

③妥善处理和交存货物的义务

存货人应对仓储物进行妥善处理，根据货物性质进行分类、包装，使仓储物适合仓储作业和保管。在合同约定的时间向保管人交存仓储物，并提供验收单证。

④支付仓储费和偿付必要费用的义务

仓储费是仓储保管人提供仓储服务、对仓储物进行保管的应得报酬，是保管人的合同权利。存货人应根据合同约定按时支付仓储费，否则构成违约。如果存货人提前提取仓储物，保管人可照收仓储费。如果存货人逾期提取，应加收仓储费。由于未支付仓储费，保管人有对仓储物行使留置权的权利，即有权拒绝将仓储物交还存货人或应付款人，并可通过拍卖留置的仓储物的方式获得款项。仓储物在仓储期间发生的应由存货人承担责任的费用支出或垫付费，如保险费、货物自然特性的损害修缮费、有关货损处理、运输搬运费、转仓费等，存货人应及时支付。

2. 保管人的权利与义务

（1）验收货物

验收货物不仅是保管人的合同权利，也是保管人的义务。保管人应该在接受仓储物时对仓储物进行查验、计数、理货，在合同约定的期限内检验货物质量并签发验货单证。验收货物按照合同约定的标准和方法，或者按照习惯的、合理的方法进行。保管人未验收货物的，推定为存货人所交存的货物完好，保管人要返还完好无损的货物。保管人在验收中发现货物溢短，对溢出的部分可以拒收，对于短少的部分有权向存货人主张违约责任。对于货物存在的不良状况，有权要求存货人更换、修理或拒绝接收，否则需如实编制记录，以明确责任。

（2）创造合适的仓储条件

具备合适的仓库保管条件是仓储人经营仓储保管的先决条件。创建保管货物的保管设施和设备，包括合适的场地、容器、仓库、货架、作业搬运设备、计量设备、保管设备、安全保卫设施等条件。同时还应配备一定的保管人员、商品养护人员，制定有效的管理制度和操作规程等。同时保管人创建的仓储保管条件还要适合仓储物的特殊仓储保管要求，如保存粮食的粮仓、保存冷藏货物的冷库等。保管人若不具备相应的仓储保管条件，则构成违约。

（3）签发仓单

保管人在接受货物后，根据合同的约定或者存货人的要求，及时向存货人签发仓单。在存期届满时，根据仓单的记载向仓单持有人交付货物，并承担仓单所明确的责任，保管人根据实际收取的货物情况签发仓单，并根据合同条款确定仓单的责任事项，避免将来向仓单持有人承担超出仓储合同所约定的责任。

（4）合理化仓储

保管人应在合同约定的仓储地点存放仓储物，并充分使用先进的技术、科学的方法、严格的制度高质量地做好仓储管理。保管人应使用适合于仓储物保管的仓储设施和设备，如容器、货架、货仓等，从谨慎操作、妥善处理、科学保管和合理维护等各方面做到合理化仓储。保管人对因其保管不善所造成的仓储物在仓储期间发生的损害、灭失承担全部责任，除非保管人能证明损害是由于货物本身的特性、包装不当、超期等以及其他免责原因造成的。

（5）返还仓储物

保管人应在合同约定的时间和地点向存货人或仓单持有人交还约定的仓储物。仓储合同没有明确的存期和交还地点的，存货人或仓单持有人可以随时要求提取，保管人应在合理的时间内交还存储物。同样保管人也可以随时要求存货人提取仓储物。保管期满保管人在催告存货人提货的期间届满后，可以提存仓储物。保管人在交返仓储物时，应将原物及其孳息、残余物一同交还。

（6）危险通知义务

当仓储物出现危险时，保管人应及时通知存货人或者仓单持有人。包括在货物验收时发现不良情况、发生不可抗力损害、仓储物的变质、仓储物的损坏等事故，以及其他涉及仓储物所有权的情况。存货人掌握仓储物的状态是存货人所具有的权利体现，对于仓储物的危险涉及仓储物的交易、保险以及可能造成进一步损害，存货人应及时采取措施处理，防止危害的扩大，避免造成损失。

3．仓储合同的违约责任和免责

（1）仓储合同的违约责任

违约是指存货人或者保管人不能履行合同约定的义务或者履行合同义务不符合合同约定的行为。为了限制违约行为，以及为了避免一方的违约造成另一方的损失，由违约方承担违约责任不仅是合同法律制度的规定，也是当事人协议合同的必要事项，通过法定的和合同约定的违约责任的承担，增加违约成本，弥补违约方的损失。只有减少违约的发生，才有利于市场秩序的稳定。

违约责任往往以弥补对方的损失为原则，违约方需对对方的损失包括造成的直接损失和合理预见的利益损失给予弥补。根据我国《民法通则》及《合同法》的相关规定，违约责任的承担方式有支付违约金、赔偿损失、继续履行合同、采取补救措施、定金惩罚。

①支付违约金

违约金是指合同约定当一方违反合同约定时需向另一方支付的金额。违约金本身是一种对违约的惩罚。违约金产生的前提是合同约定和违约行为的发生，包括发生预期违约，而无论是否发生损失。根据我国《合同法》的规定，当事人可以约定一方违约时应当根据违约情况向对方支付一定数额的违约金，也可以约定因违约产生的损失赔偿额的计算方法。同时规定当违约金过高或者过低时，可以要求法院或仲裁机构予以调整。因而违约金具有赔偿性，是一种赔偿处理的方法。违约金可以依据违约的情况约定，如未履行合同的违约金、不完全履行的违约金、迟延违约金等，也可以在合同中确定违约金的计算方法，当发生违约时根据约定的方法确定具体违约金。

违约金以约定支付的方式进行。对于合同履行中因责任造成对方损失的赔偿，也可以采取违约金支付的方式以简化索赔过程。

②赔偿损失

当事人一方由于违反仓储合同的约定，不履行合同义务或者履行合同义务不符合约定给另一方造成损失的，应该承担赔偿责任。违约的赔偿责任既是约定的责任也是法定的责任。是因为约定的合同义务未得到履行，出现了损失。这种损失包括违约所造成的直接损失和违约方在订立合同时所能预见的履行合同后可以获得的利益。因此，赔偿损失的条件是违约并且给另一方造成损失。当一方的违约造成损失超过约定的违约金时，另一方仍有权要求违约方赔偿超额损失。赔偿损失既可以采用支付赔偿金的方式，也可以采取其他方式，如实物补偿等。

③继续履行合同

发生违约行为后，非责任方有权要求责任方或通过法院强制责任方继续履行合同。继续履行合同是一种违约责任的承担方式，不因违约方支付了违约金和承担了损失赔偿而消失。继续履行合同的条件是合同还可以继续履行和违约方还具有履行合同的能力，且继续履行合同不违背原合同的性质和法律关系。当合同在法律上或者事实上已不能履行或继续履行费用过高，非责任方未在合理期限内提出继续履行时，违约方可免除继续履行合同。

④采取补救措施

发生违约后，未违约方有权要求违约方采取合理的补救措施，弥补违约造成的损失，并减少进一步损失的发生。如对损坏的仓储物进行修理、将仓储物转移到良好的仓库存放、修复仓储设备，或者支付保养费、维修费、运杂费。

⑤定金惩罚

定金是我国《担保法》规范的一种担保方式。在订立合同时，当事人可以约定采用定金来担保合同的履行。在履约前，由一方向另一方先行支付定金，在合同履行完毕，收取定金一方退还定金或者抵作价款。当合同未履行时，支付定金一方违约的，定金不退还；收取定金一方违约的，双倍退还定金。

定金不得超过合同总金额的20%。同时有定金和违约金约定的，当事人只能选择其中一种履行。

（2）仓储合同的免责

仓储合同的免责又称仓储合同违约责任的免除，指一方当事人不履行合同或法律规定的义务，致使他人财产受到损失，由于有不可归责于违约方的事由，违约方可以不承担民事责任。免责事项有法律规定的免责事项和合同约定的免责事项，但是因故意或者重大过失造成人身伤害或对方财产损失的，不能免责。

仓储合同的违约责任的免除情况有：

①因不可抗力而免责。不可抗力是指当事人不能预见、不能避免并且不能克服的客观情况的发生，包括自然灾害和某些社会现象。如火山爆发、地震、台风、冰雹、洪涝等自然灾害，战争、罢工等社会事件的发生。

不可抗力免责的范围仅限于不可抗力造成的直接影响。当事人未采取有效措施防范、急救所造成的损失扩大部分不能免责。对于迟延履行合同中所遇到的不可抗力不能免责。在发生不可抗力事件后所订立的合同不得引用不可抗力免责。

②因仓储物自然特性或货物本身的性质而免责。仓储期间，对因仓储物的自然因素，

如干燥、风化、挥发等原因或货物本身性质、超过有效储存期造成仓储物变质、损坏的损失，保管人不承担赔偿责任。

③因存货人的过失而免责。由于存货人的原因造成仓储物的损失，如包装不符合约定、未提供准确的验收资料、隐瞒和夹带、存货人的错误指示和说明等，根据存货人过错的程度，保管人可减少或不承担赔偿责任。

④合同约定的免责。基于当事人的利益，双方在合同中约定免责事项，对免责事项造成的损失，不承担相互赔偿责任。

2.5.6 合同仓储

合同仓储从公共仓储中发展起来，已经成为相对独立的仓储模式，其核心是合约签订的方式和主要条款。

1. 合同仓储的主要内容

合同仓储是一种供应商和客户之间长期互利合作的安排，为每一位客户专门量身定制唯一的和特别的仓储和物流服务，合同仓储供需双方共同分担操作过程中的风险。合同仓储的四个方面包括：

①专有性

在合同仓储安排中，提供给每一位客户的服务都有一定程度的专有性。这种“特殊照顾”包括专用劳动力、专用空间、专用设备和指定的管理人。供货商使用这种或那种形式的独特的资产和人事来处理某位客户的仓储和分配需求。

②风险分担

如果合约取消，客户也许会同意延长时间来保证某一特定空间的使用，或者同意为专用的设备设定一个固定的偿还日程（A Fixed Payoff Schedule）。从本质上来说，在仪器、设备和地产方面，客户同意减少供应商的资金曝光（Financial Exposure），使供货商可以系统地投资并且投资的资产会提高操作的效率。

③拓展的时间框架

合同仓储和其他的仓储有明显区别，在于合同双方有长期合作的意向。因此，合同双方的意图就是合作至少1~5年。如果没有长期合作的意向，就不能对专用仪器、设备和劳动力进行财务方面的调整。供应商可以利用长期合作的框架来开发很多体系和程序，而这些体系和程序，作为学习曲线的结果，效率会更高。在一定时期内，合同双方学习如何利用合同双方的组织进行合作，并由此从平稳的合作关系中获得效益。

④量身定制的服务

在合同仓储中，每位客户都有为其量身开发的独特增值服务。量身定制的服务有特别报告、24小时服务、组配、包装和专有设备。而公共仓储一般不会提供很多量身定制的服务。因为这些服务都很复杂，要求雇员有大量的训练，而且要求连同专业化资产一起提供。另外，这些服务还要求有大规模的计算机和管理体系。

2. 合同仓储得到广泛应用的原因

（1）供应商视角分析

供应商为何提供合同仓储呢？根据 WERC 调查研究，供应商（仓储服务提供商）决定提供合同仓储是基于以下四个方面的考虑。

①许多供应商应目前公共仓储客户要求逐步开发合同仓储。

②一些供应商希望，通过对一定的仓储空间的长期合作关系来减少仓储空间或不动产的风险。

③提供合同仓储的原因是基于战略考虑。他们把合同仓储看成是提供更高水平物流服务，并因此提高市场地位的一次机遇。对于供应商来说，合同服务条款远远不只是物流服务资产组合中的一个因素。

④一些供应商表明，合同仓储让他们的操作效率更高，是长期合作的结果。由于操作更加集中，客户更少，管理成本也随之减少了。

（2）从建立合同仓储关系的客户视角分析

有几个主要的因素在促使客户应用合同仓储的过程中起着作用：

希望减少劳动力成本是主要的诱因。有时合同仓储仅仅是从公共仓储关系中发展起来的。很多客户转向合同仓储的一个重要的原因是，合同中的空间、成本、生产力、服务水平和绩效都是特定的并且是有保证的，这样整体服务和效度都会得到提高。

此外，客户们也发现合同仓储安排中的双方更有可能投资于使之工作效率更高的操作。

（3）合同仓储的优势

和专用仓储相比，合同仓储的使用者们发现，最大的好处是：成员减少，劳动力成本更低，仓储成本也因此而更低。同时，合同仓储操作也提供了目前专用仓储中没有的灵活性。

3. 合同仓储与公共仓储的不同之处

合同仓储供应商表明，以下的几个业务操作中的因素和公共仓储操作不同。

（1）定制化

操作和系统都是为每一位客户单独量身定制的。例如，供应商应客户要求，为分拣包装操作装配了两个计算机化的运输系统。在系统、设备、培训和运输安排中投入有效资金来支撑为客户量身定制的需求是很寻常的。

（2）与客户整合

在合同仓储的条件下，供应商的雇员和管理人往往会感觉到对客户某种程度的“所有权”并且倾向于为达到客户的目标而努力，就如同他们是直接受雇于客户一样。由于和客户的紧密配合，供应商自己公司的计划过程通常要进行得更加顺利。

（3）账目公开（Open Book）

合同仓储中合同双方分担成本和其他的操作数据，完全公开的情形在合同仓储中变得越来越普遍。因此，一部完整的操作成本“敞开的书”的政策似乎只在大多数情形下盛行，但是并不普遍。

总的来说，在合同环境下，日常的仓储操作并不改变；大的改变以培养更加开放、共享更多和长久持续的关系为前提，是一种不同的哲学。

4. 高效合同供应商的特点

与高效的合同仓储供应商有关的一些特性：通过验证的质量体系，财政资源，雇员完全为客户专用，优秀的管理团队，忠诚于合作关系，积极进取的管理方法，致力于给客户竞争利益，企业家精神，伙伴关系经营技巧，分担或共享数据和成本的意愿。

5. 合同仓储的风险

对合同仓储供应商而言，和合同仓储相关的业务风险比公共仓储的风险要少得多。很多公共仓储风险，尤其是和闲置设备或者空闲空间有关的风险，在合同仓储安排中相应减少了或者被客户分担了。仓储合同期经常和合同仓储的期限紧紧相关，减少供应商不动产的财务曝光。

然而，合同仓储也有一些自己特有的风险：

（1）合同终止

虽然公共仓储供应商有每月失去一位客户的风险，但如果长期合同没有延期的话，合同仓储供应商一般会有更大的财务曝光率。公共仓储费用的风险通常是由短期合约或违反合约性质带来的，而合同仓储一般不会有这种风险。另外，合同仓储的总的财务承付款项要大的多，因为整体设备、工作量、管理人和系统都是客户专用的。

（2）毛利（Gross Margins）下降

合同仓储毛利更低，原因是费用中的应急费更少：设备的使用和合同期紧紧相关，而且系统和配备的成本通常是在合同期内分期偿还。

（3）不断变化的环境

一些供应商感觉受一定合同条款的“约束”，而这些约束是成本膨胀、容量降低和其他压力所造成的，会导致无利可图的操作。

虽然合同仓储总毛利一般都比公共仓储总毛利要低。但是合同仓储的总体收益和投资回报一般要高一些，因为长期合约消除了闲置空间和设备的风险。保证收入随时间而增加，也帮助总体获益得到提高。客户提供设备和配备的时候，投资报酬率（Return on Investment，ROI）也得到改善，供应商的资金投资也因此而减少。

6. 合同仓储的主要构成

（1）设备和操作合约

合同仓储普遍采用的做法是为空间和操作分开订立合约。在一些情形中，客户全权承担设施方面的责任，供应商唯一的责任是管理日常仓储操作。这种安排可以让客户不受分配过程干扰而中止操作合约。如果合同供应商单方面提供设备，那么双方就要签订一个和操作合约期限相同的租赁合约。

在单独的设备和操作合约中，客户控制空间并为合同双方提供利益：供应商方面闲置设备的风险消除了；客户有能力在保持对仓储用地控制的同时中止操作合约。通过直接和出租人或销售商协商，客户也能避免由供应商评估的空间的置标。

并不是所有的合同仓储的设计中都有分开的单独合约：一些公司发现把空间和操作合约合并到只有一个价格的合约中反而更有效。

（2）合同期

合同期往往在1~10年变化，最典型的合同期是3~5年。当独立的空间和操作合约存在时，空间合约一般期限是3~5年。在这些情形中，操作合约的期限变化很大。许多操作合约随空间合约的时间变化而变化，但是大部分操作合约包含了60~90天期限的终止条款，很多客户更愿意提供变通并对供应商施加额外的操作压力。除了合同期之外，很多合同包含了有关对费用、薪金、成本等做年度评估调整的条款。

企业投资的本质常常会决定合同的期限。如果供应商建造了新的设施，那么合同就会延期来确保投资有适当的收益。

大部分合同包含了延期选择的条款，通常是对空间合约最初期限的延期，或将操作合约期限至少延期1年。延期与每年新签合同的最大不同，就是原始合同的延期主要是基于保持长期的合作关系。

（3）费率结构

在合同仓储中，收费和费率结构规定的方式多种多样。几乎是能够想象到的，都体现到费用结构上了。很多基本的收费或支付方法组成了所有合同仓储合约的基础。虽然每一种收费方法在合同中进行了详细说明，但建立一个基本的费率框架，在此基础上再扩展是一个实用的方法（如下表所示）。

仓储费率结构

单位费率法	生产量费率：空间、劳动力管理和每单位的费率利润
	处理每单位费率：每单位空间的空间费率
	直接成本的单位费率与非直接成本中的转让成本
	总时间内的完全装载的计时费率次数
	有容量保证的单位费率
	有减少成本或提高服务水平激励的单位费率
	有管理费率的单位费率（包括经常性支出和利润）
	随容量变化范围而变化的单位费率
成本增加法	加上利润和经常性支出的总体费用的实际成本
	成本增加法作为费率法的百分比
	有减少成本和提高服务激励的成本增加法
	客户直接支付的租金和设备成本：不同处理的单位费用，经常性支出和利润的费用
	作为客户销售百分比的费率

续 表

账目公开	客户和供应商在假设的前提下构建预算：制订花费的计划，条件改变时重新公开协商
	有共享成本减少计划的“敞开的书”
管理费率	年费率中包括的所有成本和利润
	附加直接责任或直接费用的费率
	费用和单位费率
	有单位费率的费用和以成本减少和生产力提高为基础的利润共享

①单位费率

合同仓储也包含了很多公共仓储合约中普遍采用的传统单位费率（Unit Fee）。最简单的形式，就是合同双方就每箱、每托盘、每重量单位等达成一致费率，这些费用包括所有直接操作成本和设施（仓库）成本，加上适当比例的前期费用和固定成本，以及一定水平的利润。单位费率主要基于与客户所使用的仓储业务的所有成本计算，同时也考虑了预计的年度操作量。

②管理费

和单位费率相反的是管理费（Management Fee）。管理费的基本形式是所需服务的固定年度费用，并且包括一切直接成本、前期费用和固定成本及利润等所有内容。然而，客户通常对直接成本采用发生（或者是依据收费单）来计算，而对前期费用和利润采用确定管理费的方法。

③成本增加法

可以体现儿种不同费率结构的做法是“成本增加法”（Cost－Pius Method）。这种费率结构可以通过各种方式来构建。例如，客户首先支付所有固定成本（建筑、设备、税费等)，然后在单位费率的基础上增加各种可变费用、前期费用以及利润。另一种成本增加方案中，客户支付所有实际费用，供应商按照统一费用或成本的百分比获得利润。

④混合法

混合法结合了以上三种基本方法或它们中任何一种方法。例如，固定成本可以算在单位费率中，而前期费用和利润则通过年管理费率来计算。

(4）信息系统的选择

哪一方拥有最有效的信息系统，哪一方就有权决定信息系统的安排方式。

有时信息系统是供应商和客户综合努力的成果，尤其是在库存控制、订单处理和订单执行等方面。

当供应商提供信息系统时，信息系统通常都和仓储管理有关，例如，月台日程安排、货位制定派车系统和订单分拣。很多供应商在仓储信息系统中投资大量，并且认为这些系统可以为客户带来重要利益。

2.6 仓单管理

1. 仓单的概念

我国《合同法》第385条规定："存货人交付仓储物的，保管人应当给付仓单。"所谓仓单，就是指保管人在接收仓储物后签发的表明一定数量的保管物已经交付仓储保管的法律文书。保管人签发仓单，表明已接收仓储物，并已承担对仓储物的保管责任以及保证将向仓单持有人交付仓储物。签发仓单是仓储保管人的法律义务。

在我国仓单作为一种有价证券，具有如下主要性质：

（1）仓单是要式证券

要式证券是具备法定格式才能有效的证券，即法律对要式证券的格式有严格要求。各国法律对仓单的记载事项均有所规定。我国《合同法》对仓单的格式和记载事项有严格规定，即仓单必须有保管人签字或盖章，并记载规定的事项。否则，仓单不能产生效力。

（2）仓单是背书证券

背书证券是指可通过背书方式加以转让的证券。根据我国《合同法》的规定，存货人或仓单持有人在仓单上背书并经保管人签字或盖章的，可转让提取仓储物的权利。由于仓单可背书转让，故仓单又是流通证券。

（3）仓单是物权证券

物权证券是以物权为证券权利内容的证券。仓单是提取仓储物的凭证。存货人取得仓单后，即意味着取得了仓储物的所有权。仓单发生转移，仓储物的所有权也发生转移。从仓单代表仓储物的角度看，仓单又是物品证券。

（4）仓单是文义证券

文义证券是指证券上的权利义务仅依证券上记载的文义而确定的证券。仓单所创设的权利义务是依仓单记载的文义予以确定的，不能以仓单记载外的其他因素加以认定或变更。

（5）仓单是记名证券

记名证券是在证券上记载权利人姓名或名称的证券。仓单可否为无记名证券，各国规定不一，学者们的看法也不一致。日本、意大利、俄罗斯等国都规定仓单是记名证券，而瑞士则规定仓单可以是无记名证券。从我国《合同法》的规定来看，仓单应当是记名证券。

2. 仓单的法律特性

（1）仓单是提货凭证

仓储保管人保证向仓单持有人交付仓储物。在提取仓储物时，提货人必须向保管人出示仓单，并在提货后将仓单交回保管人注销。没有仓单不能直接提取仓储物。

(2) 仓单是所有权的法律文书

保管人在查验并接收仓储物后向存货人签发的仓单，表明只是将仓储物的保管责任转交给保管人，仓储物的所有权并没有转移给保管人。保管人签发的仓单作为仓储物的所有权文书，由存货人或其他持有人持有。

(3) 仓单是有价证券

仓单是仓储物的文件表示，仓储保管人依据仓单返还仓储物，占有仓单即表示占有仓储物，也就意味着占有了被仓储的财产和该财产所包含的价值。受让仓单就需要支付与该价值对等的资产或价款，因而仓单是表明仓储物价值的有价证券。只不过由于仓单所表示的是实物资产的价值，其价格受实物市场的供求关系的影响，需要根据实物的市场价格确定仓单的具体价值。

(4) 仓单是仓储合同的证明

仓单本身并不是仓储合同，当双方没有订立仓储合同时，仓单作为仓储合同的书面证明，证明合同关系的存在，存货人和保管人按照仓单的记载承担合同责任。

3. 仓单的功能

(1) 保管人承担责任的证明

仓单的签发意味着仓储保管人接管仓储物，对仓储物承担保管责任，保证在仓储期满向仓单持有人交还仓单上所记载的仓储物，并对仓储物在仓储期间发生的损害或灭失承担赔偿责任。

(2) 物权证明

仓单作为提货的凭证就意味着合法获得仓单的仓单持有人具有该仓单上所记载的仓储物的所有权。一方面，持有仓单就意味着具有仓储物当然的所有权，但这种所有权是一种确定的物权，只表示占有该仓单上所描述的具体“物”，并不意味着固定的价值；另一方面，这种物权会因为不可抗力、自然损耗等保管人免责的原因造成灭失，还会因为保管到期产生超期费以及保管人进行提存的风险，由于仓储物的原因造成保管人其他财产损失的赔偿风险。

仓单持有人因持有仓单所获得的仓储物所有权，仅仅是仓单所明示的物权，并不当然获得存货人与保管人所订立仓储合同中的权利，只有这些权利在仓单中列明时才由仓单持有人承受。相应地保管人也不能采用未在仓单明示的仓储合同约定的条款对抗仓单持有人，除非仓单持有人与存货人为同一人。

(3) 物权交易

仓储物交给仓储保管人保管后，保管人占有仓储物，但是仓储物的所有权仍然属于存货人，存货人有权依法对仓储物进行处理，可以转让仓储物，这是存货人行使所有权的权利。但在保管人签发仓单的情形下，存货人和保管人达成了凭仓单提货的契约，保管人可以拒绝仓单持有人之外的其他人行使提货权。因而存货人要进行存储物转让就必须将仓单转让。另外，对于存货人在获得仓单后，需要转让仓储物时，如果要通过取出仓储物进行实物交割显然是极为烦琐，又极度不经济。为了便利和节省交易费用，存货人通过直接转让仓单的方式转让仓储物，由受让人凭仓单提货。通过仓单转让既可以实现仓储物所有权的转让交易，又不涉及仓储物的保管和交割，是一种简便和经济的方法。仓单转让的机制基础在于仓储保管人对仓储物的理货验收、对仓储物的完整性承担责任和对所签发仓单的提货保证。

①仓单的背书转让

由于仓单大都为记名证券，仓单的转让必须采用背书转让的方式进行。由出让人进行背书，并注明受让人的名称，保持仓单的记名性质。

②仓单转让须经保管人签署

仓单通过背书转让，仓储物的所有权发生了转移，背书人成为了仓单持有人。这也就意味着原先同保管人订立仓储合同的存货人将凭仓单提取货物的合同权利转让给了其他人。保管人将向第三人履行仓储合同义务。根据《合同法》第 80 条规定“债权人转让权利的，应当通知债务人。未经通知，该转让对债务人不发生效力。”同时还规定债务人转让义务的，应当经债权人同意。仓单的转让可能仅涉及存货人债权的转让，也可能存在受让人支付仓储费等债务的转让，因而仓单转让就需要保管人的认可，经保管人签字或者盖章，仓单受让人才能获得提取仓储物的权利。

（4）金融工具

由于仓单所具有的物权功能，仓单也代表着仓储物的价值，成为有价证券。因其所代表的价值可以作为一定价值的担保，因而仓单可以作为抵押、质押、财产保证的金融工具和其他的信用保证。

4. 仓单的制作

按照我国《合同法》的规定，保管人应当在仓单上签字或者盖章，仓单必须记载以下事项：

（1）存货人的名称或者姓名和住所

仓单上所载明的名称或者姓名，应当是存货人在工商行政管理机关登记注册的名称或由国家公安机关颁发的有效身份证件上的名称。

如果存货人是法人或经济组织，仓单上应以其在工商行政管理机关登记注册的居住所为记载的住所；如果存货人是个人，仓单应以其户籍所在地或者经常居住地为记载的依据。

（2）仓储物的品种、数量、质量、包装、件数和标记

保管人在接受存货人交付的仓储物时，应当认真验收，把上述内容详细明确地记载在仓单上，以确保持单人收取的仓储物与存货人交付的仓储物具有同一性。

仓储物的名称应当使用标准名称，避免因使用简称或别称引起歧义，造成理解上的困难。

仓储物的数量应当使用法定标准计量单位，件数要核准，标记要清晰明了。

仓储物的质量、包装要依照国家标准或者主管部门规定的标准确定。如果没有国家标准或者主管部门规定的，也可依照企业标准或行业标准进行确定。

(3) 仓储物的损耗标准

仓单应明确标明仓储物的损耗标准，依主管部门的规定或双方合理约定，明确必要的仓储物自然减量标准和合理磅差。

(4) 储存场所

仓单上应明确储存场所，一方面便于存货人或者仓单持有人能够及时、准确地在储存期限届满时提取仓储物；另一方面当发生纠纷引起诉讼时，对于确定诉讼管辖等方面也有重要作用。

(5) 储存期间

储存期间是保管人履行保管义务的起止时间，又是存货人或者仓单持有人是否按时提取仓储物的一个期限。仓储期间由保管人与存货人在签订仓储合同时做出约定，仓单上要明确记载。

(6) 仓储费

仓单上应明确记载仓储费的数额、支付方式、支付地点和支付时间等。

(7) 仓储物已经办理保险的，其保险金额、期间以及保险人的名称

(8) 填发人、填发地和填发日期

保管人在签发仓单时，应当将自己的名称或者姓名记载在仓单相应位置上，这是确定保管人承担义务的重要依据之一。仓单的填发地，一般为存货人交付仓储物的地点。仓单的填发日期，就是储存期间的开始日期。

5. 仓单的转让与分割

(1) 仓单的转让

《合同法》规定：“仓单是提取仓储物的凭证。存货人在仓单上背书并经保管人签字或者盖章的，可以转让提取仓储物的权利。”本条主要是对仓单转让的规定。

这里所说的仓单转让，是指存货人依法以买卖、赠予、质押等方式将仓单让与他人。在仓单转让中，存货人为转让人，接受仓单的人为受让人。

仓单转让实际上是提取仓单项下货物权利的转让，可以说是仓单项下货物所有权或者处分权的转移。仓单是提取其项下货物的凭证，代表着其项下货物的所有权或者处分权。谁占有仓单可以说就占有了其项下的货物，仓单持有人有权处理提单所列的货物。所以，仓单的转移，实际上也就是仓储物所有权或者处分权的转移。正因为如此，法律才许可仓单转让（包括质押）。

仓单不是随意转让的，须依法进行。也就是说，存货人应当在仓单上背书并经保管人签字或者盖章后，方可转让仓单。背书，包括记名背书和空白背书两种。记名背书，是指存货人在仓单背面明确记载受让仓单的人并签名或者盖章；空白背书，是指存货人只在仓单背面签名或者盖章，而不指定具体的仓单受让人。受让空白背书仓单的持有人，受让后仍可背书转让。转让仓单不仅需要存货人背书，而且还须经保管人签字或者盖章；未经保管人签字或者盖章，存货人不得转让仓单；擅自转让的，该转让行为应为无效（除非保管人事后追认并签字或者盖章）。

由此可见，法律上所说的仓单持有人可以是存货人本人（仓单未转让的情况下），也可以是受让仓单的第三人（仓单转让的情况下）。由于仓单只有一张，所以，仓单持有人不可能同时是存货人又是第三人。

需要指出的是，由于仓单是一种有价证券，所以，如因仓单损毁或遗失、被盗而灭失，仓单持有人丧失仓单的，应依我国《民事诉讼法》的规定，通过公示催告程序以确认其权利。

（2）仓单分割

实际业务中，仓单的持有人可以请求保管人将保管的货物（仅适用在数量上可以分割的货物，特别是大宗货物）分割为数个部分，并分别填发仓单，同时持有人须交还原仓单。这在学说上称为仓单的分割。其目的是为了便于存货人处分仓储物（如将1000吨水泥分割成10份，分别出卖给不同的买受人）。但是，因分割仓单所支出的费用，由存货人支付或偿还。

6. 仓单质押

（1）仓单质押

仓单质押贷款是一项新兴的物流服务，是传统储运向现代物流发展的一个延伸业务，同时，它也被看成是一种金融产品。通过仓储企业作为第三方担保人，有效地规避了金融风险，可以在相当长一段时间里，解决我国目前信用体系不健全的问题。因此，近年来这项业务受到了生产企业、物流企业、银行的广泛关注。

所谓仓单质押贷款是指货主企业把货物存储在仓库中，然后可以凭仓库开具的货物仓储凭证仓单向银行申请贷款，银行根据货物的价值向货主企业提供一定比例的贷款，同时由仓库代理监管货物。仓单质押作为一种新型的服务项目为仓储企业拓展服务项目、开展多种经营提供了广阔的舞台。特别是在传统仓储企业向现代物流企业转型的过程中，仓单质押作为一种新型的业务应该得到广泛应用。

（2）仓单质押贷款的操作流程

仓单质押业务是一项在国外较为成熟的金融服务业务。近年来，随着我国现代物流业的发展，仓单质押业务在我国许多地区和行业逐渐开展起来，并取得了一定成效。

目前，仓单质押贷款业务主要有两大形式：

①现有存货的仓单质押贷款，其基本要点是：货主企业把货物存放在仓储企业中，然后凭货物仓储凭证——仓单向银行申请贷款，银行根据货物的价值向货主提供一定比例的贷款，而由仓库代理监管货物。

②拟购买货物的仓单质押贷款，即保兑仓业务，它相对于前者的特点是先票后货，即银行在买方客户缴纳一定的保证金后开出承兑汇票，收票人为生产企业，生产企业在收到银行承兑汇票后按银行指定的仓库发货，货到仓库后转为仓单质押。

（3）仓单质押贷款的潜在风险

仓单质押贷款业务开展以后所引起的资金流动、涉及法律、管理体制、信息安全等一系列问题，会随着实践的深入逐渐显露。因此，仓单质押是有一定风险的。对于仓储物流业来说，仓单质押业务的风险主要有：

①客户资信风险

客户的业务能力、业务量及商品来源的合法性，对仓库来说都是潜在的风险。在滚动提取时提好补坏。有坏货风险，还有以次充好的质量风险。

②仓单风险

仓单是质押贷款和提货的凭证，是有价证券，也是物权证券。但是目前仓库所开的仓单还不够规范，如有的仓库甚至以入库单作质押凭证，以提货单作提货凭证。

③质押商品选择风险

并不是所有的商品都适合作仓单质押，因为商品在某段时间内价格和质量都是会随时发生变化的，也就是说会有一定程度的风险。

④商品监管风险

在质押商品的监管方面，由于仓库同银行之间的信息不对称、信息失真或信息滞后都会导致任何一方决策的失误，造成质押商品的监管风险。

⑤内部管理和操作风险

许多仓库的信息化程度很低，还停留在人工作业的阶段，会增加内部人员作业和操作失误的机会，形成管理和操作风险。

（4）规避风险的相关措施

针对上述仓单质押贷款的潜在风险，主要采取如下的防范措施（若存储商品发生损毁，需保险公司理赔的，应遵循保险公司相应的规范程序）。

①仓单的真实性、有效性

防范措施包括指定印刷、固定格式、预留印鉴、由指定专人送至银行，并在仓单上和银企合作协议中申明；由借款人保证仓单的真实性和有效性，否则因此产生的贷款资金风险由借款人负完全责任。

②对仓单质押商品要有一定的限制

该种商品应尽量是一种适用广泛、易于处置、价格波幅较小且不易变质（保存期至少1年）的商品，如各类基础生产资料。为避免仓储、运输过程中对货物的损毁而带来的资金风险，应要求借款人在提供仓单的同时提交相应的“财产一切险”保单，第一受益人应为质押权人，即贷款银行。

③对质押货物的监管

借款企业、仓库和银行三方保持信息畅通，在协商合作的基础上就相关的合作事宜达成一致，并签署协议。协议一经签署，双方均需严格按照执行。

④仓单质押价格的确定

可以根据货物存放地的市场价或生产商与交易市场签订的代销暂定价来认定仓单价值。同时通过分析该种货物3年来的市场价格波动情况来判定其波幅空间，波幅小的折扣率可以大一些，七折甚至八折；波幅大的折扣率则必须有所下降，六折或五折不等。作为补充保证，还应设立风险保证金制度。

⑤仓单质押货物的释放

由于一张仓单项下的货物是在不同时间、根据销售进度以多张不等量“专用仓单分提单”方式释放的，因此从仓单进入银行获准质押放款开始就要由管户信贷员按仓单编号、日期、金额、仓储地等要素登记明细台账，每释放一笔，就要在相应仓单项下作销账记录，直至销售完成，货款全部回笼为止。

7. 仓单灭失的提货

仓单因故损毁或灭失，将会出现无单提货的现象。原则上若提货人不能提交仓单，则保管人不能交付货物，无论对方是合同订立人还是其他人。因为保管人签发出仓单就意味着承认只能对仓单承担交货的责任，不能向仓单持有人交付存储物就需要给予赔偿。

仓单灭失的提货方法为：

（1）通过人民法院的公示催告使仓单失效。根据《民事诉讼法》的规定，原仓单持有人或者仓储合同人可以申请人民法院对仓单进行公示催告。当60天公示期满无人争议，人民法院可以判决仓单无效，申请人可以向保管人要求提取仓储物。在公示期内有人争议，则由法院审理判决，确定有权提货人，并凭法院判决书提货。

（2）提供担保提货。提货人向保管人提供仓储标的物的担保后提货，由保管人掌握担保财产，将来另有人出示仓单而不能交货需要赔偿时，保管人使用担保财产进行赔偿。该担保在可能存在的仓单失效后，方解除担保。

3 仓储规划

近年来由于市场的多元化需求，少量多样化（在物流过程中则表现为多批次、少批量）已成为新消费形态的主流，消费者对于商品的品质要求及服务水准不断提高，且希望商品能快速而完整地被送达消费者手中。流通业者应对此变化，一方面为满足客户的需求以提高配送效率，另一方面为降低成本，纷纷成立物流中心或配送中心。

综观现代物流中心或配送中心，不难发现，储存功能占了很大一部分。因此，建立合理的仓储系统是物流中心或配送中心规划作业中相当重要的一环，做好仓储系统规划是仓储中不可或缺的一步。

3.1 仓储系统规划

3.1.1 仓储系统建立的目标与系统规划的意义

各个企业的物资管理机构及其业务工作，既有着各种相同的外部条件，又有不同的内部特征，确实是千差万别的，但是把各种物资存储活动看做一个系统来研究，该系统与外部环境的关系是具有一定的共性的。在研究物资仓储系统时，我们一般采取抽象模拟的方式，把具体问题典型化。这样做一方面便于进行定性和定量分析，另一方面又便于总结经验，把实践上升到理论，进一步加强对仓储系统的深层次研究。

系统是为了达到特定的目的，把各种资源（人、设备、材料、信息等）人为地整合而成的集合，其中的组件，彼此间有逻辑与控制的关系。与企业活动相关联的系统，通常具有特定的目的，且属于开放系统（Open System），它和外界环境保持动态的关系，不断自外界环境取得种种投入（Inputs），如信息、资源，经过系统作用，转变为产出（Outputs），输出子环境，其投入与产出的差额，就是系统的附加价值，以此附加价值来满足系统成立的特定目的。

系统规划在于运用专业技术能力，统计运算分析各作业需求，将各系统做最适当化的搭配组合，以建立适合的系统运作。系统规划在于作整体全方位的考量规划，将问题一次解决，提升公司运作的能力。

仓储系统的建立并不是凭空想象的，不是随意就能建立的，在建立仓储系统之前，需要对仓储系统建立的目标进行明确，以免造成资源不必要的浪费。总的来说，仓储系统建立的目标主要为：

缩短到达的前置时间，使物流情报一致化，提升交货期的准确率，减少材料库存，减少程序失误，出入库作业的效率化，提升配送效率，节省空间，加强计划变更的应对能力，实现 JIT（Just in Time，实时供应）的供给，提升产品的精度，缩短生产前置时间，缩短出货前置时间，提升生产效率，使出货作业效率化（无人化、自动化 24 小时全天候运作），消灭不良作业环境，提升产品品质，对实际需求品的追踪，减少生产的在制品，运输配送效率化，提升物流服务水准。

当然，在进行仓储系统规划时，不一定要完全按照以上的目标来确定，最重要的是能够利用所建立的系统，为企业本身创造价值。

3.1.2 仓储系统规划

一般仓储内部的管理作业大致上可区分为：采购进货作业、订单拣货作业及配送出货作业。在管理层面上又可分为：库存管理、储位管理及配送管理。根据物流整合系统（如图 3－1 所示），进一步将仓储系统规划设计分为下列五个阶段。第一阶段：计划准备阶段；第二阶段：系统规划设计阶段；第三阶段：方案评估阶段；第四阶段：细部规划设计阶段；第五阶段：仓储系统建构与评估阶段（如图 3－2 所示）。

1. 计划准备阶段（定义系统需求）

（1）制定规划目标

必须明确制定仓储未来的功能与运营目标，可以利用资料的收集与后续的规划需求。其运营目标应包含：新运营方式的制订；计划预期时程；计划预定的投资预算；最大运营量；人力运用策略；使用年限。

（2）基础规划资料的收集

资料收集的目的在于“现状的把握”，通过能掌握的资料加以评价，以认识企业现有的“物流力”。必须把握的信息包括：

①物流网络：包括服务据点（转运站、仓库、零售点）、服务水准（交货期、缺货率、送达时间）。

②信息网络：主从计算机在各物流据点的配置，并标明各阶层计算机服务范围、联机（on line）、实时（real time）的程度，同时表明何处没有联机仍使用电传或电话。库存登入及货品移送在信息网络中的登录程序。接单、紧急配送的频率及处理方式。

③配送工具：配送工具包括仓库内部所使用的托盘搬运车、堆垛机、吊车、货柜、拖车、大货车、小货车等；同时也应根据个别的路线、地区分析各种配送工具的便利性、确实性、迅速性、安全性、经济性、信赖性等。

④人员配置：人员配置可由仓库的组织配置图获得，对现有人员的职责、教育程度、年龄、性别等应充分掌握。

⑤作业成本：物流中心的成本科目，如土地成本——租金、地价税；建筑物——折旧费、保险费、租金；设备与工具——折旧费、租金、保养；其他——水电、煤气费、通信

现代化物流系统整合发展				
分析评估	系统规划	布置模拟	工程设计	系统建制
·订单与物流特性分析 ·ABC 作业基础成本分析 ·可行性分析评估 ·生产力评估 ·运营效率评估 ·合理化改善	·生产物流系统规划 ·物流中心作业系统规划 ·信息作业系统规划 ·发货仓库规划 ·输配送系统规划 ·物流控管整合系统规划	·生产物流系统布置 ·物流中心系统布置 ·自动仓库布置 ·拣货作业布置 ·物流作业系统模拟	·生产物流系统设计 ·物流作业系统设计 ·物流控管整合系统开发设计 ·物流设备系统开发设计 ·包装设备系统开发设计 ·叠、卸栈系统开发设计	·生产物流系统建置 ·物流中心建置 ·包装生产线系统建置 ·自动叠、卸栈系统建置 ·自动仓库建置 ·自动拣货补货系统建置

图 3－1　仓储整合系统

费、外包费、人事费、员工交通费等。

⑥投资效率：上述土地、建筑、设备等的利用率，也应充分掌握。

⑦物流量：商品的种类、数量包括商品特性、装运姿势、装运尺寸、进出货频率、尖峰流量等。库存包含库存量、库存金额、周转率、库存期限、规则变动、不规则变动、季节变动。

⑧作业流程与前置时间：这项分析应以“顾客的观点来看交货期”为解读信息的基准，作业流程及其所需时间大概可分为：由请购到供货商交货、上架；顾客下单到拣货完成；上配送车辆到货品上顾客货架。

2. 系统规划设计阶段（功能分析、合成与配置、系统分析、设计最佳化）

（1）基础规划资料的分析与评估

订单与仓储特性分析：

①查核库存——为了满足服务客户的要求，在接到订单时，最好能先检查库存量，

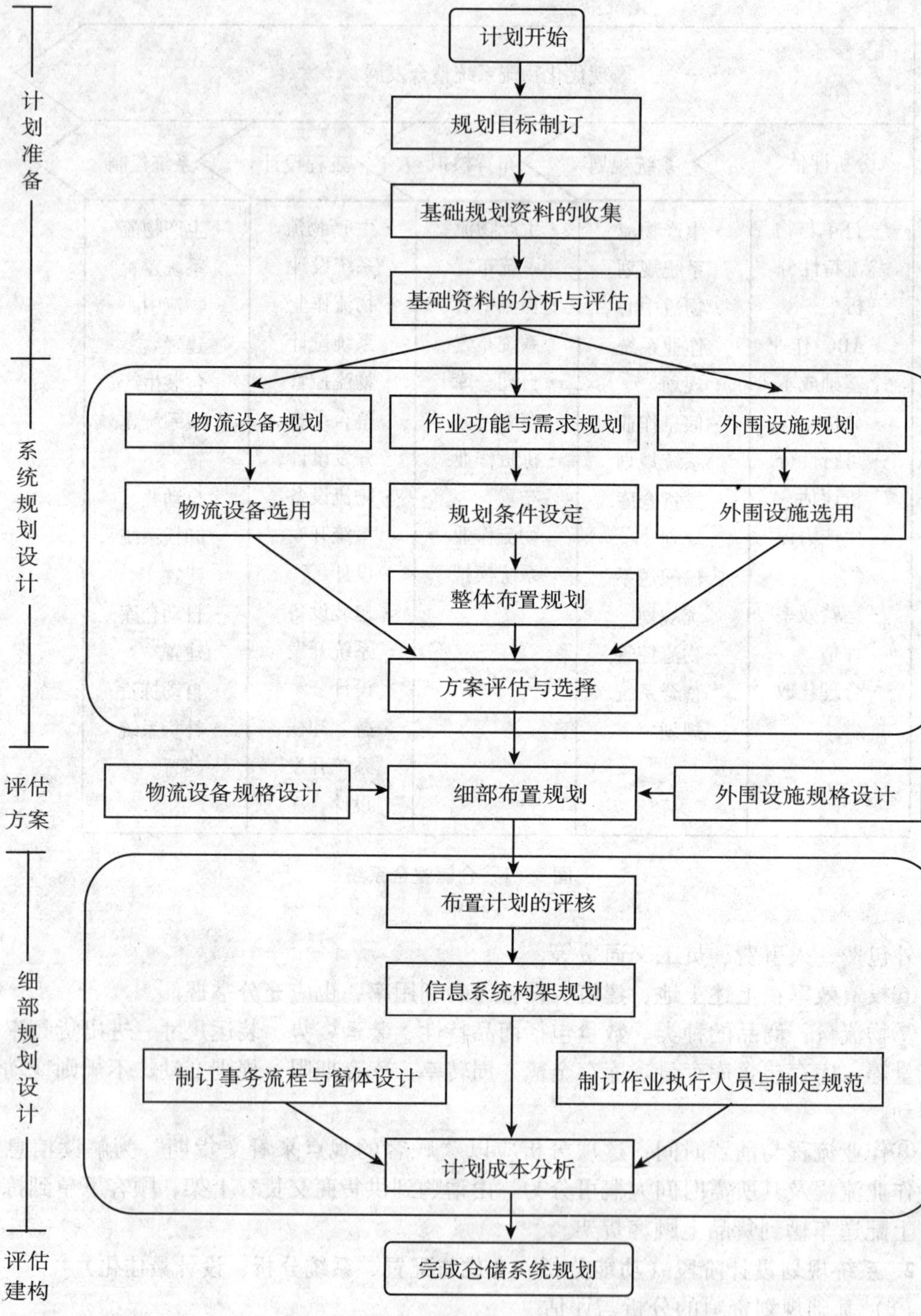

图 3－2　仓储系统规划程序

包括现有库存、已采购及入库数量，扣除已接受订单而尚未出货的数量，决定是否有足够的数量满足客户的需求。若能再检查现有产品的时限，如食品类的有效期限等更能保证商品的新鲜度，若库存不足，能实时告知客户可能的送货时间，看客户是否能接受，或请客户同意将现有的商品先行出货，并将客户的反映记录下来作为日后改进的参考。

②查核信用——对每一客户的往来账户，通常都会设定赊欠额度，在未收回积欠货款前，已达赊欠额度的客户，即不予出货。信用额度的设定与查询，在于减少单一客户倒账的风险。

③计算出货能力——由于某些物流中心有几小时送货时间保证，为达到此项保证，必须很精确地预估每张订单自拣货、包装到出货的时间，通常零星拣货都会固定在一定的时间，订单时间过迟或已接受的订单超过拣货能力，即不允许再接受订单，否则延迟送货会遭到客户抱怨。

④计算配送能力——物流中心对于商品的配送，大多有固定的车辆、固定的配送区域或路线，不同区域的配送，如华北至华中、华南、华东，也有固有的发车时间，在此情形下，每一路线的运输弹性就不大，若同一路线订单超过某一数量，临时调度车辆不易，配送时间就会受到影响。

⑤延迟订单处理——对于因存货不足或车辆配送能力不足等无法及时送货的订单，最好有专人处理，尽可能及早通知客户，预先做好补救措施，以减少客户抱怨。

在接受客户订单后，即应列入管制，自动依序控制订单的进度，由每一管制点输入动态数据，如已拣货完成、上车出货或配送途中，对于车辆实际位置若能通过无线电话联系，或以卫星定位系统随时掌握动向。当客户随时查询订单处理状况，随时回报，若客户有抱怨发生，也应随时处理，并列入记录，追踪显示处理情形以提供更好的服务。在订单的管理方面，如何简化订单处理的流程，提升效率，在每阶段注意其资料的正确性，以及随时掌握订单进度，是订单管理最重要的课题。

可行性分析评估：

在系统规划前，应尽量进行全面分析，一般针对以下三点进行分析。

①市场、营销可行性分析；

②技术、系统可行性分析；

③财务、回收可行性分析。

生产力评估：

检查系统内的搬运系统，是否有瓶颈存在以维持及确保生产水准，使人力资源的利用能达到最好的效用，设备也能减少闲置，以减少单位劳工及货品的搬运次数并且减少延迟、损耗及浪费。减少搬动次数及距离，做最有效的搬运，增加货物移动速度，使得存货成本及相关成本得以降低。查看系统的效率，其是否能缩短产品总配销时间，提高顾客服务水准，搬运效率是否良好是一大因素，如能使得搬运良好，就能提高单位劳动生产力，对公司营运成效助益颇大。

营运效率评估：

要从以下的三个主要工作内容去做评估。

①配送资源计划——当企业本身拥有许多运作单位时，需要配送资源计划将各种资源、营运方向、营运内容作一整体规划。

②营运管理系统——营运管理系统用来制订如车辆设备租用、采购计划、销售策略计划、配送成本分析系统、运费制订系统、外车管理系统等的各类管理政策，较偏向投资分析与预算预测。

③绩效管理系统——一般物流中心的营运状况是否良好，不能只看各项营运策略的方向制订是否正确、实际的计划及执行，还需具备良好的信息回馈来作为决策、管理及实施方法修正的依据，以便发展绩效管理系统。

合理化改善：

过去物流成本的改善，只着重于降低成本，强迫人、物、金钱等方面的节省，而现在则重视效率化，希望通过有效使用有限的人力、物力、财力来提高产能，降低每单位的投入成本。这就是“利用物流效益化的提高以求降低成本”。

（2）规划条件设定

经过对现状的掌握、现状问题的分析、与同业的比较后，原有物流系统的弱点已充分把握，新物流中心的规划条件即可设定。一般新物流中心的规划，有以下几点：

①增加营运能量，能量的扩充不一定是全面的增加设备或空间，主要是打破业务运作瓶颈。

②服务水准的提升，这需要软硬件、人员训练的全面配合，也需要整个物流系统的变更及整合。

③为了解决人力的缺乏，应积极进行合理化、机械化，或设备自动化、信息化。

④为了应付多品种、小批量、多批次的物流环境，应规划设置弹性化、智能型的物流系统。

⑤配合企业的营运策略，扩增物流中心的功能，或增建物流中心。

（3）地点选择

在选择物流中心预定地点时，必须考虑物流中心的计划规模，其限制条件有：

①土地的面积与使用限制条件；

②储存物品的性质；

③竞争条件，即影响服务水准、营运成本的条件，包括与供货商及顾客的距离、交通便利性、土地成本；

④基础条件，包括劳动力是否充足、招募是否容易，基础建设如水电、道路、通信设施、排水系统是否完备，计算机专业人才，包括软、硬件的支持是否充分；

⑤自然条件，考虑设置地点的气候、温湿度、风向、地震、地质等；

⑥行政条件，包括当地政府的行政效率、产业政策与奖励优惠措施等。

（4）建筑物及物流设备规划与选用

建筑仓储时，需注意位置、方向、构造等影响物流中心作业的因素；设备规划如保管、搬运、拣货、分类、流通加工、输配送工具、通信等设备，均需加以规划。在设备规划方面，需考量：

①满足系统频率的要求；

②托盘、容器与堆高机；

③油压拖板车、货架及装载车辆之间的关系；

④转动设备的稳定度及维修力的评估；

⑤经济性的考量；

⑥控制系统的品质。

除此之外，尚需注意下列两方面。

硬设备规划：

①仓储设备——货架、托盘、电动堆高机、拣货台车、装卸省力设备、流通加工设备。

②配运设备——采用厢式的大小货车、手推车、通信设备。

③信息设备——网络联机设备、计算机设备、电子卷标拣货设备。

软件系统规划：

①仓管系统——优秀的仓管人员、仓储流程规划、储存安全管理、存货管理。

②配运系统——优秀的配运人员、配送路径规划、配运安全管理、服务态度。

③信息系统——进货管理系统、储位管理系统、补货管理系统、出货拣取系统、车辆排程系统、流通加工管理系统、签单核单系统、物流计费系统、EIQ、MB、EIS、EDI、VAN、信息系统规划。

(5) 外围设施规划与选用

除了物流设备的规划外，还需考量服务设施，服务设施是指支持物流中心操作系统运作的设施，除了一般企业所需的动力间、配电室、设备维修间、器材室外，物流中心规划时，还应特别注意以下各种设施的规划：

①空调设备——如商品本身对温湿度的需求。

②安全管制——人员、车辆进出与自动监视系统。

③通信设备——计算机与通信结合和无线电。

④搬运设备停放区——搬运设备的形式与数量、搬运设备的充电场所及维修养护空间。

⑤卸货停车位。

⑥办公室及其他员工活动场所的规划——如办公室计算机室、更衣室、餐厅、厕所、会议室、接待室、休息室等。

(6) 作业功能与需求规划

国内物流中心厂家中小型业者占多数，而且多是属人力化的物流中心，而物流技术是一种涉及机械、控制、通信、计算机信息、工业工程等科技整合的技术，为能让业者了解物流中心效率的提升与科技结合的重要性，进而导入现代化物流技术，使之转型为自动化的物流中心，内容包括：

①采购与进货。由采购人员依据商品库存报表，来决定当天的订货种类和数量。以送货单键入送货资料，打印具有品种、数量等资料的条形码卷标且贴于进货货品上。其进货方式可以分为：由各供货商直接交货给物流中心；由物流中心自行订购并至工厂提货，并可分定期提货与不定期提货；进口商的进口货柜直接交给物流中心，或由物流中心自行去提货。

②入库。进货人员以车机型终端机扫读货品条形码，通过无线电数据传输至监控计算机，通过储位指派原则，将指定的储位再传回车机型终端机，指示入库人员进行货品上架作业，当台车推到指定储位上架前，作业人员可再以扫描机扫读储位条形码，以确定储位的正确性。

③订单处理。作业员键入订单资料（如有与 VAN 联机，则可以免键入的工作），系统可将数据处理后，安排出车趟次，并排拣货顺序资料。(如图 3－3 所示)

④拣货。零散拣货资料送至传送带配合电子卷标计算机辅助的拣货系统进行订单别拣货作业，完成的出货箱自动由输送机送至出货区，按配送路线别自动分为整箱拣货资料则送至无线电计算机辅助拣货区，以无线电计算机辅助拣货台车进行批次别拣货作业，拣完后立刻进行店家别分货作业。(如图 3－4 所示)

⑤分类、出库。由分类输送机自动分类的出货品，经作业员取出放于出货区，经"计算机辅助分货系统"作业完成配货，合并后再由掌上型终端机进行出库管制后，即可等待上车出货配送。

⑥流通加工。在商品上贴上条形码、卷标、税单或说明书及二次包装等工作。

⑦保管。仓储保管功能。

⑧出货。方式可分为：由顾客至物流中心自行载运（少数）；由物流中心派专车配送；物流中心的物品共同配送，一般物流中心多从事此类型，不同客户同类商品的区域配送。

⑨规划配送路线。在设计配送路线时，应考虑零售商之间的行车距离，零售店的出货量，送货车辆种类及承载数，司机的偏好，以及其他如送货所需时间、外包车辆的支持、规划人员的能力及司机奖罚制度等。

⑩产品设计开发。也可以将商品重新组合、开发组合礼盒。

（7）仓储操作系统规划

①组织架构构筑。因新的物流系统是为了配合公司新的经营策略，所以有新的经营团队产生。除此之外，新的物流操作系统及流程也需要调整组织来适应，因此适度调整组织或变革是必要的。

②装置新的服务系统。其服务系统包含了新的设备与工作空间的组合及新的车辆配送系统，前者系统规划，就是一般所称的"系统工程"。而系统工程的重点在于：简单化——消除不必要的浪费，降低系统的不稳定；自动化——追求"快乐、安全、确实"；整合——破除单一性，强调整体系统的有效性。

③拟定新的作业流程。物流作业流程通过时间因素与效率因素影响顾客的满意度，为

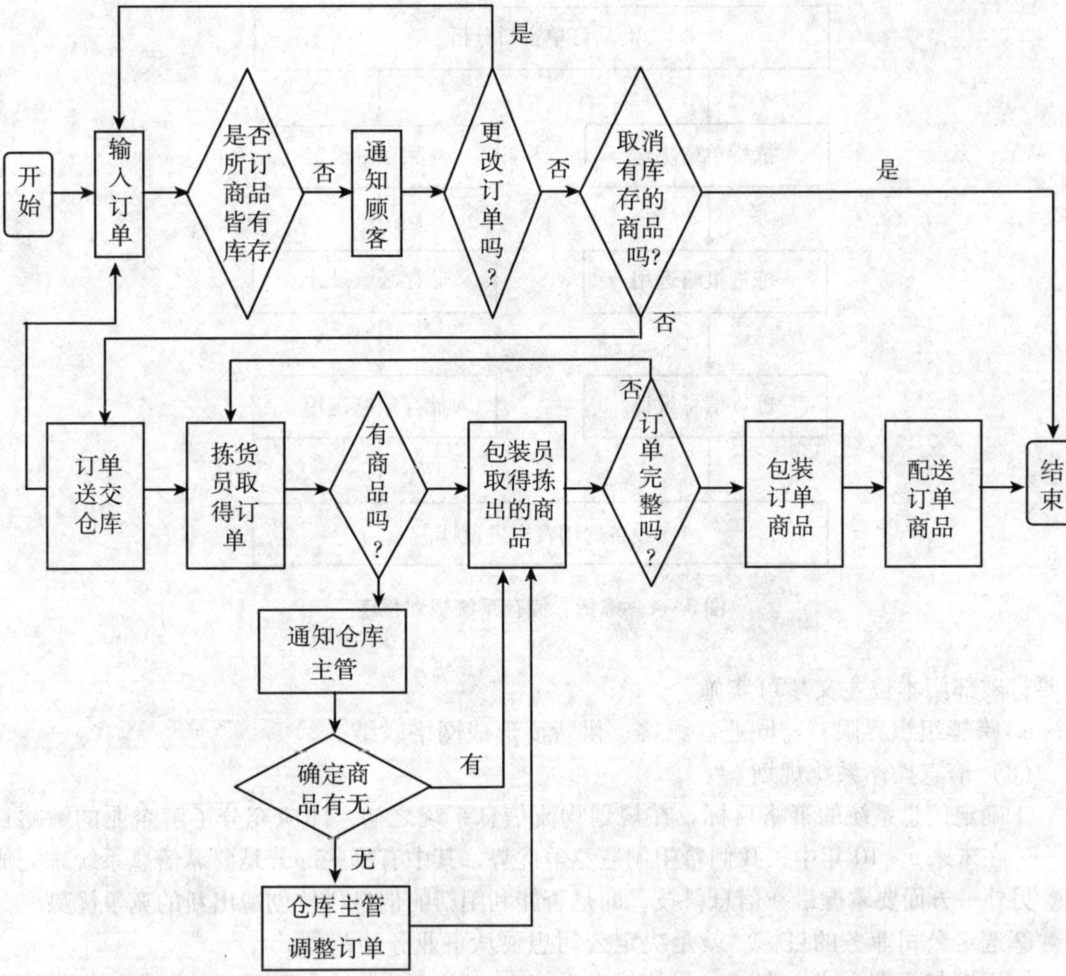

图 3－3　订单完成周期流程图

了完成一个合乎顾客满意度的新物流系统，我们也需要拟定新的物流作业流程。改善作业流程共有三种方式：

持续性改善法——此法被视为日本式的创新手法，它采用全员参与的方式，运用品管手法，持续不断地改善作业流程，来缩短工作时间、降低成本并提升品质。

信息工程法——利用现代信息科技及系统分析方法，提升作业流程的流畅，也减少了人工操作的传递耽误，也可节省人工。

再生工程法——其改善流程的做法有以下三点：

a. 整合分散于各功能部门的“作业”，将其融合为一。即整合各专业人员的审核要点成为“专家系统”，再由相关人员依此专家系统审核，超出范围者才交由专家审理。

b. 以并行操作代替顺序作业，但由于由顺序改成平行需要思维模式的改变，也可能

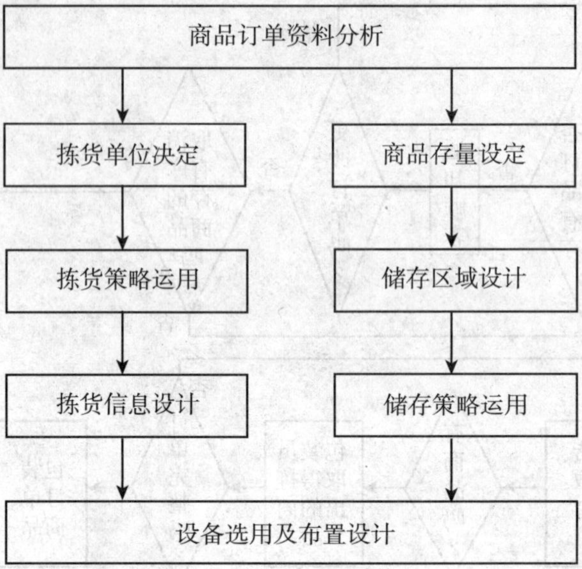

图 3－4　拣货、储存系统规划程序

需要打破部门本位主义才可实施。

c. 跨越组织界限，与同业、顾客、供货商形成网络联结。

（8）信息操作系统规划

①确定信息系统的策略目标。在规划物流信息系统之初，即应充分了解企业的策略目标——在未来 5～10 年中，我们希望创造竞争优势，其中有哪些部分是要靠信息系统来完成的。另外一方面要掌握最新信息科技，即是否能利用新的信息科技创造出新的竞争优势。

②选定公司业务的目标。就是决定公司想要从事业务的范围。

③组织与管理方式。在新一代的信息系统中，信息不再是由下而上的汇集，提供管理者作决策，而是横向且向第一线员工，输送至最需要的地方，立即作决策以满足客户适时的需求。

（9）发货仓库规划

经过拣取分类过后的货品，在出货之前必须经过检查，等一切就绪之后再将之装入妥当的容器内，做好标识，根据已排定好的车辆趟次，依次将货品送到出货码头准备装车配送，这就是“出货作业”。

出货的钳制作业有一项称之为“分货”，也就是在拣货完毕之后，再将物品依客户或配送路径进行分货的工作，经过分货后就是出货之前的检查作业，这其中包括了把拣取物品依客户、车次对象做商品及数量上的核对动作，以及实施产品状态及品质检验。

倘若我们对每一件商品都一一去核对，不但没有效率而且容易出错，也耗费大量人力、物力，反而达不到企业对精确、低成本的要求。欲改善此种问题唯有从之前的拣货作业开始，找出让拣货作业出错问题症结，加以解决便能免除事后的检查需求。

（10）输配送系统规划

企业要如何促使输配送效率达到最有效的目标呢？总括来说，“距离最近”、“时间最短”、“成本最小”是完成输配送效率化的三大要求。在这三大目标下，应该先由提高每次输配送量、车辆运行速率、削减车辆使用台数、缩短输配距离及适当配置物流设备等着手考虑，但要特别注意：

①满足客户需求。

②各配送车辆的承载率。

③车辆配送时间限制。

④配送点的收货时间限制。

为了达到距离最近、时间最短、成本最小的目标可采用如下的手段：

①消除不必要的交错输送。

②尽量利用回程车。

③直接运送。

④建立完整的信息系统。

⑤改善输送车辆的通信。

⑥控制出货量。

⑦共同配送。

（11）整体布置规划

①作业流程原则：依顺序处理。

②整合原则：商品、人、设备间有整体性配合。

③弹性的原则：适合高低尖峰、季节的变化及商品的调整的拣货配送作业。

④管埋容易化的原则：各项作业能目视管理。

⑤部门相关分析：依各部门间的相互关系，经调查后得到其活动关系图；将其记录于活动关系图的工作底稿；绘制活动关系图一览表活动模板和活动关系图一览表；利用穆哲分析法，绘制活动分析图。

⑥物料流程分析：绘制生产区物料流程形式图与物料流程图。

⑦面积需求。

⑧面积关联图：配合部门相关分析及面积需求，做出总空间需求工作底稿；通过总空间需求工作底稿及活动关系一览表做出面积关联图。

3.1.3 方案评估阶段

这一阶段主要是做方案的评估与选择。通常，一般的规划会有很多的项目以供选择，完成后应依原规划的基本方针，以及原规划的基准，如预算、可能完成的期限、效益等加以评估，以选择最佳方案。最常用的评估法是计算各方案的投资金额以及经济效益，以“数字”作为选择的基准。但除此之外，仍应列出无法量化的无形效益，诸如顾客满意的提升、人员的招募容易、企业形象的提升等作为策略性的考量（如表3－1所示）。

表 3－1　　方案评估表

<table>
<tr><th colspan="5">费　用</th><th>旧物流中心</th><th>方案一</th><th>方案二</th><th>方案三</th></tr>
<tr><td rowspan="22">物流中心</td><td rowspan="15">设备成本</td><td rowspan="5">土地</td><td rowspan="3">所有</td><td>资本利息（低价）</td><td></td><td></td><td></td><td></td></tr>
<tr><td>资本利息（实价）</td><td></td><td></td><td></td><td></td></tr>
<tr><td>固定资产税</td><td></td><td></td><td></td><td></td></tr>
<tr><td rowspan="2">赁借</td><td>地上权利资本利息</td><td></td><td></td><td></td><td></td></tr>
<tr><td>租地费</td><td></td><td></td><td></td><td></td></tr>
<tr><td rowspan="6">建物</td><td rowspan="4">所有</td><td>资本利息</td><td></td><td></td><td></td><td></td></tr>
<tr><td>固定资产税</td><td></td><td></td><td></td><td></td></tr>
<tr><td>折旧费</td><td></td><td></td><td></td><td></td></tr>
<tr><td>火灾保险费</td><td></td><td></td><td></td><td></td></tr>
<tr><td rowspan="2">赁借</td><td>押金（权利金）的资本利息</td><td></td><td></td><td></td><td></td></tr>
<tr><td>房子租金</td><td></td><td></td><td></td><td></td></tr>
<tr><td rowspan="3">设备</td><td colspan="2">资本利息</td><td></td><td></td><td></td><td></td></tr>
<tr><td colspan="2">折旧费</td><td></td><td></td><td></td><td></td></tr>
<tr><td colspan="2">火灾保险费</td><td></td><td></td><td></td><td></td></tr>
<tr><td colspan="3">设备合计成本（A）</td><td></td><td></td><td></td><td></td></tr>
<tr><td rowspan="6">营运成本</td><td colspan="3">人工费</td><td></td><td></td><td></td><td></td></tr>
<tr><td colspan="3">修缮费</td><td></td><td></td><td></td><td></td></tr>
<tr><td colspan="3">水电煤气、冷暖房费</td><td></td><td></td><td></td><td></td></tr>
<tr><td colspan="3">商品火灾保险费</td><td></td><td></td><td></td><td></td></tr>
<tr><td colspan="3">杂费（其他成本）</td><td></td><td></td><td></td><td></td></tr>
<tr><td colspan="3">运营成本合计（B）</td><td></td><td></td><td></td><td></td></tr>
<tr><td colspan="4">自家仓库成本和（A＋B）＝C</td><td></td><td></td><td></td><td></td></tr>
<tr><td rowspan="3">委托物流营业中心</td><td colspan="4">仓库费</td><td></td><td></td><td></td><td></td></tr>
<tr><td colspan="4">其他费用</td><td></td><td></td><td></td><td></td></tr>
<tr><td colspan="4">营业仓库成本合计</td><td></td><td></td><td></td><td></td></tr>
<tr><td colspan="5">比较（C＋D）</td><td></td><td></td><td></td><td></td></tr>
<tr><td colspan="5">房间容积（m^2或 m^3）</td><td></td><td></td><td></td><td></td></tr>
<tr><td colspan="5">每单位空间的投资额</td><td></td><td></td><td></td><td></td></tr>
<tr><td colspan="5">累计作业人员</td><td></td><td></td><td></td><td></td></tr>
</table>

3.1.4 细部规划设计

1. 物流设备与外围设施规格设计

①物流托盘统一规格（如1.1m×1.1m）。

②流通用包装尺度——参照国家标准中有关输送包装的规定尺寸。

③流通用塑料制储运容器——规格标准的制订主要着眼于塑料制储运容器的量产，以及与标准托盘的配合。

④运输车辆载货台——为提高车辆运载标准托盘及附轮式箱状托盘时的空间利用率，以及车体打造时的便利性。

⑤自动化的分流输送带必须要有足够的空间。

⑥自动化设备——自动仓储、无人搬运车、各式棚架、输送带、堆高机、拖板车、自动拣货系统、通信系统、手持终端机等。

⑦配合计算机设备——EOS、EDI、POS、VAN等。

⑧自动化仓储自动拣货系统。

2. 细部布置规划

（1）自动仓库规划

空间选择与利用，由于自动仓储有通道阻隔性及采光遮蔽性，故在整体布置搭配上，必须适当考量。通常会把自动仓库往侧边移，以减少其不良效果，亦有干脆把自动仓库设置在二楼以上。如果当地位属地震区，则此型建造方式风险较高。至于通风上的考虑，除自动仓库设置有排风系外，由于其位处高层且无楼板阻隔，又有充分的换气孔，其本身空气的对流效果相当好。

（2）拣货操作系统规划

动线规划的流程为：入库→储放→补货→拣货→出货。以上流程的动线，应作适当的规划，使移动的距离最短、冲突性最少。此外，拣货单位应依照储位的顺序打印，以减少重复路径，达到最经济的拣货主力线。

①暂存区。空间的规划应考虑到暂存区的位置。暂存区可作为理货、暂存及调节季节性商品等弹性运用的区域。

②时间。通过仓储的划时段运用，不仅可提高空间的使用率，更可提高人员及设备的效率。

③人。应实施人性化管理，着重人员的训练，以提高效率与正确率。工作的内容应单纯化，以便利用兼职人员。

（3）物流条形码系统规划

①条形码编号。须考虑几项因素：编号分类恰不恰当，会不会造成作业的困扰或无法作统计分析等；码数要多长，以及是否要携带信息于号码上，或仅作识别流水号码；编号扩充性，以及码与码间关联性的考虑。

②条形码印制。无论是直接印刷或用卷标纸，都须考量条形码的尺寸大小、条形码分

辨率要用什么条形码；若是使用卷标纸时，尚需留意卷标黏度、规格及内容安排。

③物品管理。在物品上的条形码卷标需贴于正确的现货上，避免张冠李戴。另外，注意一物一码原则，切勿重复编码，并防止物品条形码脱落或漏贴。

④系统设备。评估所要购置使用的自动化硬设备的稳定性、操作性、操作简易性、扫描读取率与错误率的情况；考量使用软件的兼容性、维护作业简单性与扩充能力等因素。

⑤操作者。提供操作使用者充分的教育训练、克服操作者的心理障碍，并备妥操作文件使用说明书。随时检查是否恰当，建立简化、一致的作业程序，避免因人员离职、异动而操作错误。

（4）物流设备系统开发设计

整体性。在适当的规格内展开一预期经营目标，并规划出一系统布置蓝图，予以逐步分段分期改善，将会比随机发展更佳。若是新建的物流中心，通过展开计算规划，并以数个系统来评估比较，这比较切合实际。

设备规格与系统的平衡。在使作业合理顺畅，尤其是自动化设备延伸至人员作业接口的考虑较常被忽略，其他如一些接口设备的配合，如空托盘的收集及自动整理、供应的配合考虑；反之，如各个子系统中，自动化程度的搭配与衔接，若未能考虑整体性相关作业的平衡，往往会造成投资上的浪费。

标准化及合理化的追求。在规划这类物流系统时，必须妥善地统计、规划与分析，并找出最佳的实施方案，因为不合理的物流，往往会浪费庞大的投资金额，对作业造成莫大的损失。

自动化的限制点及观念。自动化最大的特点在于省力且系统运作持久稳定，而传统人工操作弹性大，且可以用人海战术提升其短期运作能力。举例而言，某一操作系统若遇业务高峰时，则可增加人员集中作业，如此一来，可提升其作业量数倍以上；若改为自动化方式处理，因其输送搬运设备有其固定的处理能力，且需遵照所规划的作业路线来进行，因此若是系统未考虑的作业，则无法弹性适应，故除作业方式要考虑周全外，自动化设备较适宜延长每天的作业时间，来解决高峰的负荷及降低其运转成本。

信息流的结合。物流自动化最主要的效益来自结合信息流，其目的在于提供正确而适时的管理信息，追求管理的合理化，因此物流在整个系统运作中，若能达到完全信息与货品动态的结合，那是最佳的状况。而其系统中，信息与货品必须中断或离线时，往往可通过系统予以衔接。总之，自动化系统与传统操作系统衔接时，必须考虑信息的延续性及方便性。

系统动态仿真，确保物流顺畅。在复杂的系统中，只单纯以人工或计算机来计算，很难凸显其问题点及瓶颈，然而通过 3D 的动画仿真计算机后，可将设计阶段的物流中心，以立体方式在计算机上表现出来，并将系统展开的各设备运转条件输入计算机，以实际的画面显示建造完成的运作状况，并且可预测将来 5 年或 10 年之后，不同经营条件的运转状况。

（5）存放单位、包装、装载体系设计

流通用平托盘：在制订此规格标准的平面尺度时面临相当大的难题，因为平托盘的规格无论在国内或国际都相当纷乱，然而考虑国内外使用的主流，使 1100mm × 1100mm，1200mm × 1100mm 及 1200mm × 800mm 三种平面尺度的托盘列入主要的考虑范围。在互换性（单一性）及自动化导入容易性的考量下，1100mm × 1100mm 成为最佳的选择。此外，搬运放置时不用考虑方向性，制造简单，成本较低，与大型运输车辆及标准货柜的配合性最佳，都是其优点。目前国内流通业者也以使用此类托盘为多。在现实特殊使用状况下，则取用 1200mm × 1000mm 平面尺度托盘，如冷藏、冷冻货品输送使用具保温效果的厚车壁车辆（冷冻车）运输。这一尺寸也是目前流通业者使用较多的一种。

流通用包装尺寸。此一规格标准主要是参照 JIS Z0105 输送包装方法所制订的，商品制造商必须尽可能依照此建议书来设计外包装的平面尺度，方可使托盘化运输的理想实现。

流通用塑料制储运容器。此一规格标准的制定主要着眼于塑料制储运容器的容量，以及与标准托盘的配合。

运输车辆载货台。为提高车辆运载标准托盘及附轮式箱状托盘时的空间利用率，以及车体打造时的便利性，因而制定此一规格标准建议，使得由包装、装载容器至运输车辆能够建立好一套完整的体系，方能将标准化的目的落实。

3. 布置计划的评核

（1）使用计划评核术

（2）人力数量的评估

（3）土地面积的评估

（4）设备设施的评估

4. 制订实务流程与窗体设计

（1）仓储作业流程

仓储与厂商之间的采购与进货作业；仓储内部订单拣货作业；仓储与零售店之间出货与配送作业。

（2）接单管理、核单管理、批价管理

（3）商品库存报表

（4）采购单

（5）物流数据传输的格式

（6）商业单据标准化及统一印制原印条形码

5. 确定作业执行人员与制定规范

（1）组织与部门的决定

绘制公司组织图；人力使用政策与分析；决定部门职责。

（2）薪资——固定薪资与变动奖金

（3）员工福利

（4）员工教育训练

（5）工作说明书

（6）工作分析

6. 计划成本分析

（1）各项设施的资金，如表3－2设立物流设备投资表

（2）“物流服务水准”与“物流成本”互为消长，以“总成本”（Total Cost）的最小化、最优化为追求的目标

（3）投资报酬率（ROI；Rate of Return on Investment）分析架构

表3－2　　　　物流设备投资表

区分	序号	符号	项目	计算	耐用年数（t）			
					0年	第一年	……	最终年（t）
当初投资额	（1）		土地		（××）			
	（2）		建筑物		（××）			
	（3）		设备		（××）			
	（4）	I	物流设备投资额	（1）＋（2）＋（3）	（××）			
	（5）		地区营业额			××	××	××
支出额	（6）		进货商品			（××）	（××）	（××）
	（7）		输送费			（××）	（××）	（××）
	（8）		保管费			（××）	（××）	（××）
	（9）		支出额合计	（6）＋（7）＋（8）		（××）	（××）	（××）
支出费非现金	（10）		建筑物折旧费			（××）	（××）	（××）
	（11）		设备折旧费			（××）	（××）	（××）
	（12）		折旧费合计	（10）＋（11）		（××）	（××）	（××）
净利	（13）		税前净利	（5）－（9）－（12）		（××）	（××）	（××）
	（14）		诸税			（××）	（××）	（××）
	（15）		税后净利	（13）－（14）		（××）	（××）	（××）
纯现价	（16）		折旧费加回	＝（12）		（××）	（××）	（××）
	（17）	S	残值			—	—	××
	（18）	R	各年现金流入额	（15）＋（16）＋（17）	（××）	（××）	（××）	（××）
	（19）	K	利率	$\frac{(18)}{(1+k)^t}$		%	%	%
	（20）		各年现金流入额的现价		（××）	（××）	（××）	（××）
	（21）	※	纯现值					××

注：①纯现值（Net Present Worth）为正，则表示有利；②（××）表示负值。

7. 系统建置

(1) 储存系统的建置

①储存的策略方法。储存策略主要在于制定储位的指派原则，拥有良好的储存策略不仅可以减少因出入货而移动的距离、缩短作业时间，也能够充分利用储存时间。下面我们就一般储存策略的内容及优缺点简单描述如表 3－3 所示：

表 3－3　　一般储存策略内容及优缺点

储存策略	内　容	优　点	缺　点
定位储放	每一项储存货品都有固定储位，货品不能互用储位	容易管理、搬运时间较少	储存空间较多
随机储放	每一个货品被指派的储位是随机产生且经常可变	储区空间的使用效率较高	入库管理及盘点困难度高
分类储放	所有货品按照一定特性加以分类且每一货品有固定储放位置	便于畅销品存取、管理容易	储区的利用率较低
分类随机储放	每一类货品有固定存放的储区，但各类储区内的储位为随机指派	可提高储区利用率	入库管理及盘点困难度高
共同储放	不同的货品可共享相同储位	储存空间搬运时间更经济	管理上较复杂

②储存形式　　简单描述如表 3－4 所示：

表 3－4　　储存形式分类

储放形式	依储存量分	大批量储存	3 个托盘以上的存量，多采用地板及自动仓储储存
		中批量储存	1～3 个托盘的量，多采用托盘货架或地板堆积
		小批量储存	小于一个托盘的储存，多采用料棚架、贮物柜储物
		零星储存	小于整包的货品，都是使用棚架、贮物柜储存
	依储存设备分	地板堆积储存	利用地板支撑力将物品放于托盘或直接着地储放
		料、棚架储存	料棚架样很多，大体上分为两面及单面存放式
		贮物柜	现今的贮物柜可卸下、搬运以调整储物空间
		自动仓储	自动仓储可增加拣取取出货的效率及正确性

③存货管制。存货具有调节生产与销售的作用，缺乏适当的管理方法将导致损失，对于物流中心而言，快速的流通使得中心对客户订货无法做到事前掌握，这凸显出存货管制

的重要性。我们利用存货管制来确保存货量能完全符合销售情况、交货需求以提供顾客满意的批货，另外我们也能通过设立存货控制基础，以对公司作为经济的订购方式及控制方法，来提供在营运时所需的供应。

流通业景气受经济景气的影响，较一般企业来得明显，许多产品周期容易受流行趋势所影响，故其需求量不易确定，而增加不少存货呆滞的情况，要预防此种状况的发生，首先要针对产品的需求状况、订购性质及限制因素加以了解确认后，以产品调整需求预测、考虑订购性质及其他限制因素，作出存货决策。

（2）盘点系统的建置

盘点作业除了可以确定现存量，并可修正料账不符的误差之外，还可计算企业的损益、稽核货品管理绩效，使出入库的管理方法和保管状态变得清晰。以下便对盘点时必须依循的步骤逐一说明。

①事先准备。盘点之前的事先准备工作有：明确建立盘点的程序方法、配合会计决算进行盘点、盘点人员需经过训练并熟悉盘点的流程、盘点用的表格必须事先印制，还有的库存资料必须确实结清。

②盘点时间的决定。盘点时间的周期，如果是有实施 ABC 商品分类别管理的公司，A 类物品每天或每周盘点一次，B 类商品则每 2 ~ 3 周盘点一次，而 C 类商品每月盘点一次即可。盘点选择的日期可选择在财物决算前夕或淡季进行。

③决定盘点方法。盘点方法必须配合盘点场合、需求而有所不同，一般盘点的方法分为账面盘点法及现货盘点法两种，其中现货盘点又分为期末盘点与循环盘点。

④盘点人员培训。盘点时各部门需增派支持人员，使得盘点工作顺利进行，这些人员必须组织化且授以短期训练，以利盘点作业的进行。

⑤储存场所的清理。盘点前储存场所先整理、整顿并将货品予以整理验收，预先鉴定呆料、废品，而仓管人员应在盘点前各自预盘，以便提早发现问题，而使得盘点时的速度得以加快。

⑥盘点工作。盘点是枯燥乏味的工作，为了确保盘点的正确性，在工作期间应加强领导与监督。

⑦差异因素追查。盘点之后，如果发现有料账不符的现象，应立即追查其原因，看是否为人员的疏失或者是因盘点制度不完善所造成，针对可能原因加以预防及改善。

⑧盘盈、盘亏的处理。物品盘点时除了产生数量上的盈亏外，在价格上也会产生增减，关于这些情况需经主管审核，以利于因价格变动而带来的价值差异。

（3）自动拣货系统的建置

拣货作业大多是靠人工的劳力密集作业，只有少数自动化设备逐渐被开发，因此我们在拣货作业中经常利用工业工程的改善方法来达到有效提升生产力的目标。在进行拣货系统的建构、现状或改善过程中，有几点检核要点必须掌握，简称“七不”原则。

①尽量将闲置时间降至零，即所谓“不要等待”。

②多利用输送带及无人搬运车达到零搬运，即所谓“不要拿取”。

③将工程上的运动路线予以缩短，即所谓“不要走动”。

④动作标准化可不依赖熟练工，即所谓“不要思考”。

⑤做好商品储放储位管理，即所谓“不要寻找”。

⑥无纸化、不用纸张，即所谓“不要书写”。

⑦利用条形码由计算机检查，即所谓“不要检查”。

若能针对上述几点来做好检核工作，拣货作业的时间及成本便能节省许多，提高企业的利润率。

（4）补货系统建置

所谓补货作业是指为了将货物自保管区移动至订单拣货区，自此之后，将此迁移资料记录下。以下我们就针对补货作业中的补货时机，及补货方式以表格的方式说明其内容。

①补货时机及原则和适合的情况如表3－5所示。

表3－5 补货时机及原则

补货时机	补货原则	适合的作业情况
批次拣货	一次补足	一日内作业变化之大，紧急插单不多
定时拣货	定时补足	分批拣货时间固定，且处理紧急时间亦是固定的公司
随机拣货	不定时补足	每批次拣取量不大，紧急插单多、作业量不易掌握

②补货方式及所适合的货物如表3－6所示。

表3－6 补货方式

补货方式名称	拣货方式	补货方式	所适合的货品类型
整箱补货	拣货员拣取单品放入浅箱中，置于输送机运至出货区	作业员至货架保管区取货箱，以手推车载箱至拣货区	适合体积小且少量多样出货的货品
整栈补货（一）	拣货员拣取托盘上的货箱置于中央输送机，或者使用堆高机将托盘送至出货区	作业员以堆高机由托盘平置堆栈的保管区搬运至同样是托盘平置堆栈的拣货动管区	适合体积大或出货量多的货品
整栈补货（二）	拣货原在拣取区搭乘牵引车拉着推车移动拣货	作业员使用堆高机至地板平置堆栈的保管区搬回托盘，送至动管区托盘货架上储放	适合体积中等或中量（以箱为单位）出货的货
货架上层→货架下层的补货	将一货架上的两手方便取之处当做拣货区	不易取之处当成保管区	适合体积不大，品种存货不高，且出货中小量的货品

(5) 配送系统的建置

物流的费用包括了保管费、包装费、搬运费、输配送运费及其他，前三项费用发生在仓库内，而输配送运费发生在仓储换件的最末端，与仓储作业息息相关，并且其中输配送费用占了35% ~60%，可谓是最高比例的费用，倘若能降低输配送费用，对仓储系统的收益影响颇大。欲控制输配送费用，得从其影响因素着手管理，不论是对输送人员的工作时间、作业情形或是车辆的移动率、装载率的掌握，都要注意去管理。

企业要如何促使输配送效率达到最有效的目标呢？前面已详细阐述，总括起来说，就是“距离最小”、“时间最短”、“成本最少”是完成输配送效率化的三大目标。

在这三大目标下，应该先由提高每次输配送量、车辆运行速率、削减车辆使用台数、缩短输配送距离及适当配置物流设备等着手考虑，但要特别注意：满足客户需要；各配送车辆的承载率；车辆配送时间限制；配送点的收货时间制。

在真正评选方案时，仍应列出无法量化的无形效益，诸如顾客满意度的提升、人员的招募容易、企业形象的提升等作为策略性的考量。

仓储系统的规划千头万绪，各方面的考虑也要很周密。因此，真正从事仓储系统规划时，应采取团队作业方式，由管理、建筑、机电、信息、物流等各方面的人才组成规划团队，互相弥补彼此间专业常识的不足。在规划进行中，应有项目的进度管制方法，依规划时程进行，以确保规划的品质。规划完成后，规划者必须跟着进入实施的阶段，千万不要更换人选，以免执行人员与规划人员中间产生认知的不同，丧失原先规划的意义。另外，规划与执行中难免会有些差距，执行中的困难度也相对较高，此时规划人员也需配合实际状况来修改计划，以利于工程的进行。

3.2 仓储区域规划

区域规划（Regional Planning）是为实现一定地区范围的开发和建设目标而进行的总体部署。广义的区域规划指对地区社会经济发展和建设进行总体部署，包括区际规划和区内规划，前者主要解决区域之间的发展不平衡或区际分工协作问题，后者系对一定区域内的社会经济发展和建设布局进行全面规划。狭义的区域规划则主要指一定区域内与国土开发整治有关的建设布局总体规划。

当然，在这里要讲的仓储区域规划是对物流管理中仓储环节中的仓库进行总体规划设计，以便合理高效地运用有限的土地和人力资源，实现最优。

3.2.1 仓库规划

3.2.1.1 仓库面积

1. 通道宽度

通道宽度的计算，需要根据不同作业区域、搬运机械、人员或车辆行走速度、搬运物品体积等因素而定，通道宽度参考值如表3－7所示。

表3－7　　通道宽度参考值

通道种类或使用设备	宽度（m）
主通道	3.5～6
辅助通道	3
人行通道	0.75～1
小型台车	车宽加0.5～0.7
手动叉车	1.5～2.5（视载重而定）
堆垛机（直线单行道）	1.5～2
重型平衡式堆高机	3.5～4
前置式堆高机	2.5～3
窄巷道式堆高机	1.7～2
手推车	1

（1）主通道（如图3－5所示）

通常主通道的宽度可按以下方法计算：

主通道宽度＝2辆叉车宽度＋0.9m

（2）存储通道（如图3－6所示）

一般而言，为少占用作业区面积，存储通道尽量采用单向行驶，其宽度计算如下：

存储通道宽度＝叉车转弯半径＋0.3m

且：存储通道宽度≥1辆叉车宽度＋0.6m

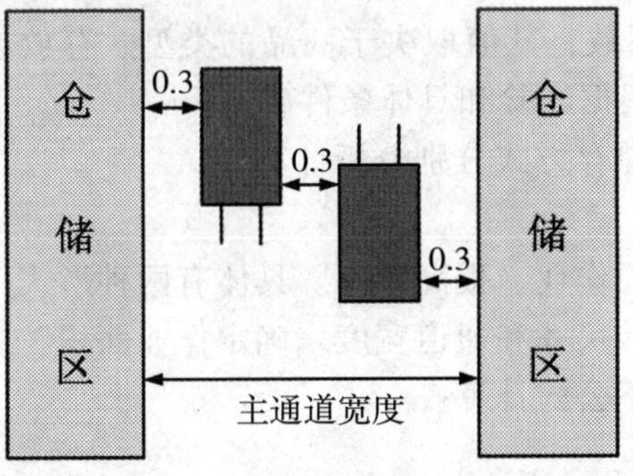

图3－5　主通道宽度示意图

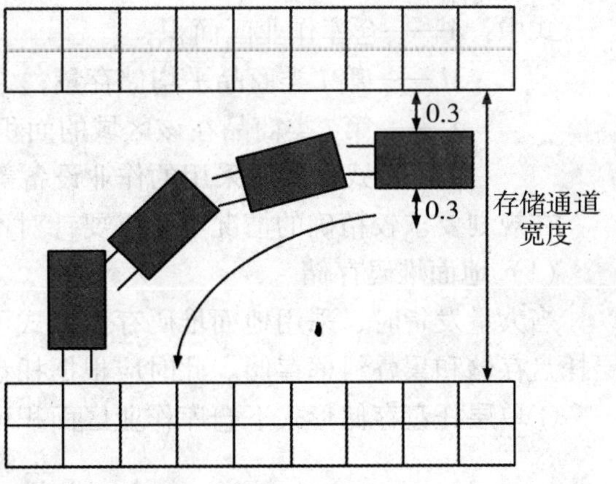

图3－6　储存通道宽度示意图

（3）人行通道

人行通道的设置按以下公式计算：

$$W = d \times w \times \frac{n}{v}$$

式中：W——人行通道宽度；

v——人员通过速度；

n——单位时间通过人数；

d——两人前后最短距离；

w——平均每人身宽；

$d \times w$——每人在通道上所占空间。

2. 进出货区面积

进出货区面积按以下公式计算：

$$A = n \times K \times L$$

式中：A——进出货区面积；

n——进出货车位数；

K——每个车位宽度（一般取 $K = 4\text{m}$）；

L——站台宽度（一般取 $L = 3.5\text{m}$）。

3. 仓库作业区面积

根据仓库的储运量，可知日常存货的数量，除此之外，在进行仓库作业区面积规划时，还必须事先了解货物的尺寸、堆放方式、托盘尺寸、货架储位空间和通道宽度等。采用不同的储存方式，货物所需要的仓储作业区面积是不一样的，通常仓库货物的储存方式有地面堆码、使用托盘货架、轻型货架和自动化仓库等多种方式。

在规划要求不十分精确的情况下，我们可以用以下公式简单估算仓库作业区面积：

$$A = \sum \frac{M_i}{\lambda_i}$$

式中：A——仓库作业区面积；

M_i——第 i 类商品平均储存量；

λ_i——第 i 类商品在该区域的面积利用系数，其值取决于商品的类型、存放方式以及所采用的作业设备等，应根据经验和具体条件确定。

在规划要求较精确的情况下，需要针对不同的储存方式分别分析计算。

（1）地面堆码存储

当大量发货时，采用地面堆码存储方式可以方便作业、提高效率。具体有两种形式单层托盘存储和累叠料框存储。此时应根据托盘数量、尺寸和通道宽度来确定作业面积。

①单层托盘存储形式下仓库作业区面积可按以下公式计算：

$$A = \lambda \sum \frac{M_i}{N_i}(P \cdot P)$$

式中：A——仓库作业区面积；

M_i——第 i 类商品的平均储存量；

N_i——每个托盘平均可堆放第 i 类商品的数量，可由商品尺寸和托盘尺寸计算得到，通常以箱为单位；

$P \cdot P$——托盘尺寸；

λ——放宽比，须视通道占仓储区总面积的比例而定。

一般中枢型通道约占全部仓储面积的 30% ~35%，可取 $\lambda = 1/(1-35\%) \approx 1.5$。

②累叠料框存储形式下仓库作业区面积可按以下公式计算：

$$A = \lambda \sum \frac{M_i}{L \cdot N_i}(P \cdot P)$$

式中：A——仓库作业区面积；

M_i——第 i 类商品的平均储存量；

L——商品堆放层数；

N_i——每个料框平均可堆放第 i 类商品的数量，以箱为单位；

$P \cdot P$——料框尺寸；

λ——放宽比。

（2）托盘货架存储

托盘货架是目前物流中心最普遍应用的储存方式，具有很高的拣取效率，但需要通道较多，影响了存储密度。

使用托盘货架储存货物，在计算作业面积时除了要考虑货物尺寸和数量、托盘尺寸、货架形式和层数之外，还应考虑相应的通道空间。

通常采用每货位存放两个托盘的货架，图 3－7 为其储存示意图。从图中可以看出，托盘货架具有区块特性，即每个区块由两排货架和通道组成，图中深色区域即为一个区块。

（a）长方形库房　　（b）正方形库房

图 3－7　中枢通道方式

仓库作业区面积可按以下公式计算：

$$A = D \cdot B = D \cdot \frac{P}{T}$$

其中：$P = \sum \frac{M_i}{L \cdot N_i}$

式中：A——仓库作业区面积；

D——每一区块的占地面积，可根据每一货位实际的长、宽尺寸，货位列数，以及通道的长、宽求得；

B——存货所需的区块数；

P——存货需要的托盘单层占地个数；

T——各区块单层容纳的托盘个数，可根据各区块的货位列数和每一货位存放的托盘个数求得；

L——货架层数；

M_i——第 i 类商品的平均储存量；

N_i——每个托盘可堆放第 i 类商品箱数。

3.2.1.2　仓库总平面布置

1. 仓库总平面布置的基本原则

（1）集成化的作业系统原则

通过标准化单元装载，使得每次行走的运载量增加，从而降低成本、增加效率。

（2）行走距离最短原则

主要通过用批量拣货方式、使用流动货架、优化作业区域以及信息系统化设置等措施来减少作业行走频率，以节省时间，并减少因行走造成的作业动线的交错。

（3）搬运次数最少原则

（4）简化行走路线原则

最大限度设计直线行走路线，减少或不设计曲线行走路线。

（5）存储区域弹性化原则

（6）作业标准化的原则

2. 通道布置

采用不同的布置方式，通道所占的空间比例也不一样，鉴于仓库作业特性，我们通常采用中枢通道方式，这可有效利用空间。所谓中枢通道，指主要通道经过库房中央，且尽可能直穿，使开始及结束在出入口。且连接主要交叉通道。

图 3－7 中长方形库房的通道面积占用率约为 40%，正方形库房约为 20%，其中正方形库房采用中枢通道方式，主要适用于托盘的面堆码的形式。

3. 进出货区布置

在对进出货区进行详细布置前，必须尽量准确地掌握以下资料：进发货口是否共用、装卸货车辆进出频率、装卸货车辆形式、物品装载特性、每车装卸货所需时间、进货时段、配送时段等。

（1）进出货码头位置设计

为使商品在仓库顺畅进出，进货码头与发货码头的相对位置是很重要的，将直接影响进出货效率。可根据作业性质、库房形式以及仓库内物流动线来决定码头位置的安排形式。

一般来说，有如下几种位置关系：

①集中型：进出货共用码头，见图3－8（a）。这种形式多在传统仓库中使用，可提高空间和设备利用率，但管理困难，特别是进出货高峰时间，容易造成进出货相互影响的不良效果，适合于进出货频率较低或进出货时间错开的仓库。

②中间型：进出货区分开使用码头，两者相邻管理。见图3－8（b）。这种设计方案使进出货作业分离，避免作业混乱，可以提高部分工具设备的利用率，但是空间利用率低，适用于空间较大、进出货容易互相影响的仓库。

③分散型：进出货区分别使用码头，两者不相邻，见图3－8（c）。这是进出货作业完全独立的两码头，不但空间分开而且设备也独立。优点是进出货与动线更加畅通迅速，但设备利用率较低，适用于厂房空间不足的情况。

此外还可以规划多个进出货码头，分布于库房四周，每一个码头配合特定的产品线或作业区域，这适合于进出货频繁且空间足够的仓库。

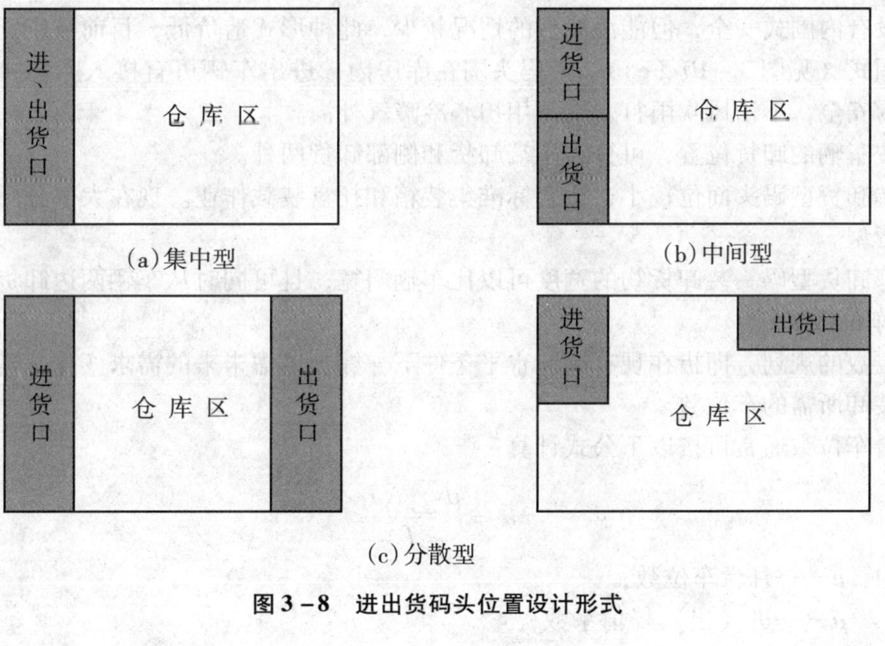

图3－8 进出货码头位置设计形式

（2）进出码头形式设计

①按码头本身设计形式划分，可分为锯齿式和直线式两种，如图3－9所示。

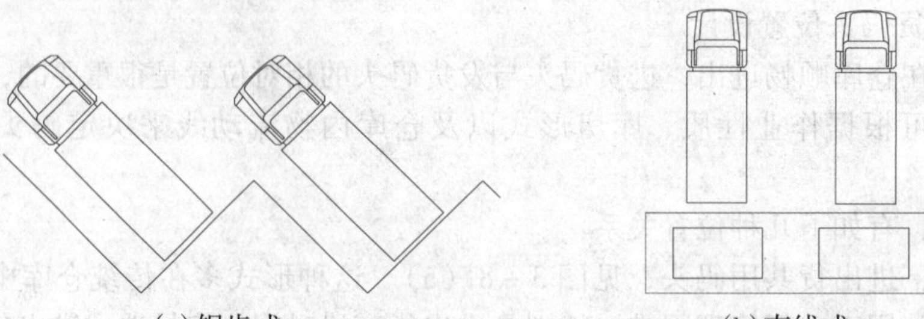

图3-9　按码头本身设计形式划分

锯齿式适用于货车回转空间较小的情形，且货车可由尾端或侧端装卸货，车辆旋转纵深较浅，但占用仓库内部空间较大。直线式与之相反，占用仓库内部空间小，但需要较大外部空间。

②按码头周边设计形式划分，可分为开放式、齐平式和内围式三种，如图3-10所示。

开放式（见图3-10（a））：码头全部突出在库房之外，月台上的货物完全没有遮掩，库内冷暖气容易外泄。

齐平式（见图3-10（b））：码头与仓库外缘齐平，优点是整个码头仍在仓库内受保护，虽没有内围式安全，但能源浪费的情况较少，此种形式造价低，目前被广泛采用。

内围式（见图3-10（c））：把码头围在库房内，进出车辆可直接入库装卸货。这种设计最为安全，不怕风吹雨打，也不用担心冷暖气外溢。

③按车辆的卸货位置，可分为尾端卸货和侧部卸货两种。

尾端卸货型码头面位较小，适合标准集装箱和托盘装载作业。现在大部分码头都属于尾端卸货型。

侧部卸货型码头装卸货物的宽度可以比车辆门宽，且可同时从车辆两边卸货。

4. 车位数规划

车位数的规划，即指在现有装卸水平条件下，综合考虑未来的需求变化，确保所有货物按时装卸所需的车位数。

月台车位数通常可按以下公式计算：

$$n = \frac{\mu \sum N_i t_i}{T}$$

式中：n——月台车位数；

μ——进（出）峰值系数；

i——进（出）货车种类数；

N_i——第i类进（出）货车台数；

t_i——第i类进（出）货车装卸时间；

T——进（出）货时间。

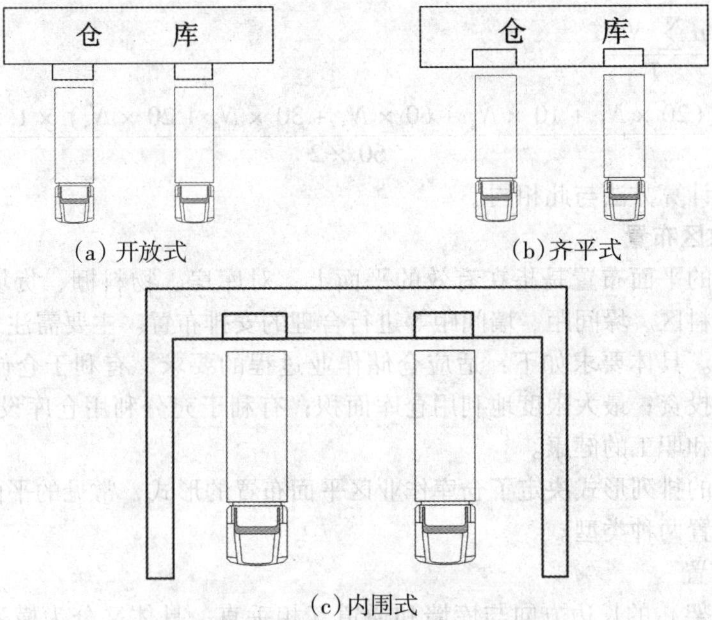

(a) 开放式　(b) 齐平式　(c) 内围式

图 3－10　出货码头与厂区配合的形式

在这里，我们需要注意进（出）货时间的确定。通常仓库的进（出）货时间可分为两种情况，一种是仓库每天的进（出）货时间分为一个或几个时间段，另一种是进（出）货时间无明显间隔，连续进货。对于第一种情况，我们可以根据各时间段的进（出）货车台数、吨位及各货车的装卸货时间分别求出所需的车位数，取最大值为最终所规划的车位数；对于第二种情况，我们可以对进（出）货高峰时期作重点分析，满足此阶段所需的车位数即为最终所规划的值。

我们借助以下这个例子来加以说明：

例　某仓库进发货口分开使用，现有进货车台数、吨位和卸货时间等数据如表3－8所示。

表 3－8　进货车台数、吨位和卸货时间

	进货车台数（台）				卸货时间（min）		
	11t 车	4t 车	2t 车		11t 车	4t 车	2t 车
托盘进货	N_1	N_2	—	托盘进货	20	10	—
散装进货	N_3	N_4	N_5	散装进货	60	30	20

设进货峰值系数为1.5，要求在两小时内必须进货卸货完毕，则需进货车位数为：

$$n = \frac{\mu \sum N_i t_i}{T}$$

$$= \frac{(20 \times N_1 + 10 \times N_2 + 60 \times N_3 + 30 \times N_4 + 20 \times N_5) \times 1.5}{60 \times 2}$$

出货车位数计算方法与此相同。

5. 仓库作业区布置

仓库作业区的平面布置是指在有效的平面上，对库房、物料棚、货场内的货垛、货架、通道、收发料区、垛间距、墙间距等进行合理的安排布置。主要需注意正确处理相互之间位置的关系。具体要求如下：适应仓储作业过程的要求，有利于仓储业务的顺利进行；有利于节省投资；最大限度地利用仓库面积；有利于充分利用仓库设施和机械设备；有利于保证安全和职工的健康。

货垛、货架的排列形式决定了仓库作业区平面布置的形式，常见的平面布置形式有垂直布置和倾斜布置两种类型。

（1）垂直布置

货垛（或货架）的长边方向与库墙和通道互相垂直。具体又分为横列式布置、纵列式布置和纵横式布置。

横列式布置的货垛（或货架）的长边方向与库房的长边方向互相垂直（如图3－11所示）。横列式的主要优点是运输通道较长，作业通道较短，因此对库存物资的收发和查验较方便，有利于实现机械化作业，通风采光良好；缺点是横列式布置运输通道占用的面积较多，从而影响了仓库的面积利用率。

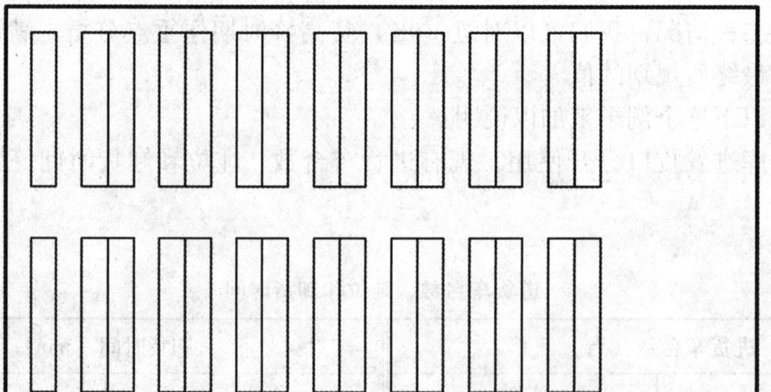

图3－11　横列式布置

纵列式布置是指货垛（或货架）的宽边方向与库房的长边方向互相垂直（如图3－12所示）。纵列式布置的优缺点与横列式正好相反，其优点是运输通道较短，占用面积少，仓库面积利用率较高；缺点是作业通道长，存取物资不方便，对通风采光不利。

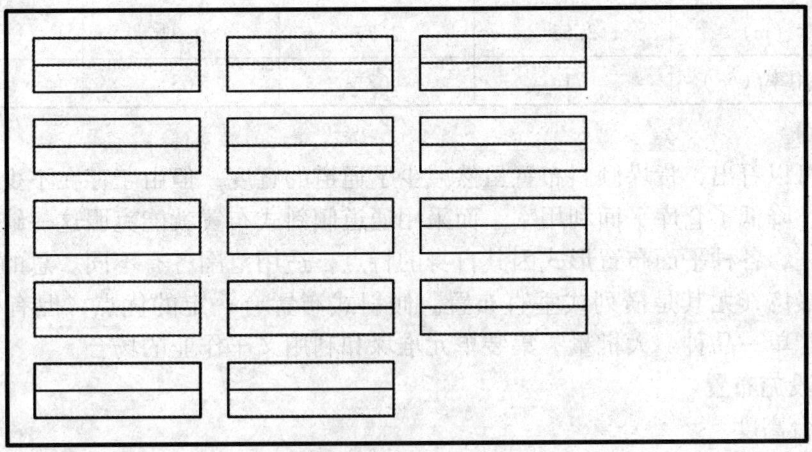

图 3－12　纵列式布置

纵横式布置是指同一库房内横列式布置和纵列式布置兼而有之，它是横列式与纵列式两种形式的结合。

（2）倾斜式布置

它是指货垛的长边方向与运输通道呈一锐角（30°、45°或 60°），具体可分为货垛倾斜和通道倾斜两种情况。

货垛倾斜（如图 3－13 所示）是指货垛的长边方向相对于运输通道和库墙呈一锐角。通道倾斜（如图 3　14 所示）是指运输通道与库墙呈一锐角，而货垛垂直丁库墙排列。

倾斜式布置的最大优点是：便于利用叉车配合集装单元进行作业，能减少叉车作业时的回转角度，提高装卸搬运效率。

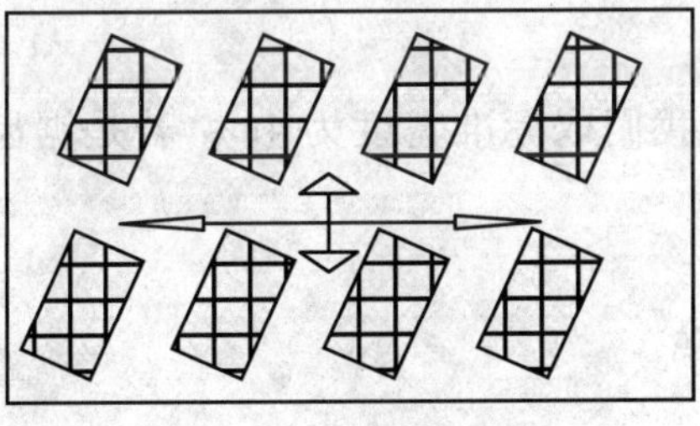

图 3－13　货垛倾斜

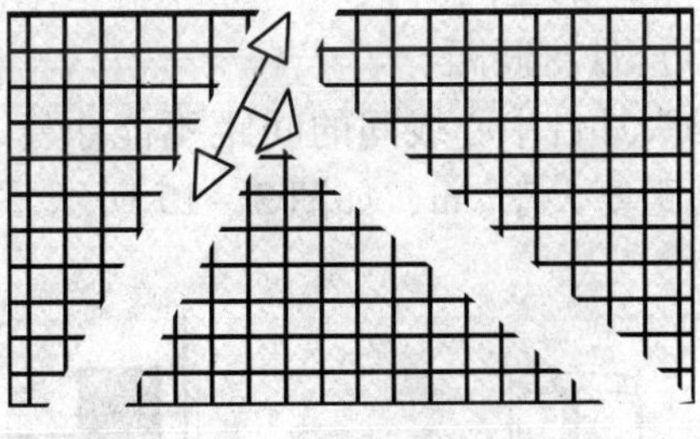

图 3－14　通道倾斜

当叉车起重量为 1t，最小回转半径为 1.96m，叉具伸出长度为 370mm，托盘长度为 1m，宽度为 1.2m 时，不同的倾斜角度，所需通道宽度及库内平面利用率如表 3－9 所示。

表3－9　通道宽度和库内平面利用率

堆垛对通道的倾斜角	90°	60°	45°	30°
通道宽度（m）	3.53	2.77	2.31	1.84
库内平面利用率（%）	71	67	63	57

从表中可以看出，货垛倾斜布置虽然减少了通道的宽度，但由于存在不少死角，浪费了仓库面积，降低了仓库平面利用率。而采用通道倾斜式布置就能克服这一缺点。

综上所述，各种平面布置形式因其自身的特点，适用范围各有不同。总的来看，垂直式布置采用最广，尤其是横列式垂直布置。倾斜式布置有一定的优点，但有很大的局限性，仅适用于单一品种、大批量、集装单元堆垛和利用叉车作业的场合。

6. 其他设施布置

（1）平台高度

平台高度是进出货区设计中重要的环节，必须与货车相匹配，底板之间高度差缩至最小。首先应确定使用该平台的货车底板高的中间高度作为平台高度的参考值，通常货车所需平台的高度在120～140cm之间。表3－10为各种货车对应的平台高度参考值。

表3－10　平台高度参考值

货车类型	货柜车	平拖车	四轮货车	冷藏车	平板车
平台高度（cm）	135	120	110	130	130

（2）连接设备

为了消除平台与货车之间的空隙和高度差，便于装卸货顺利进行，进出货平台必须备有连接设备。通常这种连接设备需要1～2.5m的空间，若使用固定式连接设备则需要1.5～3.5m的空间。

（3）月台间距

码头月台中心线间的间距不能小于3m，通常我们取标准宽度为4m，若是锯齿式码头，间距要大于5m，如图3－15所示。

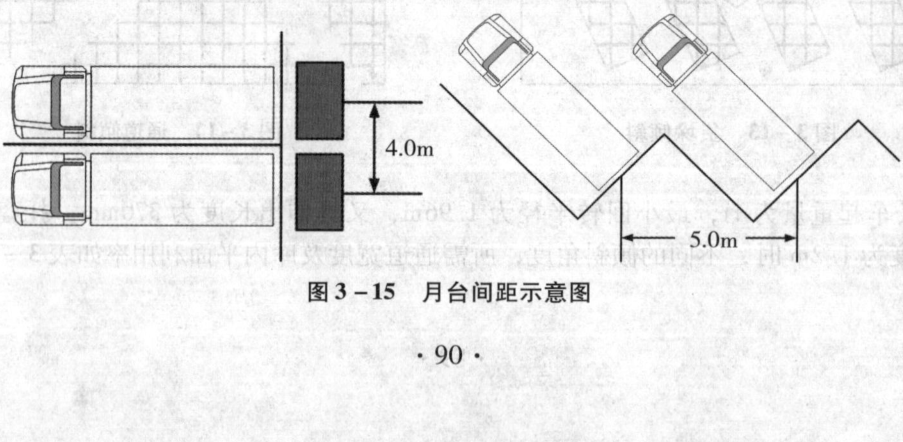

图3－15　月台间距示意图

(4) 遮阳(雨)棚

由于一些商品对湿度以及太阳直射非常敏感,所以进出货平台的遮阳(雨)棚也是必要的设备。通常,遮阳(雨)棚与进出货平台的高度至少需要3m以上,与地面的高度至少需要4m以上,其长度至少需要5m以上,而且遮阳(雨)棚的斜度最好是往内部倾斜,以避免雨水滴落到车厢后被风吹刮弄湿商品。

(5) 车道坡度

一般货车停靠码头的车道坡度是3°,以实用性而言,6°是最大限度,如果坡度太大,会造成在潮湿或下雨的情况下货车驶离困难。在倾斜的车道上,要有一条排水道,一般是离码头正面0.3~0.9m。

3.2.1.3 仓库建筑结构

1. 建筑物形式

仓库建筑物通常采用钢筋混凝土或轻钢结构。

钢筋混凝土的优点为建筑物成本较低,但它也有很多缺点:施工工期较长;柱子较多,空间使用率较低;不利于自然采光和设施安装;当仓库需要调整时,扩展性较差等。

而对于轻钢结构,它立柱较少,空间利用率较高,作业动线流畅,容易做夹层结构等优点,但它也有需要定期维修等缺点。

2. 建筑层数及高度

(1) 建筑层数

建筑层数可采用单层或多层的形式,并与库房的结构相匹配。由于目前物流发展的方向为货架化和托盘化,考虑到方便理货、分拣等作业,宜采用单层的高架库房。

(2) 建筑高度

建筑的高度与其结构形式以及存取的货物类型有关。一般来说,单层高架库房的净高不应低于7m,以能存放4层托盘的货物为宜;若是两层建筑,则二楼高度为5m左右,一楼与二楼高度总共约为13m;若是三层建筑时,则二、三楼高度约为5m,一楼至三楼高度总共约为18m。

通常单层的仓库天花板净高标准为10m。但在不同的地区,政府发布的消防、环保和安全法规的规定不同,直接影响天花板净高。仓库楼层净高如表3-11所示。

表3-11 仓库楼层净高

仓库类型	天花板净高(m)	
单层仓库	8~10	
多层仓库	一层	5.5~6
	二层	5~6
	三层	5~5.5
	四层	4.5~5

3．立柱跨度

立柱跨度是指从一根柱子的中线到另外一根柱子的中线之间的距离，合理的立柱跨度可以显著提高仓库的储存能力和作业效率。在决定立柱跨度时，应充分考虑建筑物的构造与经济性、仓库存储设备的类型和托盘的规格尺寸等因素，以求最适宜的立柱宽度。一般情况下，立柱跨度为7～10m，且尽可能竖立在通道的外侧，以不阻挡人员通行及物料搬运为原则。

4．地面负荷强度及材质

在确定地面负荷强度时，不仅要考虑地面上商品的重量，还要考虑所用装卸搬运机械的重量。通常，办公室要求的地面负荷强度为300kg/m^2，服饰商品为300～500kg/m^2，杂货商品为0.5～1t/m^2，而饮料商品则为2t/m^2以上，除此之外最好还要考虑该层的楼层高度或储放商品的高度。

通常地面负荷强度规定为：

①平房建筑物，平均每平方米负荷2.5～3t。

②多层建筑物，一层平均每平方米负荷为2.5～3t；二层平均每平方米负荷为2.0～2.5t；三层及以上每平方米负荷为1.5～2t。

此外，地面材质的选用也非常重要。目前的地板表面材质种类很多，有水泥地板、金刚砂水泥地板、塑料地砖地板、无缝树脂地板等几种，在设计时应针对储放商品的特性选择较耐用的材质。目前使用最多的是金刚砂水泥地板，而且价格非常合理。

5．地面平整度

地面平整度由堆高机作业对货物的稳定性要求和速度限制以及货架高度等因素决定。通常仓库地面水平误差为1%，直线测量每3m±3cm的水平误差，通过表面处理可以维持较清洁的环境并给堆高机作业带来方便。

3.2.2 自动化立体仓库规划

自动化立体仓库简称立体仓库。一般是指采用几层、十几层乃至几十层高的货架储存单元货物，用相应的物料搬运设备进行货物入库和出库作业的机械化、自动化仓库。由于这类仓库能充分利用空间储存货物，故常形象地将其称为“立体仓库”。

自动化立体仓库的规划设计一般包括以下几个阶段：

①概念设计——明确建设自动化立体仓库的目标和有关的背景条件，也是总体设计的准备阶段。

②基本设计——对自动化立体仓库的总体布置、设施配备、管理和控制方式、进度计划以及预算等进行全面的规划和设计，即总体设计阶段。

③详细设计——根据总体设计的要求，对组成自动化立体仓库的所有设备和设施作详细设计或选型，此阶段要完成所有设备和设施的制造与施工图纸。

3.2.2.1 单元式自动化仓库设计

1. 货格尺寸的设计

在自动化仓库设计中，恰当地确定货格尺寸是一项很重要的设计内容，它直接关系到仓库面积和空间的利用率，也关系到作业设备能否顺利完成存取作业。

图 3－16 为横梁式货架的货格载货示意图，每个货格一般可存放两个以上的货物，为方便存取作业，托盘与支柱以及托盘之间的间隔（A）要大于 10cm，货物与横梁的间隔（B）在 8～10cm 为宜。

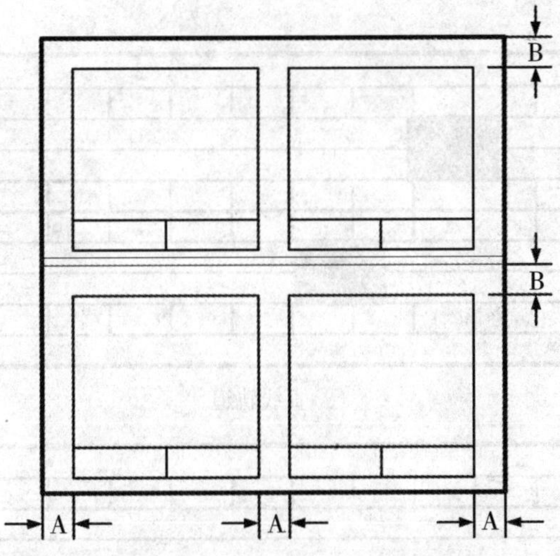

图 3－16 横梁式货架货格载货示意图

2. 仓库总体尺寸的确定

确定仓库总体尺寸的关键是确定货架的总体尺寸，货架的总体尺寸也就是货架的长、宽、高尺寸。当货格尺寸确定后，只要知道货架的排数、列数、层数和巷道宽度，即可计算出仓库总体尺寸。

长度 L＝货格长度×列数

宽度 B＝（货格宽度×2＋巷道宽度）×排数/2

高度 $H = H_0 + \sum_{i=1}^{n} H_i$

其中：H_0 为底层高度，H_i（i＝1，2，3，…，n）为各层高度，共 n 层。

巷道宽度＝堆垛机最大外形宽度＋（150～200mm）

值得注意的是，仓库总体尺寸的确定除取决于以上因素外，还受用地情况、空间制约、投资情况和自动化程度的影响。故需根据具体情况和设计者的实际经验来综合考虑，统筹设计，而且在设计过程中需要不断地修改和完善。

3. 堆垛机的布置方式

在单元货格式自动化仓库中，其主要作业设备是有轨巷道式堆垛机，简称堆垛机。自动化库中堆垛机的配备有两种方式：每个巷道配备一台堆垛机，或者两个以上巷道配备一台堆垛机。

前者采用直线轨道方式（见图 3－17（a）），后者一般通过 U 形轨道（见图 3－17（b））或转轨车（见图 3－17（c））实现堆垛机的换巷道作业。通常，以每巷道配备一台堆垛机最为常见。但当库容量很大，巷道数多而出入库频率要求较低时，可以采用 U 形轨道或转轨车方式减少堆垛机的数量。

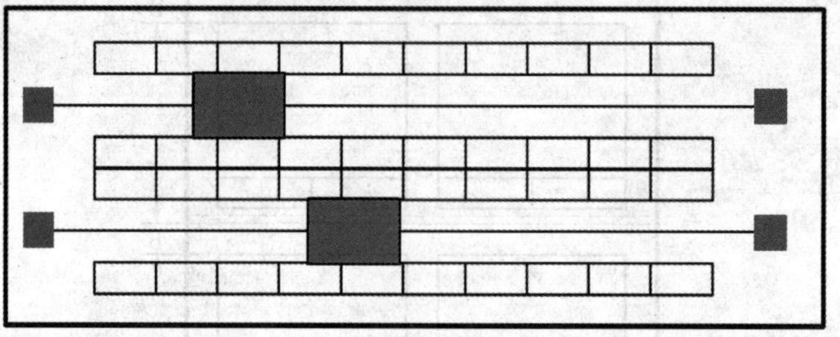

(a) 直线轨道

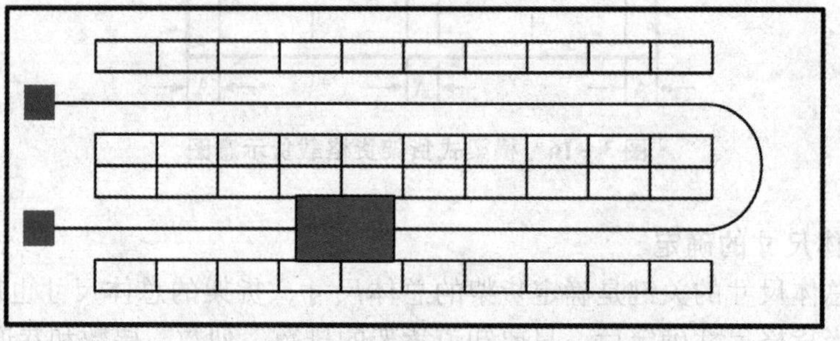

(b) U形轨道

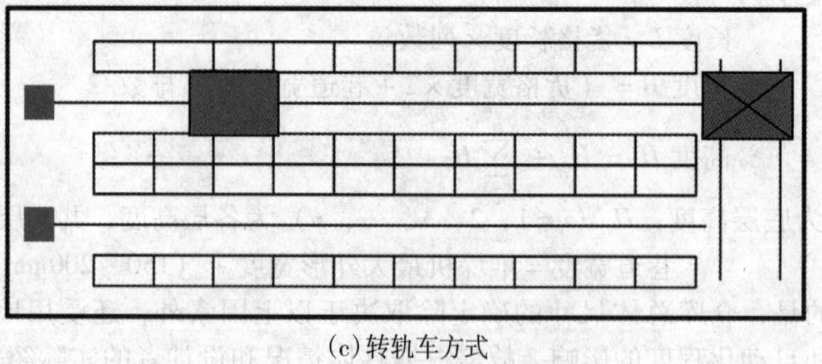

(c) 转轨车方式

图 3－17　立体库轨道布置方式

3.2.2.2 自动化立体仓库的总体布置

1. 物流模式

货物在自动化立体仓库的流动形式有三种，即同端出入式、贯通式和旁流式。

(1) 同端出入式

同端出入式（如图 3－18 所示）是货物的入库和出库在巷道同一端的布置形式，包括同层同端出入式和多层同端出入式两种。这种布置的最大优点是能缩短出入库周期。特别是在仓库存货不满，而且采用自由货位储存时，优点更为明显。此时，可以挑选距离出入库口较近的货位存放货物，以缩短搬运路程，提高出入库效率。此外，入库作业区和出库作业区还可以合在一起，便于集中管理。

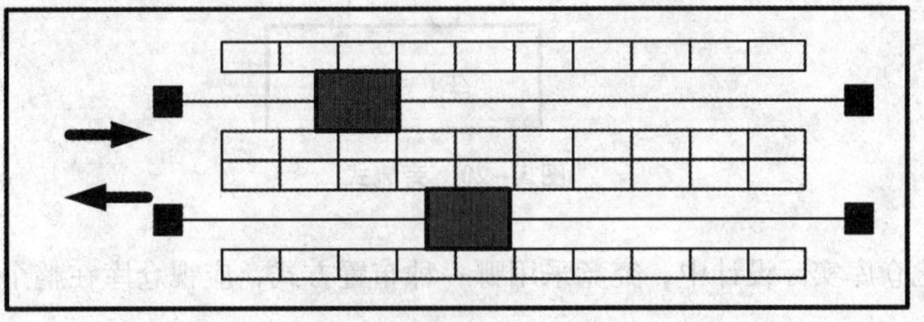

图 3－18　同端出入式

(2) 贯通式

贯通式（如图 3－19 所示），即货物从巷道的一端入库，从另一端出库。这种方式总体布置比较简单，便于管理操作和维护保养。但是，对于每一个货物单元来说，要完成它的入库和出库全过程，堆垛机需要穿过整个巷道。

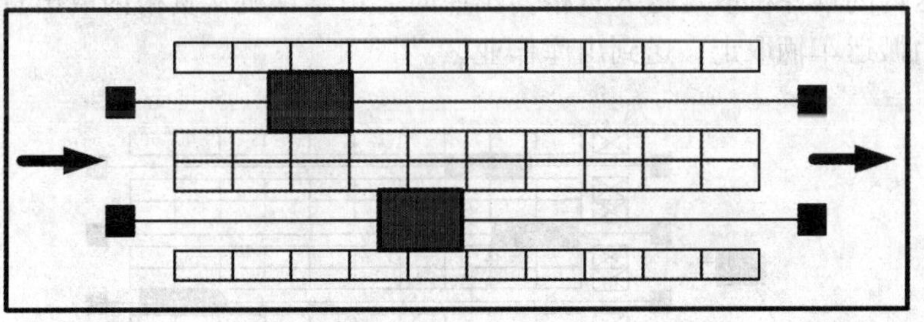

图 3－19　贯通式

(3) 旁流式

旁流式（如图 4－20 所示），即货物从仓库的一端（或侧面）入库，从侧面（或一端）出库。这种方式是在货架中间分开，设立通道，同侧口相通。这样就减少了货格，即减少了库存量。但是，由于可组织两条路线进行搬运，提高了搬运效率，方便了不同方向的出入库。

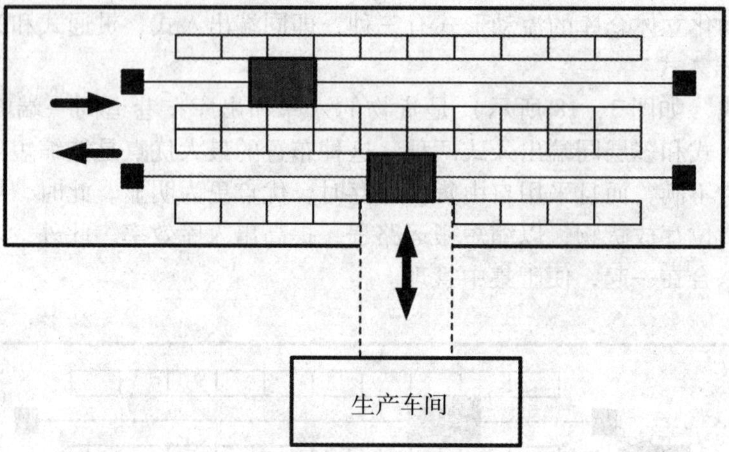

图3－20　旁流式

在自动化仓库实际设计中，究竟采用哪一种布置方式，应视仓库在整个企业物流中的位置而定。

2. 出入库输送系统

对于采用巷道式堆垛机的自动化仓库，巷道还需要各种搬运设备与之配套衔接，使出入库作业构成一个完整的物流系统。

（1）叉车——出入库台方式

这是最简单的一种配置方式，在货架的端部设立入库台和出库台，如图3－21所示。入库时，用搬运车辆（叉车、有轨小车、无人搬运车等）将托盘从入库作业区运到入库台，由高架区内的堆垛机取走送入货格。出库时，由堆垛机从货格内取出货物单元，放到出库台上，由搬运车辆取走，送到出库作业区。

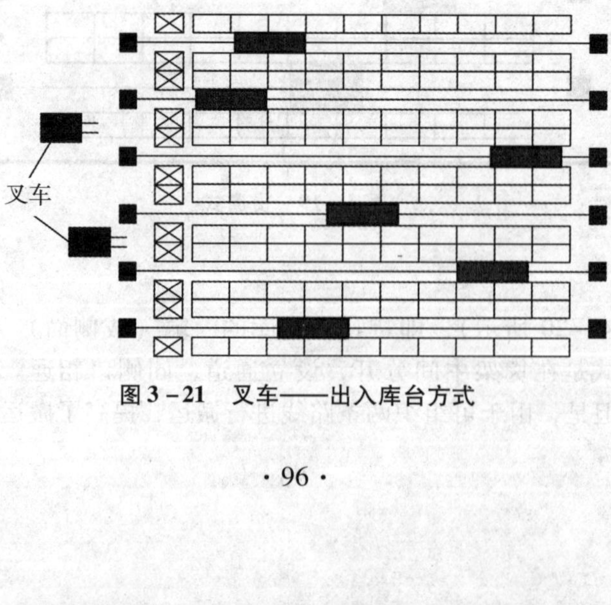

图3－21　叉车——出入库台方式

(2) 连续输送机方式

连续输送机方式（如图 3－22 所示）是一些大型自动化仓库和流水线中自动化仓库最常采用的方式，整个出入库系统可根据需要设计成各种形式。其出、入库运输系统可以分开设置（如设在仓库的两端或同端不同的平面内），也可以合为一体，既可出库又可入库。通常还可配置一些升降台、称重、检测和分拣装置，以满足系统的需求。

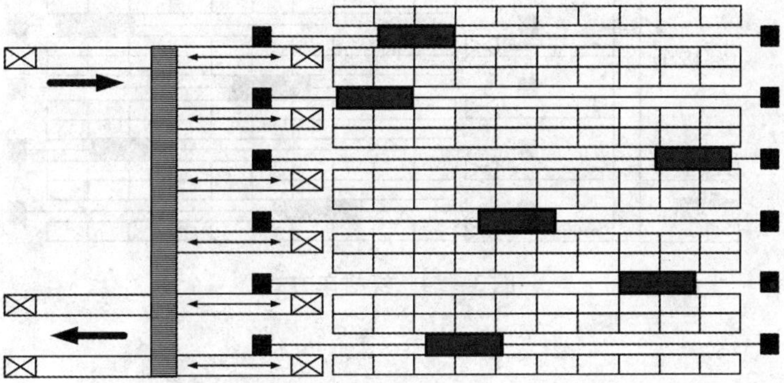

图 3－22　连续输送机方式

(3) AGV 方式

AGV 方式（如图 3－23 所示）是由 AGV 和巷内输送机组成的出入库系统，在一些和自动化生产线相连接的自动化仓库中，如卷烟厂的原材料库等经常采用这种方式。这种出入库系统的最大优点是系统柔性好，可根据需要增加 AGV 的数量，也是一种全自动的输送系统。

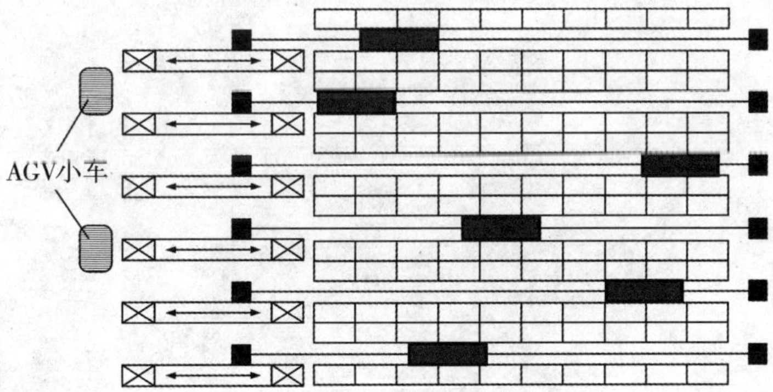

图 3－23　AGV 方式

(4) 穿梭车方式

穿梭车方式（如图 3－24 所示）是由巷内输送机、穿梭车和入出库输送机构成的出入库系统，由于穿梭车具有操作灵敏、容易更换的特点，因此也被广泛地应用在自动化仓库系统中。它的柔性介于连续输送机方式和 AGV 方式之间，是一种经济高效的出入库输送系统。

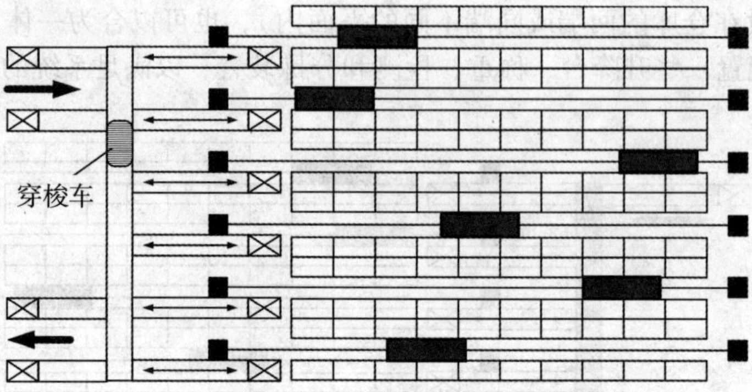

图 3－24　穿梭车方式

4 库存管理与库存控制方法

由于在企业资产总额中库存资产所占比例极为可观，因此，库存管理水平的高低直接影响着企业的兴衰，良好的库存管理是企业增加赢利的有效方法。正因为如此，库存管理越来越为企业经营者，特别是企业物流方面的管理者和经营者所重视。

4.1 库存管理概述

4.1.1 库存与库存管理

1. 库存的定义

处于储存状态的商品叫做库存，它是储存的表现形态。库存的存在是必要的。由于人们无法预测未来的需求变化，为防止物品短缺，减少企业缺货率，而不得已采用库存的手段，以应付外界的变化。库存具有“蓄水”功能，库存商品就像水箱里的水，当有消耗需求的时候，就及时取出，满足需求（如图 4－1 所示）。库存具有狭义和广义两种含义。狭义的观点认为，库存仅仅指的是在仓库中处于暂时停滞状态的物品或商品。从广义的观点看，库存表示用于将来目的、暂时处于闲置状态的资源。资源停滞的位置，可以是仓库、生产线或车间，也可以是汽车站、码头和机场等流通节点，甚至可以是运输途中。

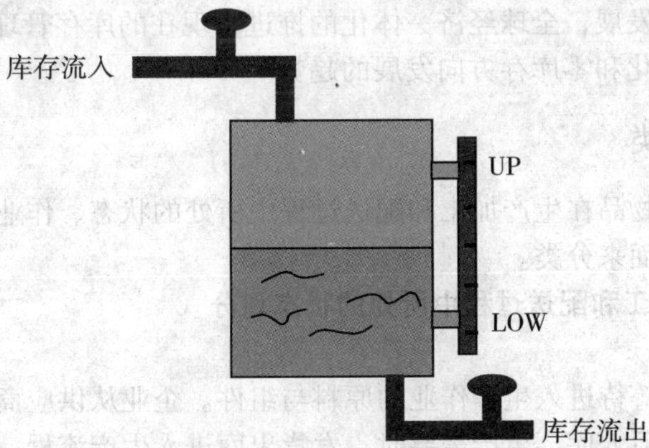

图 4－1 库存示意图

2. 库存管理

库存管理也称库存控制，是指对生产、经营全过程的各种物品、产成品及其他资源进行预测、计划、执行、控制和监督，使其储备保持在经济合理的水平上的行为。库存管理是企业管理的一个重要环节。生产中需要适量的库存来保证产品生产过程的稳定；营销中需要适量的库存来保证及时向客户提供所需要的产品以及调节生产与消费在时间上、空间上的不一致，财务方面则需要合理控制库存的资金占用水平，由此形成了一种现状，即财务部门要求库存越少越好，减少资金占用，生产营销部门要求有充足的库存，保证提供及时的服务。对于仓储企业来说，还要增加收入、提高赢利、扩大市场。因此，库存管理的作用就在于协调企业各部门的需求，力求寻找一个使企业整体目标最优的均衡点。

一般来说库存管理的内容包括以下几个方面：

（1）需求分析

库存的直接目的是为了满足需求，需求分析是库存控制理论的基础和前提。物资需求由于各种条件和环境影响，其规律是不同的。有连续性需求，也有离散性需求；有确定性需求，也有随机性需求。需求分析的重点是研究不同的需求规律，一般采用统计分析和预测理论对需求规律进行研究。

（2）补充库存

库存由于客户的需求而不断输出、减少，因此必须对库存进行及时补充。补充相当于库存的输入，它可以通过向供应商订货来补充，也可以由企业自己组织生产来补充。库存补充的过程具有时间性。采购一项物资从发出订单起到货物入库，需要一段准备货物和运输货物的时间，称之为提前期。提前期有长有短，可以是确定性的，也可以是随机性的。库存补充研究的重点是决定多长时间补充一次及每次补充的量。

（3）费用分析

主要是运用优化理论，将总费用最小作为优化准则，找出各项费用在总费用最小时的平衡点，从而在优化的基础上确定最优的库存策略。库存费用主要包括库存订货费用、库存维持费用、短缺费用、库存策略等。

随着科学技术的发展，全球经济一体化的推进，现在的库存管理已经展现出了向计算机化、网络化、系统化和零库存方向发展的趋势。

4.1.2 库存的分类

库存可以从库存物品在生产加工和配送过程中所处的状态、作业和功能、客户对库存的需求特性等几个方面来分类。

1. 按其在生产加工和配送过程中所处的状态划分

（1）原材料库存

原材料库存是指等待进入生产作业的原料与组件。企业从供应商处购进原材料，首先要进行质量检查，然后入库，生产需要时，发货出库进入生产流程。原材料库存可以放在两个存储点：供应商或生产商。

（2）在制品库存

当原材料出库后，依次通过生产流程中的不同的工序，每经过一道工序，附加价值都有所增加，在完成最后一道工序之前，都属于在制品，工序之间的暂存就是在制品库存。

（3）产成品库存

在制品在完成最后一道工序后，成为产成品。产成品经质量检查后会入库等待出售，形成产成品库存。产成品可以有多个储存点：生产企业内、配送中心、零售店等，最后转移到最终消费者手中。

上述三种库存处在一条供应链上的不同位置。例如，对于一个加工工艺复杂的产品来说，由于生产工序较多，各种在制品就会大量存在，使库存包括多种不同加工程度的中间产品。甚至有些大型制造业企业还拥有自己的配送中心，产成品的库存也大量地存在，这样，整个物流和库存系统就会相当复杂，对于一个零售业企业来说，其库存只有产成品一种形态，相对要简单一些。

2. 按作业和功能划分

（1）经常库存

经常库存又称周转库存，是指在正常的经营环境下，企业为满足日常需要而建立的库存，仓库一般通过经常库存保证一定时期的供应能力，这种库存随着陆续的出库需要不断地减少，当库存降低到某一水平时，就要进行订货来补充库存。这种库存补充是按照一定的数量界限或时间间隔反复进行的。

经常库存的高低与库存补充的采购批量有密切关系，而采购批量是采购与保管两个矛盾因素平衡的结果。从采购角度来考虑，大批量采购可以得到数量折扣，并节省订货费用和作业费用。因此，采购批量越大越好；但从保管角度出发，为减少存货的资金占用和管理费用支出，采购批量越小越好。因此，如何在两者之间进行权衡选择，要根据企业实际情况加以考虑。

（2）安全库存

用于缓冲不确定性因素（如大量突发性订货、交货期突然延期等）而准备的库存即为安全库存。安全库存并不是期望被使用，而是可能被使用。

当仓库中某商品每月的出库需求没有波动时，库存容易控制，通常不必考虑其安全存量。可是，在实际经营中，不测情况常有发生，消费需求多多少少会超过预计数量；而库存的补充也会因交通等方面的影响造成交货延期，甚至还会发生如火灾、水灾、供应商因生产设备故障停工等导致供应中断的异常事件。这些情况一旦发生，即造成企业经济上和信誉上的损失，而设立安全库存可作为经常库存的后备以防不时之需。所以，安全库存又称为后备库存或波动库存。

安全库存的数量除了受需求和供应的不确定因素影响外，还与企业希望达到的顾客服务水平有关，这些都是制订安全库存决策时的主要考虑因素。

（3）生产加工和运输过程的库存

生产加工过程的库存指在处于加工状态以及为了生产的需要暂时处于储存状态的零部

件、半成品或制成品。运输过程的库存是指处于运输状态或为了运输的目的而暂时处于储存状态的物品。

(4) 投机性库存

投机性库存又称屏障库存。投机性库存是指企业为了预防商品（或物料）的涨价，在低价时进行额外数量的购进而形成的库存。例如，企业生产中使用的煤、石油、水泥或羊毛、谷类等价格易于波动的原材料，常常采取投机性库存，在价低时采购，以在高价时保证产品的价格稳定和销售利润。获利性和风险性的双重特点决定了这类库存的投机色彩。

(5) 季节性库存

季节性库存是指为了满足特定季节中出现的特定需要（如夏天对冷饮的需要）而建立的库存，或指季节性出产的原材料（如大米、棉花、水果等农产品）在出产的季节大量收购所建立的库存。

(6) 积压库存

积压库存是指因品质变坏不再有效用的商品的库存或因滞销而卖不出去的商品的库存。

3. 按客户对库存的需求特性划分

(1) 独力需求库存

所谓独立性需求，是指某物品自身的需求状况与其他物品无关的特性，例如商场中的绝大多数商品。独立性需求的特征是直接满足企业外部客户市场消费的需求，需求数量是随机的、零散的，只能有限地进行预测。从库存管理的角度来说，独立需求库存是指那些随机的、企业自身不能控制而是由市场需求所决定的库存，这种库存与企业对其他库存产品所作的生产决策没有关系。

(2) 相关需求库存

所谓相关性需求，是指直接由生产某商品的生产计划的确定而带来的对其他商品的需求。例如，用户订购一辆汽车之后，相应地要配置若干个轮胎、反光镜、车用座椅等，它们是由汽车的需求状况所决定或派生出的需求。相关性需求的特征是：企业内部为满足生产制造的需求，可以根据企业性质和生产周期准确计算，是一种确定型的需求。由相关需求而形成的库存，就是相关需求库存。

4.1.3 库存的功能

在现实经济生活中，商品的流通并不是始终处于运动状态的，作为储存的表现形态的库存是商品流通的暂时停滞，是商品运输的必需条件，没有商品储存就不会有商品流通。库存在商品流通过程中有其内在的功能。平衡供求、分离、地域专业化，以及用安全储备缓冲不确定因素，是库存的四个主要功能。这些功能确定了特定的系统所必需的对库存进行的投资，期望能够实现管理部门的各个目标。

(1) 平衡功能

平衡的库存缓解了需求与供给之间存在的差异。最引人注意的平衡例子就是季节性生产与全年消费，例如苹果汁这类产品。另一个具有季节性消费与全年生产的例子是防冻剂。各种库存的平衡可以有机地联系制造经济效益与消费需求。在管理上要协调制造和需求中的时间差，这就涉及难以制订生产计划的问题。当需求集中在一个非常短暂的销售季节时，制造商、批发商和零售商会被迫在销售高峰期还没有到来之前就已有了库存。

但几乎所有的产品都有因季节变动而变化的要求。因此，库存储备可以使产品的大批消费或大批生产无视季节性因素。库存的平衡功能需要在季节储备中投入大量的资金，同时可期望在季节销售中得到充分的补偿。在制订计划时，至关重要的问题是要确定储备多少库存以享受最大限度销售，并能以最低限度的风险转换到下一个销售季节。例如，在家具制造中，每年到了初秋制造商都在加速生产制造产品，直到第二年的春天或秋天才进行出售。在1月和2月，制造商的库存到达高峰状态。随后，家具的订货数量开始下降，同时它们开始通过市场营销渠道按各自的途径流向批发商和零售商。零售商赶在开春进行商品销售，并在清明节与劳动节之间达到高峰。然而，7月以后，这种零售活动从卖方市场变换到买方市场。随着零售商企图降低库存和排除换季影响，价格战就在市场营销策略中占主导地位。于是，从零售商的观点来看，整个销售系统的库存状况必须在销售高峰季节还没有到来的前6个月之内计划安排好。任何企图在清明节后补充库存都将面临更大的风险。

(2) 分离功能

库存的第二个功能是分离，它在生产流程中将产品存储起来，这样在单一的制造工厂内最大限度地提高作业效率。分离过程允许各种产品按大于市场需求的经济批量进行制造和配送。在对产品产生需要之前就进行储备的仓库库存可以大批量将产品托运到顾客手中而且是以最低的运输成本。在营销方面，分离使不同时间制造的产品可以按一个门类进行出售。于是，库存的分离功能就意味着给企业生产提供“缓冲”，削减了不确定性，或者说加了个“衬垫”。因此，分离功能不同于地域专业化：前者是在单一地增加作业效率，而后者则包括了多个侧重点。

(3) 专门化功能

库存的主要功能就是单一的作业单位可以进行地域专业化。由于诸如材料、能源、劳动力资源等的需要，制造上的经济地点往往距离主要市场甚远。例如，轮胎、电池、动力传送器和各种弹簧等是汽车装配中的重要零部件，而有关生产各种零部件的技术和专家的意见一般都倾向于库存地点应位于材料原产地附近，从而尽最大可能缩短运输距离。这种战略导致生产地域的分隔，以便能经济地生产每一个汽车零部件。

然而，内部的库存转移可以淡化这种地理上的差距，将各种零部件完全综合到最后的装配中去。地理上的分隔还需要对各种库存进行市场分类。从各地收集制造的物品存放在单一的仓库中，然后集合成一种组合产品进行装运。地理上的分隔使一个企业可以在制造单位和配送单位之间实行经济上的专业化。当利用到地域的专业化时，库存就会以材料、半成品或在制品，以及制成品的形式被引入到物流系统中去。除了每个地点需要一个基本库存外，还必须把转运过程中的库存与制造、配送相结合。虽然地域专业化难以衡量，但通过它获得的经济利益补偿预期大于所增加的库存成本和运输成本。

（4）缓冲功能

安全储备可以预防两种不确定因素造成的风险：第一种不确定因素与在完成周期中库存需求量超过预测数有关；第二种不确定因素涉及运作周期内由于自身原因而造成的延误。例如，要求按已定计划增减的单位数，就是有关需求不确定性因素的例子。完成周期的不确定性产生于订单处理、接受订货运输服务等多种环节中。

缓冲储备功能关系到库存需求或库存补给的变化。为此，大量的库存计划是以确定安全储备规模工业为目标的。事实上，大多数库存过剩就是产生于存货计划的不恰当。对安全储备的要求产生于对未来销售量和库存补给的不确定性。只要有不确定因素的存在，就应尽量保持现有的库存状态。在某种意义上，制订安全储备计划就类似于购买保险。

4.1.4　库存控制

1. 库存控制的定义

所谓库存控制，是指在保障供应的前提下，为使库存物品的数量最少所进行的有效管理的技术经济措施，也就是对物品库存量的控制。

企业之所以对库存进行控制，主要是因为：库存量太少，使缺货的可能性增加，若不能满足生产或销售的需要，就直接影响企业的经济效益；库存量太大，流动资金占用、库房面积占用、保管费用均需要增加，而且超量库存还存在库存风险，库存积压越多，费用越高，浪费越大，风险越高。

在商品库存中，我们把过剩库存、积压库存和缺货称为三大不良库存。三大不良库存的存在必然带来多余的工作量，严重制约着物流效率的提高。所以，库存商品应保持适量，通过有效控制，使企业利润最大化。

2. 库存控制的目标

库存控制的目标就是在满足顾客服务要求的前提下，通过对企业的库存水平进行控制，力求尽可能降低库存水平，提高物流系统的效率，提高储备分布、储备品种结构的合理性，以强化企业的竞争力。为实现这一目标，管理人员必须正确决定订货的种类、订货时间以及订货数量，以在满足顾客需要的前提下，使相关成本最小化。

在设置库存水平时必须考虑构成库存成本的三个主要方面：

（1）保管仓储成本

保管仓储成本是指保管存储商品而发生的费用，包括存储管理、商品贬值与报废处理、设备折旧与维修、保险与税收、占用货款利息、偷盗等费用。当库存增加时，这些费用也会相应地增加。为使保管仓储成本最小化，管理人员可以进行小批量的订货。

（2）采购进货成本

采购进货成本是指与采购有关的各种费用，包括订货手续费、通信费、差旅费、运费、包装费、装卸费、租赁费、延时费、货损、货差等与订货次数有关的费用。采购进货成本可以通过减少订货次数，增加每次订货的数量来降低。

（3）库存短缺成本

库存短缺成本是指企业无法提供顾客需求产品而造成经济损失，包括短期和长期销售额下降的成本和由此引发的额外费用。例如，处理欠交订单商品的工作量（补发货、开发票、各部门处理欠交订单、拣货与包装、回答查询的人员的时间花费等），由于补货量小而产生较高的额外货运费用，甚至包括市场占有率下降带来的潜在损失。这些费用往往很难计算，因此，企业往往通过设置安全库存来避免该成本的发生。

上述三种成本相互联系、相互制约。降低保管仓储成本很可能导致采购进货成本和短缺成本的增加，减少短缺成本的企图又会增加保管仓储成本和采购进货成本，而限制采购进货成本则会导致较高的保管仓储成本和较低的短缺成本。所以，必须规划出科学的库存管理方法，使这三类成本实现平衡，并与整体顾客服务目标一致。

4.2 牛鞭效应

4.2.1 “牛鞭效应”与其产生原因

1995 年，宝洁公司（P&G）管理人员在考查婴儿一次性纸尿裤的订单分布规律时，发现一定地区的婴儿对该产品的消费比较稳定，零售商那里销售量的波动也不大，但厂家从经销商那里得到的订货量却出现大幅度波动，同一时期厂家向原材料供货商的订货量波动幅度更大。这一现象与我们在挥动鞭子时手腕稍稍用力，鞭梢就会出现的大幅度摆动的现象相类似。于是，人们就将这种现象称为“牛鞭效应（Bullwhip Effect）”。

随着市场全球化和竞争的加剧，企业之间的竞争已变成供应链之间的竞争。企业只有对供应链末端客户的需求形成快速反应才能获得成功。为了形成最强大的竞争优势，供应链成员要相互合作，缩小服务与客户需求之间的缝隙，形成无缝隙供应链。而无缝隙供应链的形成，关键在于对供应链中信息流的正确理解和系统结构的优化，以求标本兼治，从源头上减弱和消除供应链中存在的“牛鞭效应”。“牛鞭效应”不仅会导致整个供应链的运作效率十分低下，而且由于要保持比实际需求大得多的库存，还会导致企业经营风险加大、库存成本上升、利润下降、产品积压、占用资金，从而削弱企业的竞争力。

“牛鞭效应”是在多种因素的共同作用下产生的，其中最主要的原因有以下几点：

1. 需求预测修订

在传统的供应链中，各节点企业总是以其直接下游的需求信息作为自己需求预测的依据。同样，由于信息的不完全，批发商和分销商也可以做出比以往更多的库存的决策，传到制造商时，订单可能就是 200 个，甚至更多了。而实际需求可能最多不会超过 100 个，“牛鞭效应”也就产生了。

2. 订单批量决策

在供应链中，每个企业都会向其上游订货，一般情况下，销售商并不会来一个订单就向上级供货商订货一次，而是在考虑库存和运输费用的基础上，在一个周期或者汇总到一定数量后再向供货商订货；为了减少订货频率，降低成本和规避断货风险，销售商往往会按照最佳经济规模加量订货。同时频繁的订货也会增加供货商的工作量和成本，供货商往往要求销售商在一定数量或一定周期订货，此时销售商为了尽早得到货物或全额得到货物，或者为备不时之需，往往会人为提高订货量，这样，由于订货策略导致了“牛鞭效应”。

3. 价格波动

供应链中的上游企业经常采用一些促销策略，比如价格折扣、数量折扣等。对下游企业来说，如果库存成本小于由于折扣所获得的利益，那么在促销期间，他们为了获得大量含有折扣的商品，就会虚报商品的销售量，然后将虚报的商品拿到其他市场销售或者推迟到促销结束后再销售，也有的将这一部分商品再转卖给其他经营者，这样就引起了需求极大的不确定性。

4. 短缺博弈

当需求大于供应时，理性的决策是按照订货量比例分配现有供应量。比如，总的供应量只有订货量的40%，合理的配给办法就是按其订货的40%供货。此时，销售商为了获得更大份额的配给量，故意夸大其订货需求是在所难免的，当需求降温时，订货又突然消失，这种由于短缺博弈导致的需求信息的扭曲最终导致“牛鞭效应”。

5. 提前期

总提前期是由用于订单处理、采购和制造商品、在供应链不同阶段运输商品的时间构成的。提前期越长，对企业的订购点和安全库存的影响越大，也会降低需求信息的时效性，从而引起“牛鞭效应”。

6. 供应链的结构

一般地说，供应链越长，处于同一节点的企业越多，供货商离消费者越远，对需求的预测越不准。同时经过各环节的传递及各企业安全库存的多层累加，需求信息的扭曲程度越大，“牛鞭效应”越明显。

通过以上的分析，我们可以发现“牛鞭效应”产生的根本原因在于供应链中上、下游企业间缺乏沟通和信任机制，而每一个企业又都是理性人，有各自的利益，由此造成需求信息在传递过程中不断地被扭曲。

4.2.2 消除牛鞭效应的方法

从供应商的角度看，“牛鞭效应”是供应链上的各层级销售商（总经销商、批发商、零售商）转嫁风险和进行投机的结果，它会导致生产无序，库存增加，成本加重，通路阻塞，市场混乱，风险增大。因此，利用合理的方法妥善解决“牛鞭效应”的问题就能规避风险，减量增效。总的来说企业可以从如下几个方面来进行综合治理。

1. 提高预测的精确度

这需要考虑历史数据、定价、季节、促销和销售额等因素，有些资料是掌握在零售商和分销商手中，必须与他们保持良好的沟通，及时获得这些数据，采取上、下游间分享预测数据并使用相似的预测方法进行协作预测，来提高预测的准确性。

2. 实现信息共享

这是减小“牛鞭效应”最有效的措施之一。供应链成员间通过物流信息系统来实现实时交流和共享信息，减少和消除信息的不对称性，准确把握下游的实际需求。

3. 业务集成

供应链成员间实现业务紧密集成，形成顺畅的业务流，这既能减少下游的需求变动，又能掌握上游的供货能力、安心享受供给保障，不再虚增需求。

4. 订货分级管理

根据“二八定律”① 划分分销商，对他们进行分别对待，实行订货分级管理，通过管住关键销售商和重要销售商来减少变异概率。

5. 合理分担库存

供货商、分销商和零售商采用联合库存的方式合理地分担库存，一旦某处出现库存短缺，可立即从其他地点调拨转运来保证供货。这既防止了需求变异的放大，又共担风险，降低了整体库存，有效地抑制了“牛鞭效应”。

6. 缩短提前期

一般来说，订货提前期越短，订量越准确。根据沃尔玛的调查，如果提前26周进货，需求预测误差为40%；提前16周进货，需求预测的误差为20%；而在销售时节开始时进货，则需求预测的误差为10%。因此，缩短提前期能够显著地减小“牛鞭效应”。

7. 采用业务外包

外包服务也可以抑制“牛鞭效应”，例如，采用第三方物流策略机制可以缩短提前期和实现小批量订货，无须再向一个供货商一次性大批订货，同时又减少了运输风险。

8. 建立伙伴关系

通过实施供应链战略伙伴关系可以消除“牛鞭效应”。供需双方在战略联盟中相互信任，公开业务数据，共享信息和业务集成，从而降低产生“牛鞭效应”的机会。

4.3 ABC分类管理法

4.3.1 ABC分类管理法的原理

“ABC分类管理法”源出于帕累托曲线。经济学家帕累托在研究财富的社会分配时得

① 二八定律也叫巴莱多定律，是19世纪末20世纪初意大利经济学家巴莱多发明的。他认为，在任何一组东西中，最重要的只占其中一小部分，约20%，其余80%的尽管是多数，却是次要的，因此又称“二八法则”。

出一个重要结论：80%的财富掌握在20%的人手中，即“关键的少数和次要的多数”规律。这一普遍规律存在于社会的各个领域，称为“帕累托现象”。一般来说，企业的库存物资种类繁多，每个品种的价格不同，且库存数量也不等。有的物资品种不多但价值很大，而有的物资品种很多却价值不高。由于企业的资源有限，因此在进行存货控制时，要求企业将注意力集中在比较重要的库存物资上，依据库存物资的重要程度分别管理，这就是ABC分类管理的思想。

ABC分类管理法是运用数理统计的方法，对种类繁多的各种事物及其构成事物的诸多因素，根据其特征进行分类排队，以抓住主要矛盾，分清重点与一般，有区别地实施管理的定量科学分类管理技术。具体地说，这种方法是按影响因素或按事物属性或按所占比重（或累计比重）等不同要求，把事物和管理对象划分为A、B、C三部分，分别给予重点、一般、次要等不同程度的相应管理。A、B、C各类因素的划分标准，无严格规定，可以根据具体对象和情况确定。一般把主要特征值的累计百分数在0~80%的若干因素为A类因素，应重点管理；累计百分数在80%~90%的若干因素为B类因素，是次要因素，做一般管理；累计百分数在90%~100%的为C类因素，这是最次要的因素，进行次要管理。例如，以原料和零件的储存及采购为管理对象，一般分类为：A类原料和零部件占总数的10%左右，而其价值却占总价值的70%以上，这种物质是重要物质，品种少，在订货批量和库存量方面要持慎重态度，用最经济办法实行重点控制，定时定量供应；B类物质品种多，占总数的20%左右，其占用资金却比A类少，属于中间状态，可实行一般控制，按平常的采购量和储存量处理；C类物资数量很多，价值很低，约占总物质数的70%左右，其价值则只占总价值量的10%以下，对这类物资的采购和储存只需简单控制，有的可大批量订货长期使用，有的可随时购买。

4.3.2 ABC分类管理法的操作步骤

1. 收集数据

针对不同的对象和分析内容，收集有关数据。收集各个品项商品的年销售量，商品单价等数据。

2. 统计汇总

对原始数据进行整理并按要求进行计算，如计算销售额、品项数、累计品项数、累计品项百分数、累计销售额、累计销售百分比等。

3. 编制ABC分析表

做ABC分类表，在总品项数不太多的情况下，可以用大排队的方法将全部品项逐个列表。按销售额的大小，由高到低对所有品项按顺序排列，将必要的原始数据和经过统计汇总的数据，如销售量、销售额、销售额百分比填入、计算累计品项数、累计销售额、累计销售额百分数，将累计销售额为60%~80%的前若干品项定为A类；将销售额为20%~30%的若干品项定为B类；将其余的品项定为C类。如果品项数很多，无法全部排列在表中或没有必要全部排列出来，可以采用分层的方法，即先按销售额进行分层，以减少品项栏内的项数，再根据分层的结果将关键的 A 类品项逐个列出来进行重点管理。

4. ABC 分析图

以累计品项百分数为横坐标，累计销售额百分数为纵坐标，根据 ABC 分析表中的相关数据，绘制 ABC 分析图，如图 4－2 所示。

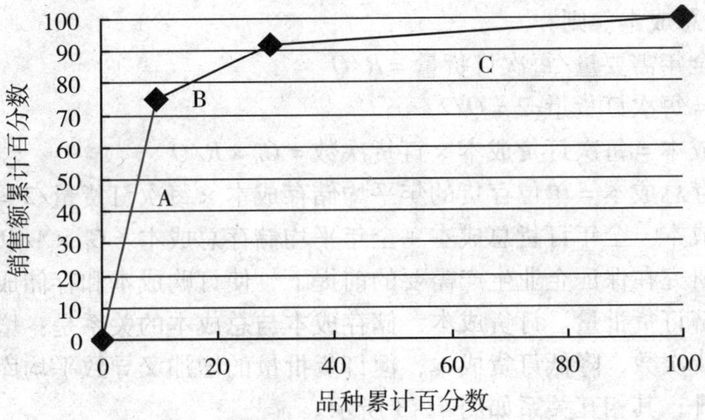

图 4－2　ABC 分析图

5. 确定重点管理方式

根据 ABC 分析图的结果，对 ABC 三类商品采取不同的管理策略。

ABC 分类法还可以应用到质量管理、成本管理和营销管理等管理的各个方面。在质量管理中，我们可以利用 ABC 分类法分析影响产品质量的主要因素，采取相应的对策。

4.4 经济订购批量

1. 经济订购批量的概念

经济订购批量（Economic Order Quantity，EOQ），是指通过费用分析求得在库存总费用最小时的每次订购批量，用以解决独立需求物品的库存控制问题。企业的合理存货量标准是既能满足生产经营活动的正常进行，又使存货耗费的总成本最低，这个合理的存货量取决于经济订购批量的确定，于是 EOQ 在实际中得到了广泛的应用。

2. 经济订购批量法的基本原理

在企业年消耗量固定的情况下，一次订货量越大，订货次数就越少，每年花费的总订货成本就越低，因此，从订货费用的角度看，订货批量越大越好。但是，订货批量的加大，必然使存储成本增加，所以，从存储费的角度看，订货批量越大越不好。订货成本与存储成本呈现此消彼涨的关系，由于存货的每次订购数量直接影响到存货总成本，因此，为使存货总成本在满足生产经营需要的前提下，达到最低水平，现假设：

R 表示全年需要量；

Q 表示每次订购量；

C_0 表示每次订货成本；

C_1 表示单位存货每年平均储存成本；

P 表示价格；

TC 表示存货总成本。则：

订货次数 = 全年需要量/每次订货量 = R/Q

平均库存量 = 每次订货量/2 = $Q/2$

全年订货总成本 = 每次订货成本 × 订货次数 = $C_0 \times R/Q$

全年平均储存总成本 = 单位存货的年平均储存成本 × 每次订货量/2 = $C_1 \times Q/2$

全年存货总成本 = 全年订货总成本 + 全年平均储存总成本 = $C_0 \times A/Q + C_1 \times Q/2$

这里主要是研究在保证企业生产需要的前提下，使订购成本和存储成本之和最小的订购批量，即为经济订货批量。订货成本、储存成本与总成本的关系是：增大每次的订货批量有利于减少订货次数，降低订货成本，但订货批量的增加又导致平均库存量的增加，引起储存成本的上升，其相互关系如图 4－3 所示。

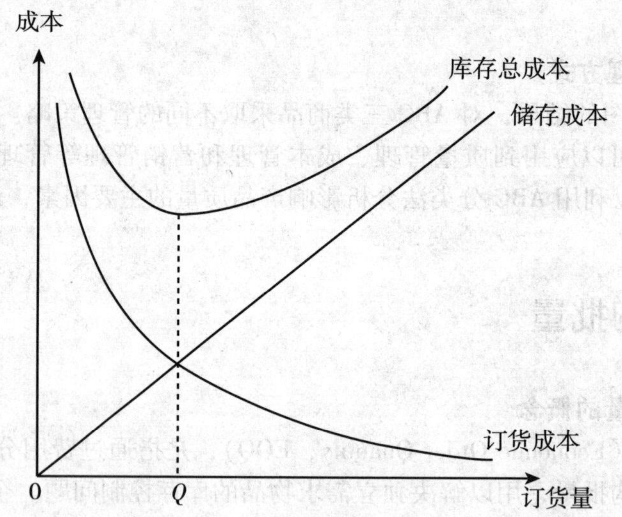

图 4－3　经济订货批量

3. 经济订货量的确定

（1）基本假设

为了确定经济批量，先作一些假设：需求稳定；订货成本、单位存储成本和单价不变；订货提前期不变；每次订货批量一定。

（2）不允许缺货的经济批量

若不允许缺货，则年总成本为：

年库存总成本 = 年订货成本 + 年储存成本

即：$TC = F \times A/Q + C \times Q/2$

利用微分法进行求解，对变量 Q 求导数，并令其为 0，得出以下结果：

$$经济订购批量\ EOQ = \sqrt{\frac{(2 \times C_0 \times R)}{C_1}}$$

例 4－1 某仓库一产品年需要量为 4900 箱，单位产品年保管费为 16 元，每次订货成本为 400 元，求该产品的经济批量。

解：$经济订购批量 = \sqrt{\frac{2 \times 每次订货费用 \times 物料年需要量}{单位物料年保管费用}}$

$$= \sqrt{\frac{2 \times 400 \times 3600}{8}} = 600（箱）$$

经济订货次数 $= R/Q = 3600/600 = 6$（次）

4.5 定量订购法

定量订购法指随时检查库存，当库存量降到一定水平（订购点 Q_K）时，按固定的订购数量（即经济订购批量 Q）进行订购的方法。因此，它主要靠控制订购点和订购批量两个参数来控制订购进货，达到既能最好地满足库存需求，又能使总费用最低的目的。

1. 定量订购法的原理

这种情况下库存量的变化如图 4－4 所示。

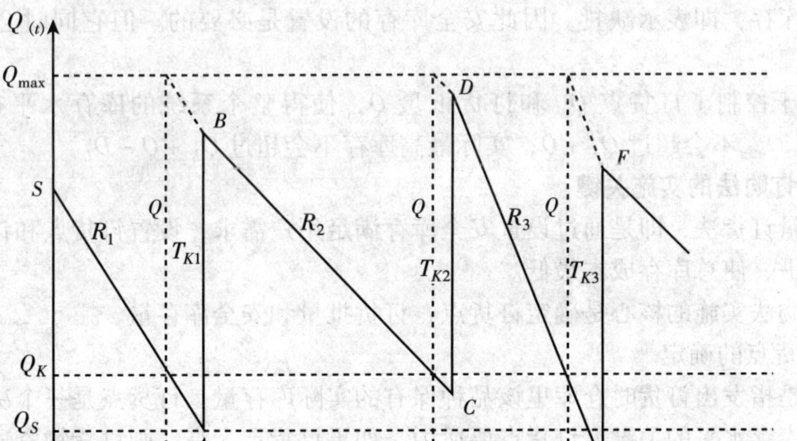

图 4－4 定量订购法原理图

图中所示为库存量变化的一般情况，$R_1 \neq R_2 \neq R_3 \neq \cdots$，$T_{K1} \neq T_{K2} \neq T_{K3} \cdots$，$R$ 和 T_K 都是随机变量。其中：R_i，表示第 i 个阶段的需求速率；T_{Ki}，表示第 i 个阶段的订货提前期。

事先确定订货点为 Q_K，订货量为 Q。

在第一阶段，库存以 R_1 的速率下降，当库存下降到 Q_K 时，就发出一个订购批量 Q，“名义库存”升高了 Q，达到 $Q_{max} = Q_K + Q$。进入第一个订购提前期 T_{K1}，在 T_{K1} 内库存继续以 R_1 的速率下降到图中的 A 点（正好等于 Q_S，在 Q_S 线上），新订购物到达，T_{K1} 结束，实际库存由 Q_S 上升到 $Q_S + Q$，增加 T_Q，到达 B 点，进入第二销售阶段。设第二阶段以 R_2 的速率下降，因为 $R_2 < R_1$，所以库存消耗周期长一些。当库存下降到 Q_K 又发出一个订购批量 Q，“名义库存”又升到 $Q_{max} = Q_S + Q$，进入 T_{K2}，库存下降到 C 点，第二订购批量 Q 到货，T_{K2} 结束，实际库存又升高了 Q，到达 D 点。因为 R_2 小，T_{K2} 又短，所以第二个订购提前期 T_{K2} 内库存消耗量少，C 点库存较高，因而 D 点库存也较高。之后又进入第三个周期，由于 R_3 比 R_1 和 R_2 都大，T_{K3} 比 T_{K1}、T_{K2} 都长，所以在 T_{K3} 内库存消耗量最大，E 点最低，还动用了 Q_S，差不多把安全库存量都用完了。新订购物到达后，升高了 Q 到 F 点，所以 F 点也是新订购物到达库存量最低的点。库存量就这样周期变化不止。

由上述分析可以看出

（1）订货点 $Q_K = \overline{D}_L + Q_s$（$\overline{D}_L$ 为订货提前期的平均销售量，Q_S 为安全库存）。

当 $R_1 \neq R_2 \neq R_3 \neq \cdots$，$T_{K1} \neq T_{K2} \neq T_{K3} \neq \cdots$ 时，$D_{L1} \neq D_{L2} \neq D_{L3}$。

当 $R_1 = R_2 = R_3 = \cdots$，$T_{K1} = T_{K2} = T_{K3} = \cdots$ 时，$D_{L1} = D_{L2} = D_{L3} = \overline{D}_L$。

（2）在整个库存变化中所有的需求量均得到满足，没有缺货现象，但是第三阶段的销售动用了安全库存 Q_S，如果设定太小的话，则 T_K 期间的库存曲线会下降到横坐标线以下，出现负库存，即表示缺货。因此安全库存的设置是必要的。但它同时会影响库存的水平。

（3）由于控制了订货点 Q_K 和订货批量 Q，使得整个系统的库存水平得到了控制，“名义库存” Q_{max} 不会超过 $Q_K + Q$，实际最高库存不会超过 $Q_K + Q - \overline{D}_L$。

2. 定量订购法的实施关键

采用定量订货法，即是通过设置安全库存满足用户需求，设置订货点和订购批量降低系统库存水平，使总库存成本最低。

定量订购法实施的核心是确定订货点、订货批量和安全库存量。

（1）订货点的确定

订货点是指发出订货时仓库里该品种保有的实际库存量。订货点是一个决策变量，它是直接控制库存水平的关键。订货点要适中，如果订货点太高，则订货物资送来了，原有的库存物资还没有卖完，这样新旧物资合在一起，库存量就太高了；如果订货点太低，则订货物资还没到，库存物资就没有了，造成缺货。

①当 $R_1 = R_2 = R_3 = \cdots$，$T_{K1} = T_{K2} = T_{K3} = \cdots$ 时，不需设置安全库存量。

$$订货点 = 需求速率 \times 订货提前期$$
$$= R \times T_K$$

例 4－2 某仓库每年（按 360 天算）出库商品业务量为 18000 箱，订货提前期为 10 天，试计算订货点。

解：订货点 = 需求速率 × 订货提前期

= （18000 ÷ 360） × 10

= 500 箱

②当 $R_1 \neq R_2 \neq R_3 \neq \cdots$，$T_{K1} \neq T_{K2} \neq T_{K3} \neq \cdots$时，需要设置安全库存。

$$订货点 = 订货提前期的平均销售量 + 安全库存量$$
$$= 平均需求速率 \times 平均订货提前期 + 安全库存量$$
$$= \bar{R} \times \bar{T}_K + Q_S$$

式中，订货提前期是指从发出订货到所订货物到达所需要的时间，它取决于供货时间的长短，与产品生产、运输路途远近和运输速度有关。提前期越长，订货点就越高。

（2）订货批量的确定

订货批量就是一次订货的数量。它直接影响库存量的高低，同时也直接影响物资供应的满足程度。订货批量过大，虽然可以较充分满足用户需要，但库存成本较高；订货批量过小，减少了库存量及相关成本，但不一定能保证满足用户需要。通常取订购批量为一个经济订购批量（有关经济订购批量的计算前面已详细阐述）。

有时也有可能采用下列几种方法确定：

①取订购批量为一个时间单元内的需求量。例如，可以取一个小时、一天、一周、一个月、一个季度甚至一年的需求量为一个订购批量。这样在实际操作中比较方便、简单。

②除此以外，还可以取与某种包装单元或运输单元的额定容量相等的或成整数倍的数量。有些产品，生产厂家是以一定的包装单元包装的。例如，袜子是成打成箱卖的，香烟是成箱卖的，订购也应当是成打成箱的，应考虑此种情况来确定订购批量。运输部门装运货物有运输单元，例如火车车皮、集装箱等，则订购批量应当尽可能与这些运输单元相匹配。在这些情况下，既要考虑包装单元、运输单元，又要考虑需求量，以需求量为主，兼顾包装单元、运输单元来制订合适的订购批量。

③有些商品，生产厂家是轮番批量生产的，有些是季节性生产的，它们都有一个供应周期。这一批生产完了，要过一段时间才能再生产、再供应。在这种情况下，订购批量应取整个供应周期的需求量。

（3）安全库存量的确定

①设置安全库存的必要性

安全库存又称保险库存，是指为防止和减少由于不确定因素（订货期间需求率增长、到货期延误等）引起的缺货而设置储备。安全库存量在一般情况下不动用，若已经动用，则必须在下批订货到达时进行补充。

安全库存的数量除了受需求和供应的不确定性影响外，还与企业希望达到的顾客服务水平（或订货满足率）有关，这些是制订安全库存决策时主要考虑的因素。

许多企业都会考虑保持一定数量的安全库存，但是困难在于确定需要保持多少安全库存。安全库存越大，出现缺货的可能性就会越小，而安全库存太多意味着多余的库存。表4－1为美国贝尔电话研究所统计的缺货率与安全库存量之间的关系表。

表4－1　缺货率与安全库存量之间的关系表

发生缺货的允许概率	安全库存量（$）
1年1次	76000
2年1次	100000
5年1次	134000
10年1次	167000
不发生缺货	276000

从表4－1中可以看出，保证绝对不发生缺货付出的代价是非常高昂的。从经济性的角度考虑，应根据不同物品的用途以及客户的要求，将缺货率保持在适当的水平上，允许一定程度缺货现象的存在。

②安全库存量的计算

需求量变化，提前期固定（$R_1 \neq R_2 \neq R_3 \neq \cdots$，$T_{K1} \neq T_{K2} \neq T_{K3} \cdots$）。假设需求的变化情况服从正态分布，由于提前期是固定的数值，因而可以根据正态分布图，直接求出在提前期内的需求分布的均值和标准差，或通过直接的期望预测，以过去提前期内的需求情况为依据，确定需求的期望均值和标准差。

在这种情况下，安全库存量的计算公式为：

$$Q_S = \alpha \cdot \sqrt{T_K} \cdot \sigma_R$$

式中：T_K——提前期的长短；

σ_R——提前期内的需求速率的标准差；

α——一定顾客服务水平下需求量变化的安全系数，它可根据预定的服务水平 p 或缺货率 q，由正态分布表（如表4－2所示）查出。

表4－2　主要安全系数表

α	0.0	0.13	0.26	0.39	0.54
p	0.5	0.55	0.6	0.65	0.70
q	0.5	0.45	0.4	0.35	0.30
α	0.68	0.84	1.00	1.04	1.28
p	0.75	0.80	0.84	0.85	0.90
q	0.25	0.20	0.16	0.15	0.10

续 表

α	1.65	1.75	1.88	2.00	2.05
p	0.95	0.96	0.97	0.977	0.98
q	0.05	0.04	0.03	0.023	0.02
α	2.33	2.40	3.00	3.08	3.09
p	0.99	0.992	0.9987	0.9999	1.0000
q	0.01	0.008	0.0013	0.0001	0.0000

注：$p+q=1$

例4-3 某企业的某种原料平均日需求量为100吨，并且这种原料的需求情况服从标准差为10吨/天的正态分布，如果提前期是固定常数5天，如要求顾客服务水平不低于98%，试确定安全库存的大小。

解：根据题意可知：$\sigma_R=10$ 吨/天，$T_K=5$ 天，且由服务水平98%，查表得 $\alpha=2.05$，代入公式得：

$Q_S=\alpha\cdot\sqrt{T_K}\cdot\sigma_R=2.05\times10\times\sqrt{5}=46$（吨）

即在满足98%的顾客满意度的情况下，安全库存量为46吨。

需求量固定，提前期发生变化（$R_1=R_2=R_3=\cdots$，$T_{K1}\neq T_{K2}\neq T_{K3}\cdots$）。当提前期内的顾客需求情况固定不变，提前期的长短随机变化时，安全库存量的计算类似于需求量变化、提前期固定的情况，不同的是提前期内需求量是通过不变需求量与提前期的频数（提前期的标准差）相乘求出的。

此时，安全库存量计算公式为：

$$Q_S=\alpha\cdot R\cdot\sigma_T$$

式中：α——一定顾客服务水平下需求量变化的安全系数；

R——需求速率；

σ_R——订货提前期的标准差。

例4-4 在上面的例子中，如果原料的日需求量为固定常数100吨，提前期是随机变化的，而且服从均值为5天、标准差为1天的正态分布，求98%的顾客满意度下的安全库存量。

解：根据题意：$R=100$ 吨/天，$\sigma_T=1$ 天，由服务水平98%，可查得 $\alpha=2.05$，代入公式得：

$Q_S=\alpha\cdot R\cdot\sigma_T=2.05\times100\times1=205$（吨）

即在满足98%的顾客满意度的情况下，安全库存量为205吨。

需求量和提前期都随机变化（$R_1\neq R_2\neq R_3\neq\cdots$，$T_{K1}\neq T_{K2}\neq T_{K3}\cdots$）。在现实中，多数情况下提前期和需求都是变化的，此时，问题就比较复杂了，要通过建立联合概率分布求出需求量水准和提前期延时的不同组合的联合概率（联合概率分布值域为从以最小需求量和最短提前期的乘积表示的水准，到以最大需求量和最长提前期的乘积表示的水准），然后把联合概率分布同上面导出的两个公式结合起来运用。因此，在这种情况下，如果我们假设顾客的需求和提前期是相互独立的，那么安全库存量的计算公式为：

$$Q_S = \alpha \cdot \sqrt{\bar{T}_K \cdot \sigma_R^2 + \bar{R}^2 \cdot \sigma_T^2}$$

式中：$\bar{R}$——平均需求速率；

$\bar{T}$——平均提前期长度。

例4-5 在上面的例子中，假设日需求量和提前期是相互独立的，而且它们的变化均严格服从正态分布，日需求量满足均值为100吨、标准差为10吨/天的正态分布，提前期满足均值为5天、标准差1天的正态分布，求98%的顾客满意度下的安全库存量。

解：根据题意：$\bar{R}=100$ 吨/天，$\sigma_R=10$ 吨/天，$\bar{T}_K=5$ 天，$\sigma_T=1$ 天，当服务水平为98%时，$\alpha=2.05$，代入公式得：

$$Q_S = \alpha \cdot \sqrt{\bar{T}_K \cdot \sigma_R^2 + \bar{R}^2 \cdot \sigma_T^2} = 2.05 \times \sqrt{5 \times 10^2 + 100^2 \times 1^2} = 210 \text{（吨）}$$

即在达到98%的服务水平的情况下，安全库存量为210吨。

3. 定量订购法的实施要求

①定量订购法只适用于订货不受限制的情况，即随时随地都能订到货，这样市场必须具备物资资源供应充足和自由流通的条件。

②定量订购法的直接运用只适用于单一品种的情况。如果要实行几个品种联合订购，就要对公式进行灵活处理才能运用。

③定量订购法既适用于确定型需求，也适用于随机型需求。对于不同的需求类型，应用原理都是相同的，根据具体情况可以导出各种运用形式。

④定量订购法一般多用于 *C* 类物资。品种多而价格低廉，实行固定批量订货。

4. 料堆控制法

料堆控制法是定量订货策略的一种变通形式，其特点是订购点不是按库存记录确定，而是根据仓库人员观察决定，订购量也不一定是经济批量。其方法是将物料以堆存放，并分成三堆，加上明显的识别标志，其中第一堆相当于预防随机因素影响的安全库存量；第二堆为介于存放安全库存量和订购点之间的数量，其余在第三堆存放。发料先发第三堆。当发料发至第二堆时，就进行订购；当发料发至第一堆，表明库存没有得到补充，已经动用了安全库存，就要加紧催货，以免供应脱节。这种方法称为“三堆法”。也可以采用“二堆法”，即不设安全库存量的料堆，将前面的第一堆与第二堆合并，或者用第一堆表示订购点，用料先用第一堆，当动用第二堆时，立即组织订购，在新的物料到库前继续使用第一堆，如果订购点与到货时间估计得准确，则新的物料将在第一堆用完之前到达。

在实践中，用此法表示订购点时，不一定要分堆，只要根据需求状况和备运时间在存储处规定明显的标志即可。如果物料降到标志处，就组织订购，标记即订购点。用这种管理方法控制库存，平时收发料就无须每种物资设账逐笔记录，也不需得出即时的库存量以便核对订货点，工作大为简化，但库存量会较大。

例 4-6 某金属公司销售钢材。过去 12 周里，每周销售钢材分别是 162t、173t、167t、180t、181t、172t、170t、168t、167t、174t、170t 和 168t。如果它们服从正态分布，订货提前期为 1 周，一次订货费用 200 元，1t 钢材保管 1 周需要保管费 10 元。要求库存满足率达到 90%，如果实行定量订货法控制，应该怎样进行操作（库存满足率 90% 时，安全系数 $\alpha=1.28$）？

解：$\bar{R}=\dfrac{\sum_{i=2}^{12}R_i}{12}=171$

$$\sigma=\sqrt{\frac{\sum_{i=1}^{12}(R_i-\bar{R})^2}{12}}=5.23$$

订货点：$Q_K=\bar{D}_L+\alpha\sigma_D=T_K\bar{R}+\alpha\sqrt{T_K}\sigma_R=1\times171+1.28\times\sqrt{1}\times5.23=177.69(\text{t})$

订货批量 $Q=\sqrt{\dfrac{2c_0\bar{R}}{c_1}}=\sqrt{\dfrac{2\times200\times171}{10}}=82.7$

例 4-7 某商场以前各个月的电视机销售量是随机变化的，大概服从正态分布，平均值为 50 台，变化范围为 ±10 台。电视机订货进货提前期服从正态分布，平均值为 5 天，变化范围为 ±1 天，商场希望库存满足率达到 95%，则商场实施定量订货法的订货点应取多少台合适？

解：本题中 R 和 T_K 的时间单位不一致，要化成一致。将 R 换算成以天为单位。注意换算时标准偏差不是除以 30，而是除以 $\sqrt{30}$。

$R\approx N\left(\dfrac{50}{30},\ \dfrac{10}{\sqrt{30}}\right)=N(1.67,\ 1.82)$（台/天）

由于库存满足率要求大于 95%，查得 $\alpha=1.65$，代入公式：

$Q_S=\alpha\sqrt{\bar{T}_K\cdot\sigma_R^2+\bar{R}^2\cdot\sigma_T^2}=1.65\times\sqrt{5\times1.82^2+1.67^2\times1^2}=15.54\approx16$（台）

4.6 定期订购法

定期订购法，是指每隔一段时间即进行订购，订购时间固定，每次订购量不定。该方法的关键在于确定一个订购周期 T 和一个最高库存量 Q_{max}，这个订购周期就是控制库存的订购时机；库存量就是控制库存的一个给定库存水准。此后每隔一个周期 T 就检查库存发出订购。订购量的大小，就是最高库存量与当时的实际库存量之差。只要订购周期和最高库存量控制合理，就可以实现既保障需求、合理存货又节省库存费用的目标。

1. 定期订购法的原理

这种情况下库存量的变化如图 4-5 所示。

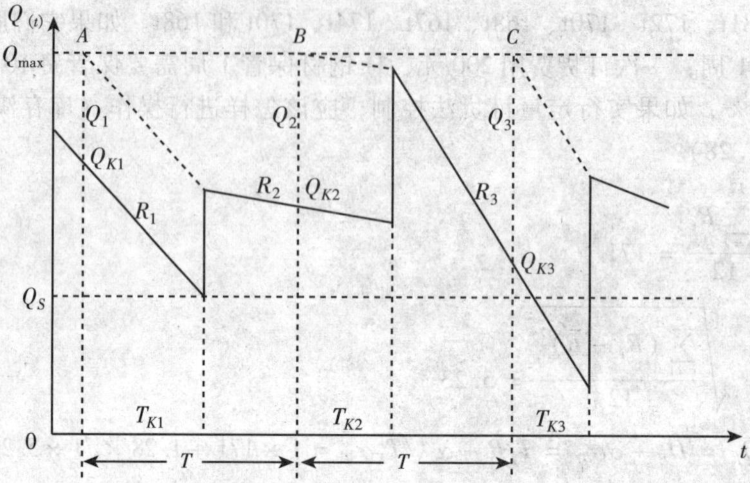

图 4-5 定期订购法的原理图

一般情况下 $R_1 \neq R_2 \neq R_3 \neq \cdots$，$T_{K1} \neq T_{K2} \neq T_{K3} \cdots$。

如图 4-5 所示，在第一个周期，库存以 R_1 的速率下降。因为预先已经确定了订购周期 T，也就是规定了订购时间。到了订购时间，不论库存量还有多少，都要发出订购。所以当到了第一次订购时间（A 点）时，就检查库存，求出当时的库存量 Q_{K1}，并发出一个订购批量 Q_1，使库存上升到 Q_{max}。然后进入第二个周期，经过 T 时间又检查库存，得到此时的库存量 Q_{K2}，并发出一个订购批量 Q_2，使库存又上升到 Q_{max}。如此反复循环。

从上述分析可以看出：

（1）采用定期订货法可以控制库存量

整个运行过程的最高库存量不会超过 Q_{max}。实际上，刚订购时，包括订购量在内的“名义库存”量最高就是 Q_{max}，待经过一个订购提前期销售，所订货物实际到达时，实际最高库存量比 Q_{max} 还少一个提前期平均需求量。因此 Q_{max} 是最高库存量的控制线，它是定期订购法用以控制库存量的一个关键参数。

（2）可以满足用户需求

和定量订购法不同，定期订购法不是以满足订货提前期内用户需求为目的，而是以满足订购周期内的需求量和提前期内用户的需求量为目的，即是以满足 $T+T_K$ 期间的用户总需求量为目的。它根据 $T+T_K$ 期间的用户总需求量来确定 Q_{max}。

（3）由于需求量一般是变化的，因此 Q_{max} 包括两部分，一部分是 $T+T_K$ 期间的平均需求量，另外一部分是为预防随机性延误而设置的安全库存。

2. 定期订购法的实施关键

定期订购法的实施关键就是要解决三个问题：确定订购周期，确定最高库存量，确定每次的订购批量。

（1）订购周期的确定

订购周期实际上就是定期订购的订货点，其间隔时间总是相等的。订购间隔期的长短直接决定最高库存量的大小，即库存水平的高低，进而也决定了库存成本的多少。所以订购周期不能太长，否则会使库存成本上升；也不能太短，太短会增加订购次数，使得订购费用增加，进而增加库存总成本。

订购周期 T 的确定通常有以下三种方式：

①订购周期取人们习惯的日历时间单元，例如周、旬、月、季、年等。人们通常按这些时间单元安排生产计划、工作计划。取这样的时间单元可以与生产计划、工作计划相吻合，比较方便。

②订购周期取供应商的生产周期或供应周期。有些供应商是多品种轮番批量生产，或是季节性生产，都有一个生产周期或供应周期。订购周期取与生产周期、供应周期一致，才能够订到货物。

③订购周期取经济订购周期。经济订购周期与经济订购批量一样，都是根据不允许缺货瞬时到货情况下总费用最省的原理计算出来的。如果经济订购周期记为 T^*，则 T^* 可以表示为：

$$T^* = \sqrt{\frac{2c_0}{c_1 R}}$$

式中变量的含义与经济订购批量的公式一样。

（2）最高库存量 $Q_{\max}$ 的确定

定期订购法中，我们把订购周期和其后一个订购提前期合在一起，即 $T+T_K$ 期间内的需求量"D_{T+T_K}"作为制定 $Q_{\max}$ 的依据。

①当 $R_1=R_2=R_3=\cdots$，$T_{K1}=T_{K2}=T_{K3}=\cdots$时，不需设置安全库存。

$$Q_{\max}=D_{T+T_K}=R\cdot(T+T_K)$$

②当 $R_1\neq R_2\neq R_3\neq\cdots$，$T_{K1}\neq T_{K2}\neq T_{K3}\cdots$时，需要设置安全库存。

$$Q_{\max}=\bar{D}_{T+T_K}+Q_s=\bar{R}\cdot(T+\bar{T}_K)+Q_S$$

Q_S 的计算方法与定量订购法类似，只是将 T_K 改为 $T+T_K$，这里不再详细阐述。

（3）每次订购批量的确定

在定期订购法中，每次的订购量一般都是不一样的，与每次订货时还剩下的库存量有关，当然还与订货时是否有已订未到量和已经销出但现在还未提货的数量有关。第 i 次的订货量由下式确定：

$$Q_i = Q_{\max} - Q_{Ki} - I_i + B_i$$

式中 Q_{Ki}、I_i、B_i 分别是第 i 次盘点时求出的实际库存量、已订未到量和已售出尚未发货量。

3．定期订购法的实施要求

①定期订购法主要用于 A 类物资，即那些数量少却价值高、利润高，因而需要特别精细管理的物资；另外，对 B 类物资中金额较高或需求不稳定的以及 B、C 类中需求不稳

定的多用途物资也可以采用。

②适用于单一品种的情况，对于多品种联合订购须加以处理后才能运用。

③不但适用于确定型需求，还适用于随机型需求。

4.7 MRP 库存控制方法

物料需求计划（Material Requirements Planning，MRP）是制造企业内的物料计划管理模式。根据产品结构各层次物品的从属和数量关系，以每个物品为计划对象，以完工日期为时间基准倒排计划，按提前期长短区别各个物品下达计划时间先后顺序的管理方法。它是生产企业用来制订物料需求计划、进行生产管理的一种方法。它不但可以制订出企业的物料投产计划，还可以用来制订外购件的采购计划，非常适合于在加工、制造、装配企业中使用。配合使用计算机，可以迅速制订出比较详细复杂的生产计划和采购计划。因此，许多大型的企业都把使用 MRP 作为自己坚定不移的目标。这些使用 MRP 的企业，一般都能够获得比较好的效果。切实按照其制订的计划去执行，既可以保证产品在装配时不发生缺货，保障企业生产的正常进行，而且保证采购的产品库存量不高也不低，刚好可以满足生产计划规定的需要，不会造成库存积压也不会造成缺货，并且使得库存管理井井有条，节省保管费用，减少计划人员等。

4.7.1 MRP 的原理

MRP 基本的原理是由主生产进度计划（MPS）和主产品的层次结构逐层逐个地求出主产品所有零部件的出产时间、出产数量。如果零部件靠企业内部生产，需要根据各自的生产时间长短来提前安排投产时间，形成零部件投产计划；如果零部件需要从企业外部采购，则要根据各自的订货提前期来确定提前发出各自订货的时间、采购的数量，形成采购计划。确实按照这些投产计划进行生产和按照采购计划进行采购，就可以实现所有零部件的出产计划，从而不仅能够保证产品的交货期，而且还能够降低原材料的库存，减少流动资金的占用。MRP 的逻辑原理，如图 4－6 所示。

4.7.2 MRP 的特点

相关需求的物品，是指这些物品的需求与其他物品的需求有着直接的关系，即按产品结构，一个低层次物料的需求取决于上一层部件的需求，该层次部件的需求又取决于其上一层部件的需求：依此类推直至最终产品的需求。

EOQ 系统解决了独立需求物品的库存控制问题，但它不能令人满意地解决生产系统内发生的相关需求问题。MRP 则是更好地适应相关需求物品而发展起来的，它可以精确地确定组件的需求数量和时间，消除盲目性，实现低库存与高服务水平的并存。

MRP 依据最终产品的总生产进度计划，并按照产品结构确定所需零件的所需数量，

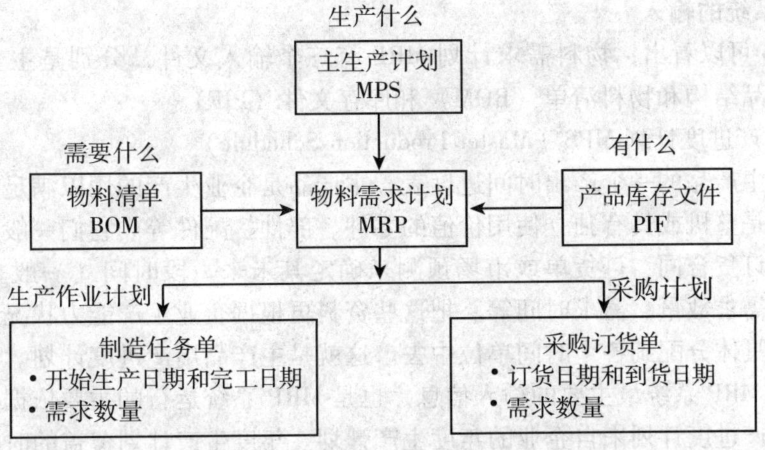

图 4－6　MRP 原理图

然后根据已有的库存资源及各种零件的前置时间与最终产品的交货期限，确定零件的生产进度日程和材料与外购件的订购时间和订购数量。在情况发生变化时，MRP 能根据新的情况调整生产的优先次序，重新排产，保证在需要的时间供应所需的物料，同时使库存保持在最低水平。

因此 MRP 系统的目标就是：保证客户需要或生产需要，能够立即提供足量的材料、零部件、产成品；保持尽可能低的库存水平；合理安排采购、运输、生产等活动，使各车间生产的零部件、外购件与装配的要求在时间与数量上精确衔接。

4.7.3　MRP 系统的运行

1. MRP 系统的运行步骤

MRP 系统运行需要借助电子计算机，其运行步骤大致如下：

①根据市场预测和客户订单，正确编制可靠的生产计划和作业计划，在计划中规定产品的品种、规格、数量和交货日期，同时，生产计划必须是同现有生产能力相适应的计划。

②正确编制产品结构图和各种物料、零件的用料明细表。产品结构图是从最终产品出发，把产品作为一个系统，其中包括多少个零部件，每个产品从总装—部装—部件—零件可划分为几个等级层次，而每一个层次的零部件又由多少个小零件所组成等。

③正确掌握各种物料和零件的实际库存量，以及最高储备量和保险储备量等有关资料。

④正确规定各种物料和零件的采购交货日期，以及订购周期和订购批量。

⑤根据上述资料，通过 MRP 的逻辑运算确定各种物料和零件的总需要量（按产品结构图和明细表逐一计算）以及实际需要量。

⑥按照各种物料和零件的实际需要量，以及规定的订购批量和订购周期，向采购部门发出采购通知单或向本企业生产车间发出生产指令。

2. MRP 系统的输入

由图 4－6 可以看出，物料需求计划 MRP 有三个输入文件，分别是主生产进度计划（MPS）、主产品结构和物料清单（BOM）和库存文件（PIF）。

（1）主生产进度计划 MPS（Master Production Schedule）

它一般是主产品的一个产出时间进度表，主产品是企业生产的用以满足市场需要的最终产品，一般是整机或具有独立使用价值的零件、部件、配件等。它们一般是独立需求产品，靠市场的订货合同、订货单或市场预测来确定其未来一段时间（一般是 1 年）的总需求量，包括需求数量、需求时间等。把这些资料再根据企业生产能力状况经过综合调配平衡，把它们具体分配到各个时间单位中去。这就是主产品出产进度计划。这个主产品出产进度计划是 MRP 系统最主要的输入信息，也是 MRP 系统运行的主要依据。

主产品出产进度计划来自企业的年度生产计划。年度生产计划覆盖的时间周期一般是 1 年，在 MRP 中用 52 周来表示。但是主产品的出产进度计划可以不一定是 1 年，要根据具体的主产品的出产时间来定。但是有一个基本原则，即主产品出产进度计划所覆盖的时间周期要不小于其组成零部件中具有的最长的生产周期。否则，这样的主产品出产进度计划就不能进行 MRP 系统的运行，因此是无效的。例如，有一个产品出产进度表，可以看做产品 X 的主生产计划表，如表 4－3 所示。

表 4－3　产品 X 的出产进度表

时间（周）	1	2	3	4	5	6	7	8
产量（件/周）	25	15	20		60		15	

（2）主产品结构和物料清单 BOM（Bill of Materials）

物料清单 BOM 主要反映出主产品的层次结构、所有零部件的结构关系和数量组成（图 4－7 为产品泵的产品结构和物料清单）。根据这个文件，可以确定主产品及其各个零部件的需要数量、需要时间和它们相互间的装配关系。

产品结构树提供了产品的结构层次、所有各层零部件的品种数量和装配关系。在实践过程中，常常用一个自上而下的结构树来表示。每一层都对应一定的级别，最上层是 0 级，即主产品级，0 级的下一层是 4 级，对应主产品的一级零部件，这样一级一级往下分解，一直分解到最末一级。最末一级，一般是最初级的原材料或者外购零配件。每一层各个方框都标有以下两个参数：

①组成零部件名。

②组成零部件的数量，指构成相连上层单位产品所需要的本零部件的数量。

同时，在注释位置，应注明每种零部件的提前期。所谓提前期，包括生产提前期和订货提前期。所谓生产提前期，是指从发出投产任务单到产品生产出来所花的时间。而订货提前期是指从发出订货单到所订货物采购回来入库所花的时间。提前期的时间单位要和系

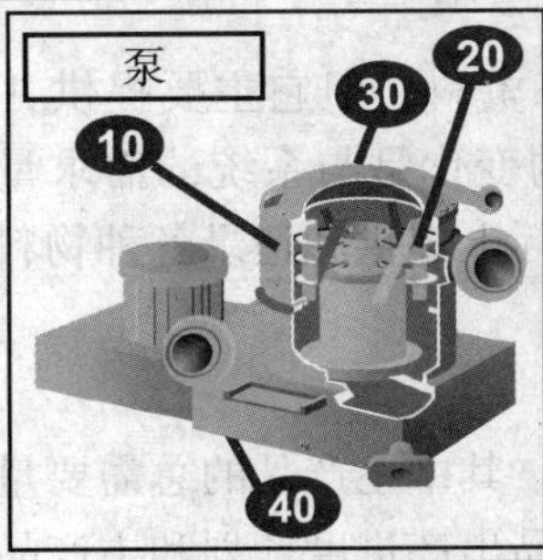

项目号	描述	物料号	数量	计量单位
10	蜗壳	A-E101	1	PC
20	轮	A-E201	1	PC
30	轴	A-E301	1	PC
40	支撑座	A-E401	2	PC

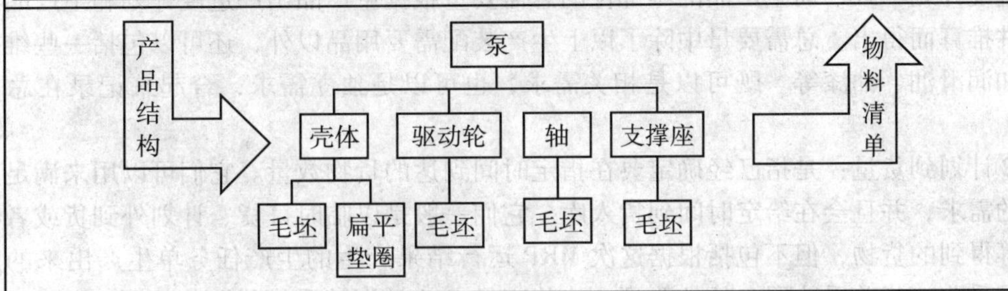

图 4－7　产品泵的产品结构和物料清单

统的时间单位一致，也以“周”为单位。有了这个提前期，就可以由零部件的需要时间而推算出投产时间或采购时间。

例如，主产品 A 的结构树如图 4－8 所示。它由两个部件 B 和一个零件 C 装配而成，而部件 B 又由一个外购件 D 和一个零件 C 装配而成。A、B、C、D 的提前期分别是 1 周、1 周、3 周、1 周，也就是说，装配一个 A 要 1 周时间（装配任务要提前 1 周下达），装配一个 B 要提前 1 周下达任务单，生产一个 C 要提前 3 周下达任务单，而采购一个 D 要提前 1 周发出订货单。A 产品结构分成 3 层，A 为 0 层（$n=0$），B、C 为 1 层（$n=1$），D、C 为 2 层（$n=2$）。

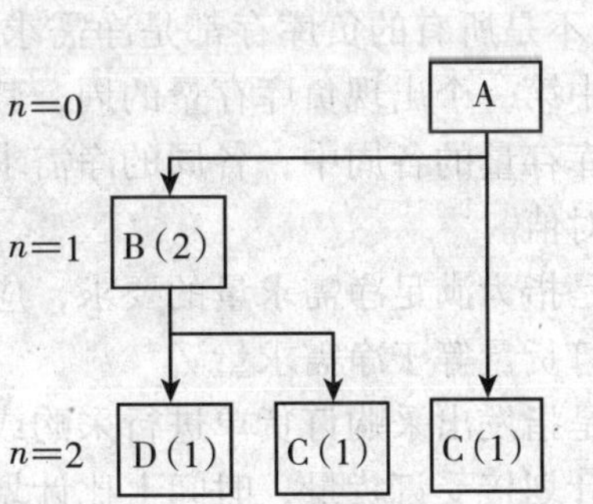

A：1 周；B：1 周；C：3 周；D：1 周

图 4－8　A 产品结构树

（3）库存文件（Product Inventory File，PIF）

库存文件包含各个品种在系统运行前期初库存量的静态资料，但它主要提供并记录MRP运行过程中实际库存量的动态变化过程。由于库存量的变化是与系统的需求量、到货量、订货量等各种资料变化相联系的，所以，库存文件实际上提供和记录各种物料的所有各种参数随时间的变化而变化。

这些参数有以下几种：

①总需要量：是指主产品及其零部件在每一周的需要量。其中主产品的总需要量与主生产进度计划一致，而主产品的零部件的总需要量根据主产品出产进度计划和主产品的结构文件推算而得出。总需要量中除了以上生产装配需要用品以外，还可以包括一些维护用品，如润滑油、油漆等。既可以是相关需求，也可以是独立需求，合起来记录在总需要量中。

②计划到货量：是指已经确定要在指定时间到达的货物数量。它们可以用来满足生产装配的需求，并且会在给定时间到货入库。它们一般是以临时订货、计划外到货或者物资调剂等得到的货物，但不包括根据这次MRP运行结果产生的生产任务单生产出来的产品或根据采购订货单采购回来的外购品。这些产品由“计划接受订货”来记录。

③库存量：是指每周库存物资的数量。由于在一周中，随着到货和物资供应的进行，库存量是变化的，所以周初库存量和周末库存量是不同的。因此，规定这里记录的库存量都是周末库存量。它在数值上等于：

库存量 = 本周期初库存量 + 本周到货量 - 本周需求量

= 上周周末库存量 + 本周计划到货量 - 本周需求量

④净需求量。它是指系统需要外界在给定的时间内提供给定的物料的数量。这是物资资源配置需要回答的主要问题。不是所有零部件每一周都有净需求，只有缺货的周才发生净需求量。所谓缺货，就是期初库存量（上期期末库存量）加上本期计划到货量小于本期的总需求量。

本周净需求量 = 本周总需求量 - 本周计划到货量 - 本周周初库存量

在MRP的实际运行中，不是所有的负库存都是净需求量。净需求量可以这样简单地确定为：在现有库存量一栏中第一个出现负库存量的周，其净需求量就等于其负库存量的绝对值。在其后连续出现负库存量的各周中，各周的净需求量等于其本周的负库存量减去前一周的负库存量之差的绝对值。

⑤计划接受订货量。它是指为满足净需求量的要求，应该计划从外界接受订货的数量和时间。一般来说计划接受订货量等于净需求量。

⑥计划发出订货量。它是指发出采购订货单进行采购或发出生产任务单进行生产的数量和时间，它在数量上等于计划接受订货量，时间上比计划接受订货量多一个提前期。

另外在开始运行MRP前，仓库中可能还有库存量，叫期初库存量。MRP运行是在期初库存量的基础上进行的，所以各个品种的期初库存量作为系统运行的重要参数必须作为系统的初始输入要输入到系统之中。

库存量是满足各周需求量的物资资源。在有些情况下，为了防止意外情况造成的延误，还对某些关键物资设立了安全库存量，以减少因紧急情况而造成的缺货。在考虑安全库存的情况下，库存量中还应包含安全库存量。

产品库存文件，包括了主产品和其所有的零部件的库存量、已订未到量和已分配但还没有提走的数量。制订物料需求计划有一个指导思想，就是要尽可能减少库存。产品优先从库存物资中供应，仓库中有的，就不再安排生产和采购。仓库中有但数量不够的，只安排不够的那一部分数量投产或采购。

3. MRP 系统的输出

MRP 系统能够向管理者提供相当多的输出信息。它们通常分为主报告与二级报告。

（1）主报告

生产、存货的计划与控制是主报告的重要组成部分，这些报告通常包括以下内容：计划订单，时间进度安排指明了未来订单的数量和时间；订单发布，授权执行计划订单；计划订单的变化，包括预计日期、订货数量的改变与取消订单等。

（2）二级报告

业绩控制、计划 T 制作与例外报告都属于二级报告。

①业绩控制报告评价系统运作状况。它们帮助管理者衡量实际偏离计划的程度，包括送货遗漏缺货；此外还提供用于评定成本、业绩的信息。

②计划工作报告有助于预测未来存货需求。它们包括采购约定以及其他用于评价未来物料需求的信息。

③例外报告。它能唤起人们对重大差异的注意，重大差异包括最新订单与到货延迟、过多的残次品、报告失误、对不存在部件的需求等。

4. MRP 系统的计算方法

（1）零部件需要量的计算方法

下面以实例来进行说明。图 4－9 为某产品的结构图。

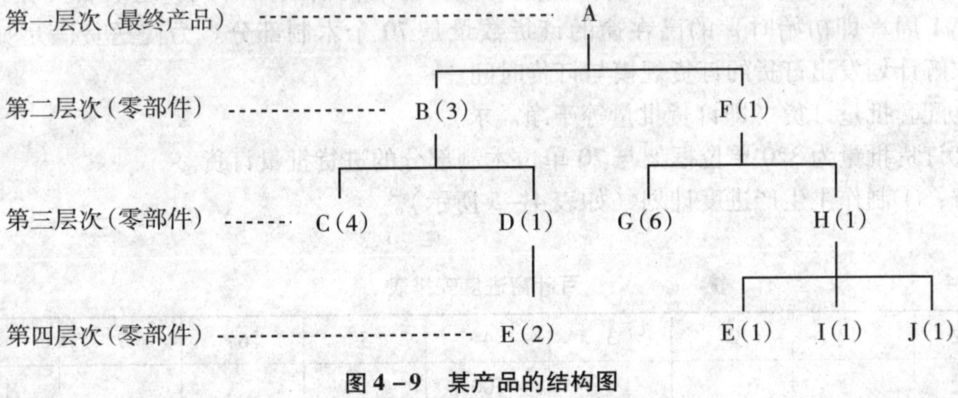

图 4－9　某产品的结构图

已知 A 是最终产品，属于独立需求，其需求量是由客户或市场所决定的。若已知其需求量为 100 个，而其他各种零部件都属于相关需求，其需求量受 A 产品数量影响，根据所有产品及零部件的库存量，可以计算出它们的实际需求量，计算结果如表 4－4 所示。

表 4－4　　A 产品及其零部件需求量计算表

名称	库存量	总需求量	实际需求量
A	0	100	100－0＝100
B	250	3×100＝300	300－250＝50
C	14	4×50＝200	200－14＝186
D	20	1×50＝50	50－20＝30
E	40	（2×30）＋（1×74）＝134	134－40＝94
F	16	1×100＝100	100－16＝84
G	54	6×48＝504	504－54＝450
H	10	1×84＝84	84－10＝74
I	6	1×74＝74	74－6＝68
J	40	1×74＝74	74－40＝34

（2）MRP 采购订货的确定方法

我们结合一个实例来加以分析。

例 4－8　生产木制百叶窗的某厂商收到两份百叶窗订单：一份要 100 个，另一份要 150 个。在当前时间进度安排中，100 单位的订单应于第 4 周开始时运送，150 单位的订单则于第 8 周开始时运送。每个百叶窗包括 4 个木制板条部分和 2 个框架。木制部分是工厂自制的，制作过程耗时 1 周。框架需要订购，生产提前期是 2 周。组装百叶窗需要 1 周。第 1 周（即初始时）的已在途的订货数量是 70 个木制部分。为使送货满足如下条件，求解计划发出订货的订货规模与订货时间。

①配套批量订货（即订货批量等于净需求）。

②订货批量为 320 单位框架与 70 单位木制部分的进货批量订货。

解：①制作主生产进度计划（如表 4－5 所示）。

表 4－5　　百叶窗进度安排表

周数	1	2	3	4	5	6	7	8
数量				100				150

②制作产品结构图（如图 4 – 10 所示）。

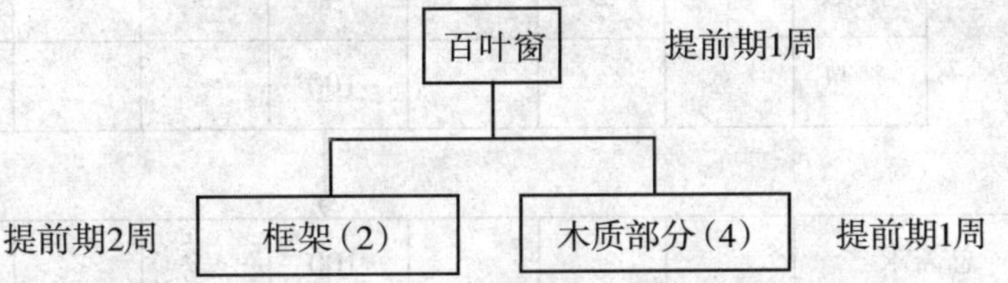

图 4 – 10　百叶窗产品结构图

③利用主生产进度计划，求解百叶窗总需求，然后再计算净需求。假设在配套批量订货条件下，求解满足主生产进度计划的时间安排的计划收到订货与计划发出订货数量。如表 4 – 6 所示，主生产进度计划显示需要运送 100 个百叶窗，在第 4 周开始时没有计划持有量，因此净需求也是 100 单位。于是，第 4 周的计划接受数量等于 100 个百叶窗。由于装配百叶窗耗时 1 周，这就意味着计划发出订货是在第 3 周开始时。运用同样逻辑，150 个百叶窗必须在第 7 周组装，这样才能在第 8 周运送出去。

在第 3 周开始时 100 个百叶窗的计划发出订货，指的是那时必须得到 200 个框架（总需求）。因为没有预期持有量，净需求就是第 3 周开始时的 200 个框架，以及必备条件：200 个框架的计划收到订货。生产提前期为 2 周意味着厂商必须在第 1 周开始时订购 200 个框架。同样地，第 7 周时 150 个百叶窗的计划发出订货产生第 7 周的总需求与净需求：300 个框架以及当时的计划收到订货。2 周的生产提前期表示厂商必须在第 5 周开始时订购框架。

第 3 周开始时 100 个百叶窗的计划发出订货同时生成 400 单位木制部分的总需求。然而，由于计划持有量为 70 个木制部分，净需求即为 400 – 70 = 330。这意味着第 3 周开始时的计划接收为 330 单位。制作过程历时 1 周，因此制作必须在第 2 周开始（计划发出订货）时进行。同样地，第 7 周 150 个百叶窗的计划发出订货产生的总需求是 600 个木制部分。由于木制部分没有计划持有量，净需求也是 600，计划收到订货是 600 单位。此外，1 周的生产提前期意味着 600 单位的制作安排是在第 6 周开始时。

④在订购批量条件下，唯一不同点就是计划接收数量超过净需求的可能性。超过部分记为下一期计划存货。如表 4 – 7 所示，框架的订货批量是 320 单位，第 3 周的净需求是 200 单位，因此，超过量为 320 – 200 = 120 单位，成为下一次的计划存货量。类似地，框架净需求 180 单位比订货批量 320 单位少了 140 单位，又一次地，超过量变为第 8 周计划存货量。木制部分的计算也是如此，第 3 周与第 7 周计划接收量的超过部分加到了第 4 周和第 8 周。

注意，订货批量必须是批量规模的倍数，第 3 周是 5 乘以 70，第 7 周是 9 乘以 70。

表 4－6　　　百叶窗的时间计划总表 A

周数	1	2	3	4	5	6	7	8
数量				100				150

项目		1	2	3	4	5	6	7	8
百叶窗 LT=1 周	总需求				100				150
	已在途订货								
	计划持有量								
	净需求				100				150
	计划收到订货				100				150
	计划发出订单			100				150	

2倍　　2倍

项目		1	2	3	4	5	6	7	8
框架 LT=2 周	总需求			200				300	
	已在途订货								
	计划持有量								
	净需求			200				300	
	计划收到订货			200				300	
	计划发出订单	200				300			

4倍　　4倍

项目		1	2	3	4	5	6	7	8
木质部分 LT=1 周	总需求			400				600	
	已在途订货	70							
	计划持有量	70	70	70					
	净需求			330				600	
	计划收到订货			330				600	
	计划发出订单		330				600		

表 4－7　　　　**百叶窗的时间计划总表 B**

周数	1	2	3	4	5	6	7	8
数量				100				150

		1	2	3	4	5	6	7	8
百叶窗 LT=1周	总需求				100				150
	已在途订货								
	计划持有量								
	净需求				100				150
	计划收到订货				100				150
	计划发出订单			100				150	

2 倍　　2倍

		1	2	3	4	5	6	7	8
框架 LT=2周	总需求			200				300	
	已在途订货								
	计划持有量				120	120	120	120	140
	净需求			200				180	
	计划收到订货			320				320	
	计划发出订单	320				320			

4 倍　　4倍

		1	2	3	4	5	6	7	8
木质部分 LT=1周	总需求			400				600	
	已在途订货	70							
	计划持有量	70	70	70	20	20	20	20	20
	净需求			330				580	
	计划收到订货			350				630	
	计划发出订单		350				630		

4.7.4 对 MRP 系统的评价

1. 优点

①维持合理的安全库存，尽可能地降低库存水平。

②能够较早地发现问题和可能发生的供应中断，及早采取预防措施。

③它的生产计划是基于现实需求和对最终产品的预测。

④它并不是孤立地考虑某一个设施，而是综合考虑整个系统的订货量。

⑤它适合于批量生产或间歇生产或装配过程。

2. 缺点

①在使用中，它是高度计算机化的，难以调整。

②降低库存导致的小批量购买使订货成本和运输成本增大。

③它对短期的需求变动不如再订货点法敏感。

④系统很复杂，有时不像预想的那样有效。

5 仓储成本管理

仓储成本是指仓储企业在开展仓储业务活动中各种要素投入的以货币计算的总和。仓储成本是物流成本的重要组成部分，对物流成本的高低有直接影响。仓储成本管理的任务是对企业物流运作进行经济分析，了解物流过程中的经济现象，以期以最低的物流成本创造最大的物流效益。在许多企业中，仓储成本是物流总成本的一个重要组成部分，对物流成本的高低有很大影响，同时企业物流系统所保持的库存水平对于企业为生产或客户提供服务的水平起着重要作用。仓储成本管理一定以保证服务水平为前提。

5.1 仓储成本管理概述

5.1.1 仓储成本管理的内容

仓储成本管理就是用最经济的办法实现储存的功能。如果过分强调储存功能的实现，因而投入过多的仓储力量和其他仓储劳动并不是合理的。所以，仓储成本管理的实质，是在保证储存功能实现的前提下，尽量减少投入。这是一个投入产出的关系问题，也是一个追求仓储成本投入的合理性问题。

“效益背反”是物流活动中普遍存在的基本规律。不可否认，仓储作为一种必要活动，由其自身特点决定，经常有冲减物流系统效益、恶化物流系统运行的趋势，所以有着对社会经济活动的“逆”作用。这种作用主要由于不合理储存和被储物在储存期间所发生的质量变化和价值损失造成的。

不合理储存主要表现在两方面：一是储存技术不合理；二是储存管理、组织不合理。其表现形式主要为：

①储存时间过长；

②储存数量过大；

③储存数量过低；

④储存条件不足或过剩；

⑤储存结构失衡。

货物在储存期间可能发生的质量变化主要是由于储存时间、环境、操作等因素引起的。质量变化的形式主要有物理和机械变化（物理存在状态、渗漏、串味、破损、变形等），化学变化（分解和水解、水化、腐蚀、老化、化合、聚合等）、生化变化、各种生物侵入（鼠类、害虫、蚁类）等。

各种货物在储存期间也可能发生价值损失，比如呆滞损失、时间价值损失、过高的储存成本等。

这些仓储不合理储存和被储物在储存期间所发生的质量变化和价值损失，必然造成仓储成本的升高，使企业管理人员必须从各方面加强仓储的成本管理。

5.1.2 仓储成本管理的意义

存货是一项重要的流动资产，它势必会占用大量的流动资金。在传统的企业中，存货有时会占到企业总资产的30%左右，其管理、利用情况如何，直接关系到企业的资金占用水平以及资产运作效率。

进行仓储成本管理，就是通过仓储成本分析，在利用尽可能少的人力、物力、财力的条件下保证仓储功能的实现。仓储成本分析对于物流企业来说，意义重大，主要有如下几个方面：

（1）使库存成本降到最低。这是企业增加经济效益、提高企业竞争力的最有效的手段之一。

（2）保证供给程度。保证供给程度达到最高，会给企业争取更多的销售机会，带来相应的经济效益和社会效益。

（3）限定资金。企业必须在限定资金的前提下实现仓储管理。

（4）快速反应。库存系统是物流系统的一个组成部分，不能只以自身的经济性为主要目标，往往是以最快的速度实现进出货物为目标。经过成本分析，可以及时了解库存状况，从而制订进出货物的方案，适应整个物流系统的目标。

（5）为企业制订仓储经营管理计划提供依据。仓储经营管理计划是仓储企业为适应经营环境变化，通过决策程序和方案选择，对仓储经营活动的内容、方法和步骤明确化、具体化的设想和安排。在制订经营管理计划时，必须考虑自身的经营能力，仓储成本正是仓储经营能力的重要指标，因此通过仓储成本的分析，能帮助企业对不同经营方案进行比较，选择成本最低、收益最大的方案制订经营计划，开展经营。

（6）为仓储产品定价提供依据。仓储企业的根本目的依然是追求利润最大化。仓储企业在为社会提供仓储产品（服务）时，需要有明确的产品价格，即仓储费。从长远看，必须保证仓储费高于仓储成本，才能保证仓储企业的生存与发展。因此仓储成本是仓储费制订的主要依据。

（7）加速仓储企业的现代化建设。仓储成本分析有利于推动仓储技术革新，充分挖掘仓库的潜力，为仓储设施设备改造及现代化建设提供依据。

（8）为仓储企业的劳动管理提供依据。劳动力成本本身就是仓储成本的重要组成部分，但是劳动力成本与其他成本之间可能存在着替代关系，也可能有互补关系，因而确定劳动量的使用的决定性因素是收益，以能够获得总成本最低或者总收入增加为原则确定劳动力的使用量。同时，成本因素也是劳动考核、岗位设置的依据和决定劳动报酬的参考依据。

总之，通过仓储成本分析，有利于提高仓储企业的经济技益，降低仓储生产经营中的各种浪费，同时也可以将企业的经济利益与职工的经济利益紧密地联系起来，提高企业经营者的自觉性，从而提高企业仓储经营管理水平和经济效益。所以，加强仓储成本的管理意义重大。

5.2　仓储成本构成

5.2.1　仓储系统费用的构成

仓储管理费是指发生在仓储期间整体成本的总和，仓储管理费直接表示了仓储的成本，是仓储成本核算、成本管理、仓储费定价的依据。仓储管理费由一定时期的仓储经营资金费用、保管费、搬运费、耗损费、保险费、税费等构成。仓储费用是仓储管理的一个重要经济指标。企业的仓库一般可以分为原材料库和半成品、产成品库两类。为了管理的需要，必须了解各类仓储费用的构成情况。

1. 订货费

订货费是指为补充库存，办理一次订货发生的有关费用，包括订货过程中发生的订购手续费、联络通信费、人工核对费、差旅费、货物检查费、入库验收费等。当生产企业自行组织生产时，订货费相当于组织一次生产所必需的工具安装、设备调整、试车、材料安排等费用。订货费一般说来与订购或生产的数量基本无关。

在确定订货费时，对具体问题要具体分析，但必须注意不能将搬运费、管理费等平均分摊到每一件货物上去，这样，就使订货费和一次订购的数量有关了。

在年消耗量固定不变的情况下，一次订货量越人，订货次数就越少，每年所花费的总订货费就越少。因此，从订货费角度看，订货批量越大越好。

2. 保管费

一般是指每储存物资单位时间所需花费的费用。这一项费用中，只计入与库存物资数量成正比的部分，凡与储存物资数量无关的不变费用不计算在内。有时仓储费还经常用每储存 1 元物资单位时间所支付的费用来表示，称为保管费率。

保管费包括储存物资所占用资金的利息、物资的储存损耗、陈旧和跌价损失、储存物资的保险费、仓库建筑物及设备的修理折旧费和保险费、储存物资的保养费、库内搬运设备的动力费、搬运工人的工资等。在以上保管费成分中，利息支出所占比重较大。由于订货量越大，平均库存量就越大，从而储存费支出越大。因此，从储存费角度看，订货批量越大越不好。

3. 缺货损失费

它一般是指由于中断供应影响生产造成的损失赔偿费，包括生产停工待料，或者采取应急措施而支付的额外费用，以及影响利润、信誉和损失费等。衡量缺货损失费有两种方式，一种是当缺货费与缺货数量的多少和缺货时间的长度成正比时，一般以缺货一件为期一年（付货时间延期一年）造成的损失赔偿费来表示；另一种是缺货费仅与缺货数量有关而与缺货时间长短无关，这时以缺货一件造成的损失赔偿费来表示。

由于缺货损失费涉及丧失信誉带来的损失，所以它比储存费、订货费更难于准确确定，有时一旦发生缺货，所造成的损失是无法弥补的。对不同的部门、不同的物资，缺货费的确定有不同的标准，要根据具体要求分析计算，将缺货造成的损失数量化。

仓库绝对不缺货，从理论上讲是可以的，但在实际中是不可能的，实际中为保证不缺货而保持过大的储存量也是不经济的。当缺货损失费难于确定时，一般以用户需求得到及时满足的百分比大小来衡量储存系统的服务质量，称为服务水平。

从缺货损失费角度考虑，储存量越大，缺货的可能性就越小，因而缺货损失费也就越少。

4. 其他仓储管理费

其他仓储管理费包括仓储管理费、库存费率、单位资金库存费率等。

5.2.2 生产型和销售型企业仓储成本

对于持有库存的生产型及销售型企业，仓储成本主要包括：仓储持有成本、订货或生产准备成本、缺货成本和在途库存持有成本。

1. 仓储持有成本

仓储持有成本是指为保持适当的库存而发生的成本，它可以分为固定成本和变动成本。固定成本与一定限度内的仓储数量无关，如仓储设备折旧、仓储设备的维护费用、仓库职工工资等。变动成本与仓储数量的多少相关，如库存占用资金的利息费用、仓储物品的毁损和变质损失、保险费用、搬运装卸费用、挑选整理费用等。

变动成本主要包括以下 4 项成本：资金占用成本、仓储维护成本、仓储运作成本、仓储风险成本。

（1）资金占用成本

资金占用成本也称为利息费用或机会成本，是仓储成本的隐含费用。

资金占用成本反映失去的赢利能力，如果资金投入其他方面，就会要求取得投资回报，因此资金占用成本就是这种尚未获得的回报的费用。资金占用成本通常用持有库存的货币价值的百分比表示，也有用确定企业新投资最低回报率来计算资金占用成本的。从投资的角度来说，库存决策与做广告、建新厂、增加机器设备等投资决策是一样的。为了核算上的方便，一般情况下，资金占用成本指占用资金能够获得的银行利息。

（2）仓储维护成本

仓储维护成本主要包括与仓库有关的租赁、取暖、照明、设备折旧、保险费用和税金等费用。仓储维护成本随企业采取的仓储方式不同而有不同的变化。如果企业利用自己的仓库，大部分仓储维护成本是固定的。如果企业利用公共的仓库，则有关存储的所有成本将直接随库存数量的变化而变化。在做仓储决策时，这些成本都要考虑。

另外，根据产品的价值和类型，产品丢失或损坏的风险高，就需要较高的保险费用。同时，许多国家将库存列入应税财产，高水平库存导致高税费。保险费用和税金将随着产品不同而有很大变化，在计算仓储维护成本时，必须考虑它们。

（3）仓储运作成本

仓储运作成本主要与商品的出入仓库有关，即通常所说的搬运装卸成本。

（4）仓储风险成本

作为仓储持有成本的最后一个主要组成部分的仓储风险成本，反映了一个非常可能的情况，即由于企业无法控制的原因，造成的库存商品贬值、损坏、丢失、变质等损失。

2. 订货或生产准备成本

订货成本或生产准备成本是指企业向外部的供应商发出采购订单的成本或指企业内部自己生产加工而产生的生产准备成本。

订货成本是指企业为了实现一次订货而进行的各种活动的费用，包括处理订货的差旅费、办公费等支出。订货成本中有一部分与订货次数无关，如常设机构的基本开支等，称为订货的固定成本；另一部分与订货的次数有关，如差旅费、通信费等，称为订货的变动成本，具体来讲，订货成本包括与下列活动相关的费用：

- 检查和清点存货；
- 编制并提出订货申请；
- 对多个供应商进行调查比较，选择最合适的供应商；
- 填写并发出订单；
- 填写并核对收货单；
- 验收发来的货物；
- 筹集资金并进行付款。

这些成本很容易被忽视，但在考虑涉及订货、收货的全部活动时，这些成本很重要。

生产准备成本是指当某些产品不由外部供应而是由企业自己生产时，企业为生产一批货物而进行准备的成本。其中，更换模具、增添某些专用设备等属于固定成本，与生产产品的数量有关的费用如材料费、加工费、人工费等属于变动成本。

3. 缺货成本

库存决策中另一项主要成本是缺货成本，是指由于库存供应中断而造成的损失。包括原材料供应中断造成的停工损失、产成品库存缺货造成的延迟发货损失和丧失销售机会的损失（还应包括商誉损失）。缺货成本主要包括以下几个方面：

（1）保险库存的持有成本

许多企业都会考虑保持一定数量的安全库存或称缓冲库存以防在需求方面的不确定性，但是安全库存的存在自然会产生一定的库存成本，同时应该注意到安全库存每一追加的增量都将造成效益的递减：超过期望需求量的第一个单位的保险库存所提供的防止缺货的预防效能的增值最大，第二个单位所提供的预防效能比第一个单位稍小，依此类推。在某一保险存货水平，储存额外数量的存货成本加上期望缺货成本会有一个最小值，这个水平就是最优水平。高于或低于这个水平，都将产生净损失。

（2）缺货成本

缺货成本是由于外部和内部中断供应所产生的。当企业的客户得不到全部订货时，叫做外部缺货。而当企业内部某个部门得不到全部订货时，叫做内部缺货。如果发生外部缺货，将导致以下情况的发生：

①延期交货。延期交货可以有两种形式，一种是缺货商品可以在下次规则订货时得到补充，另一种是利用快递延期交货。如果客户愿意等到下一个规则订货，那么企业实际上没有什么损失。如果缺货商品需要快速延期交货，那么就会发生特殊订单处理和额外运输费用，从而提高了物流成本，因为快速延期交货经常是小规模装运，或者需要利用速度快、收费较高的运输方式运送。这时延期交货成本可根据额外订单处理费用和额外运费来计算。

②失去销售。尽管一些用户可以允许延期交货，但是仍有一些用户会转向其他供应商，也就是说，许多公司都有生产替代产品的竞争者。当一个供应商没有客户所需的商品时，客户就会从其他供应商那里订货，在这些情况下，缺货导致失去销售，对于企业来说，直接损失就是这种商品的利润损失。这样，可以通过计算这批商品的利润来确定直接损失。

③失去客户。第三种可能发生的情况是由于缺货而失去客户，也就是说，客户永远转向另一个供应商。如果失去了客户，企业也就失去了未来一系列收入，这种缺货造成的损失很难估计，需要用科学管理的技术以及市场营销的研究方法来分析和计算。除了利润损失，还有由于缺货造成的商誉损失。商誉很难度量，在仓储决策中常被忽略，但它对未来销售及企业经营活动非常重要，特别在目前竞争十分激烈的情况下。为了确定必要的库存量，有必要确定如果发生缺货而造成的损失。

第一步，分析发生缺货可能产生的后果，包括延期交货、失去销售和失去客户。

第二步，计算与可能结果相关的成本，即利润损失。

第三步，计算一次缺货的损失。

如果增加库存的成本少于一次缺货的损失，那么就应该增加库存以避免缺货。

如果发生内部短缺，则可能导致生产损失（机器设备和人员闲置）和交货期的延误。如果由于某项物品短缺而引起整个生产线停工，这时的缺货成本可能非常高。尤其对于JIT 管理方式生产的企业来说更是灾难性的。

4. 在途库存持有成本

在途库存持有成本不像前面讨论的三项成本那么明显，然而在某些情况下，企业必须考虑这项成本。如果企业以目的地交货价销售商品，就意味着企业要负责将商品运达客户，当客户收到订货商品时，商品的所有权才转移。从理财的角度来看，在途运输商品仍是销售方的库存。因为这种在途商品在交给客户之前仍然属于企业所有，运输方式及所需的时间是储存成本的一部分，企业应该对运输成本与在途存货持有成本进行分析。

一个重要的问题是如何计算在途库存持有成本。前面讨论过库存持有成本的 4 个方面。即资金占用成本、仓储维护成本、仓储运作成本、仓储风险成本。这些成本对于在途存货来说有所变化。

①在途库存的资金占用成本一般等于仓库中库存的资金占用成本。

②仓储运作成本、仓储维护成本一般与在途库存不相关，但对保险费用要加以考虑。

③由于运输服务具有短暂性，货物过时或变质的风险要小一些，因此仓储风险成本较小。

一般来说，在途库存持有成本要比仓库持有成本小，需要对每一项技术进行准确的分析，才能准确计算出实际成本。

5.3 仓储成本分析和控制

根据成本的性质可以将仓储成本分成固定成本和变动成本。

固定成本是指仓储作业活动过程中，在一定时间内不会随着仓库储存量的大小、仓容利用率的高低变化而变化的成本，即不随着储存量变化而发生变化的成本，包括保险、大修理提存、固定资产折旧或长期租赁费用、固定工资及附加费等。变动成本是指仓储作业活动过程中，在一定时间内随着仓库储存量的增加或减少而呈正比例变化的成本，它是与业务量大小直接有关的成本，即随着储存量变化而发生变化的成本，包括保管费、加班费、苫垫物料费、设备运转成本（燃料、材料消耗、维修）等。

从固定成本和变动成本的性质分析，一方面，仓储企业必须有足够多的储存量（较高货位利用率）来分摊固定成本，合理规划仓储空间，提高设备完好率，减少非生产人员，有效降低固定成本；另一方面要在变动成本上下工夫，这就需要加强管理，合理选择备货方式，合理选择流通加工的方式，做好商品养护工作，提高装卸搬运灵活性，提高劳动效率，提高仓储服务质量，降低机具物料的损耗和燃料的消耗，降低风险成本，有效降低变动成本。

1. 储存成本分析与控制

储存成本的分析主要是对固定成本分摊的分析。储存量及储存的规律性会影响储存成本的高低，这是因为仓库的储存量可以“分摊”固定成本。也就是说，一定的储存量和稳定的储存规律性可以通过降低单位物品的储存成本来提高储存效益，因此要提高仓库储存量，合理规划仓储空间。

一般仓库都关心其所存物品的重量、体积。因为这直接影响仓库的利用率和仓库设施设备的完好程度。仓库常常以重量、体积作为制订收费标准的依据，物品所占用的空间和物品所占的面积直接影响仓储费率的高低。仓库一般对体积大、重量轻的物品，要合理安排货位，若采用货架存放应选择承载力相当的货格；若采用货场堆码应选择地坪载荷较小的货位存放；制定仓储费率时要考虑诸多因素，如体积、重量、仓储环境和条件、物品性质、需要何种养护等。

由于物品本身特性或包装不规则不能堆高，或批量小、规格杂而无法堆高储存，或需要利用仓库加工、整理、挑选、组配物品，需要占用一定仓库面积时，要合理安排占用面积和空间，一般应按实际占用面积和每平方米地坪（或楼层）的设计载荷能力，折成计费吨收费。若客户要求对整个仓库进行包仓，仓储企业和客户要进行协商，一般按照不低于仓库实际面积80%的面积吨计费。

2. 装卸搬运作业成本分析与控制

装卸搬运作业成本主要包括装卸搬运机具的成本和费用，燃料、润料（指各种润滑剂。这是企业的一项消耗指标）消耗费用，人工成本和时间费用等。

（1）合理选择装卸搬运机具

合理选择和使用装卸搬运机具，是提高装卸效率、降低装卸搬运成本的重要环节。装卸搬运机械化程度可分为三个等级：一级是用简单的装卸器具，如地牛①、传送带等；二级是使用专用的高效率机具，如吊车、电动叉车、夹抱车等；三级是依靠计算机牵制，实行自动化、无人化操作，如自动堆垛机、轨道车、电子小车等。

选择哪个级别的装卸搬运器具，首先要从物品的性质和可操作性上考虑物品是否需要包装，采用何种包装，适合哪种器具；其次要从管理上选择成本、搬运装卸速度、节约人力资源和减轻工人劳动强度、保证人与物的安全、准确性等方面来考虑。若装卸搬运的物品，属于偶然性作业，又属大物品，必须采用机械进行装卸搬运时，可临时租借设备；若属于风险性大的作业，又无操作经验，应该外包出去。

（2）提高物品装卸搬运的活性化与可运性

提高物品装卸搬运的活性化与可运性是合理装卸搬运和降低装卸搬运成本的重要手段之一。

装卸搬运的活性化就是要求装卸搬运作业必须为下一个环节的物流活动做好准备。“活性化”分为5个等级，即0～4级，0级的活性化程度最低，4级的活性化程度最高。要不断提高活性化的程度，但是从成本角度分析并不是活性化程度越高越好，以适宜为度。

装卸搬运的可运性就是指装卸搬运的难易程度。影响装卸搬运难易程度的因素主要包括：

①物品外形尺寸；

②物品密度或笨重程度；

③物品形状；

---

① 利用液压千斤顶来进行升降的一种方便的小巧的运输工具。

④物品、设备或人员损伤的可能性；

⑤物品的活性程度等。

装卸搬运物品的可运性的度量标准是根据装卸搬运的工具不同而定的。如人工装卸搬运，是指物品整理后用一只手就可以方便地拿起放下，不散不勒手；若用电动叉车装卸搬运，不用其他辅助工具，物品整齐坚固地码放在托盘上，堆码不歪、不斜、不倒。提高装卸搬运的可运性是降低装卸搬运成本的重要手段。

（3）利用重力作用，减少能量消耗

在装卸搬运时应尽可能借助物品重力的作用，减轻劳动力和其他能源的消耗。如流力货架、利用地势安装倾斜无动力小型传送带进行物品装卸，使物品依靠本身重量完成装卸搬运作业。

（4）合理选择装卸搬运方式

在装卸搬运过程中，必须根据物品的种类、性质、形状、重量来确定装卸搬运方式。

3. 流通加工作业成本分析与控制

（1）确定合理的加工能力

流通加工的成本属于半变动成本，即设备的折旧一般不随着加工量的变化而变化，但材料、能源、人工等费用却随着加工量的增加成正比增加。按照固定成本和变动成本的性质，流通加工的数量越大，流通加工的成本总额也相应增加，若加工数量超过加工能力，需要增加投入，倘若加工作业量又不均衡，就可能会给企业带来更大的损失。但是，加工批量过小，表现为加工能力过剩，会造成加工设备、加工人员的闲置，带来成本损失。因此，仓储企业应根据客户需要和企业的加工能力来确定加工批量和数量。

（2）确定合理的流通加工方式

流通加工的方式很多，加工方式又与流通加工成本存在着一定的联系。仓储企业应根据企业的加工能力和客户的需求，选择适当的加工方法和加工深度。在确定加工方式时，必须进行经济核算和可行性研究，确定合理的加工成本。

（3）加强流通加工的生产管理

流通加工的生产管理与流通加工成本联系十分紧密。一般地，生产管理的水平越高，其成本越低。流通加工生产管理的内容很多，如劳动生产率、设备利用率、能源的消耗比率、加工物资消耗定额等，都与流通加工成本密切相关。

4. 人工费用的分析与控制

仓储企业对仓储过程中投入的劳动力，应尽可能充分地利用，并使其能够发挥最大的效用，就应当分析工时利用率。将生产性活动的实际时间除以所有员工（包括管理人员）数乘以制度工作小时数。

$$\text{工时利用率} = \frac{\text{某一期间生产性活动的实际时间}}{\text{同期全体员工制度工作小时数}} \times 100\%$$

如果这个比率接近于100%，就说明工时利用率高；反之则说明工时利用率低，此时若减少非生产人员，就可以在提高时间利用率的同时降低工资费用。

仓储企业还可以通过考察每项主要业务活动所耗用的生产时间的百分比作进一步分析，对劳动实行定量管理。如，用收货、存放、拣选、发货等任何一项活动及其具体作业内容与时间的比率来说明劳动生产率；用单位时间托盘的装载量和卸载量、单位时间托盘货物的入库量、单位时间包装量、单位时间拣选出库量等这些作业量指标核算成本支出的数据，进行成本控制并达到降低成本的目的。

5. 包装作业成本分析与控制

包装作业成本是影响仓储管理成本的重要成本之一，要考虑以下几个方面的问题：

①使用物美价廉的包装材料。

②包装作业机械化，提高包装效率。

③采用大包装，尽量使包装简单化，节约包装材料。

④利用原有包装，加贴新标签。

6. 机具物料和燃料的成本控制

在仓储作业过程中，使用各种工具、索具，叉车、吊车，或制冷、除湿、通风等的操作，都要耗费燃料、润料、电力和水资源等。要进行有效的控制，把消耗降至最低点。要制定合理的作业流程，尽量减少不必要的重复性作业，避免过度使用设备，提高设备完好率。

7. 提高仓储服务质量，降低仓储成本

一般而言，仓储服务质量越高则仓储成本就越高。但是仓储服务质量也有极限，因为仓储服务质量的高低与仓储成本不成正比。也就是说，当仓储质量达到一定高度时，仓储质量的增长速度慢于仓储成本的增长速度，这时仓储质量的提高是依靠成本的大幅度提高而提高的，这种质量的提高是不被客户认同的。因为，客户总是希望以最经济的成本得到最佳的服务，所以仓储服务水平，应该是在合理的仓储成本之下的服务质量。

8. 降低机会成本和风险成本

物品变质、缺少（偷窃）、损害或报废的相关费用构成仓储成本的最后一项。在仓储过程中，物品会因各种原因被污染、损坏、腐烂、被盗或由于其他原因不适于或不能使用，直接造成物品的损失，构成了企业的风险成本；客户未履行合同的违约金以及仓库支付的赔偿金也构成企业的风险成本；保险虽然作为一种保护性措施，能帮助企业预防灾害性损失，但保险费也是构成风险成本的一部分。

随着库存物品价值的提高，仓库所承担的风险也在提高，因此从理论上说，仓储费是根据物品价值收取的，物品价值增加，仓储费用也应当相应增加。从这个意义上讲，货主就必须将物品的价值、特性等告诉保管人，以便其提出相应的仓储费用的报价。但是，货主若故意隐瞒物品的价值，势必就增加了仓储企业的风险成本。若仓储企业为了减少风险成本或远离风险，对易碎性、易破损性的物品不予经营，势必减少了仓库吞吐量，提高了机会成本。此外，对于轻、大和重物，短期储存和长期储存都存在机会成本的问题，企业要根据经验和规律合理解决。

5.4 仓储绩效评估

5.4.1 绩效评估的含义和作用

绩效评估一直被看作是企业计划与控制的有机组成部分。许多研究确认，高级的评估能力或衡量能力的开发和应用与卓越的绩效是紧密相关的。早在 1985 年，A. T. Kearney 就指出，进行综合绩效衡量的公司，可提高总体生产率 14% ~22%。绩效评估是对业绩和效率的一种事后的评估与度量以及事前的控制与指导，从而判断是否完成了预定的任务、完成的水平、取得的效益和所付出的代价。绩效评估是依托现代信息技术，及时、准确传递和反馈信息，不断控制和修正工作的一个动态过程。

绩效评估对于企业的资源监控与分配具有重要意义，在工业生产领域首先取得成功，其原理和方法同样适用于物流领域。绩效评估有以下几项作用：

①可以提出和追踪任务目标的达到程度，并对其作出不同层次的量度，从而能够事先对活动进行控制。

②根据绩效评估，判断计划和任务的可行性与准确性。

③根据绩效评估，进一步改善工作从而对工作提出新的管理与控制目标。

④根据绩效评估，决定奖励、升迁和惩罚。

⑤根据绩效评估，判断企业本身的竞争能力，以确认今后的市场战略。

5.4.2 仓储管理绩效评估的意义

仓储管理是物流管理中的一个重要过程，仓储活动担负着生产经营所需各种货物的收发、储存、保管保养、控制、监督和保证生产需要等多项业务职能，而这些活动都与生产经营及其经济效益密切联系。仓储活动的各项考核指标，是仓储管理成果的集中反映，是衡量仓储管理水平高低的尺度，也是考核评估仓库各方面工作和各作业环节工作成绩的重要手段。因而，利用指标考核管理手段，对加强仓储管理工作，提高管理的业务和技术水平是十分必要的。

利用指标考核仓储工作的意义具体表现在以下几个方面：

1. 有利于仓储现代化管理水平的提高

仓储的每一个指标都反映某部分工作或全部工作的一个侧面，通过对指标的对比和分析，能发现工作中存在的问题。特别是对几个指标的综合分析，能发现彼此间联系，找出问题的关键所在。通过对比分析，能激发仓储管理人员自觉地钻研业务，提高业务能力以及管理工作的水平。

2. 有利于落实仓储管理的经济责任制

仓储的各项指标是实行经济核算的根据，也是衡量仓储工作好坏的尺度，要推行仓储管理的经济责任制，实行按劳取酬和各种奖励的评定，都离不开指标的考核。

3. 有利于推动仓储设施装备的现代化改造

仓储活动必须依靠技术设备才能正常进行，而在仓库里，如果设施装备落后，利用率低，则通过对指标的考核，就会找出仓储作业的薄弱环节，对消耗高、效率低、质量差的设备，进行挖潜、革新、改造，并有计划、有步骤地采用先进技术，提高仓储机械化水平。

4. 有利于提高仓储的经济效益

经济效益是衡量仓储工作的重要标志，通过指标的考核，可以对仓库的各项活动进行全面的测定、比较、分析，选择合理的储备定额、仓储设备、最优的劳动组合、先进的作业定额，提高储存能力、作业速度和收发保养工作质量，降低费用支出，加速资金周转，以尽可能少的劳动消耗获取尽可能大的经济效益。

5.4.3 仓储管理绩效评估的原则

为了保证仓储管理考核工作的顺利进行，使指标能起到应有的作用，在制订考核指标时必须遵循如下原则：

1. 科学性原则

科学性原则要求设计的指标体系应能够客观、如实地反映仓储管理的实际水平。

2. 可行性原则

可行性原则要求指标简单易行，数据容易得到，便于统计计算，便于分析比较，现有人员很快能够灵活掌握和运用。

3. 协调性原则

协调性原则要求各项指标之间相互联系互相制约，应使之相互协调，互为补充，不能使指标间相互矛盾或彼此重复。

4. 可比性原则

在对指标的分析过程中，很重要的是要对指标进行比较，如现在与过去比较，与其他单位比较等，所以要求指标必须具有可比性。

5. 稳定性原则

指标体系一旦确定之后，应在一定时间内保持相对稳定，不宜经常变动、频繁修改。在执行一段时间之后，通过总结，可以进行不断的改进和完善。

5.4.4 仓储管理绩效评估指标的管理

在制订了相应的仓储管理指标体系之后，为了充分发挥指标在仓储管理中的作用，应做好以下几项工作：

1. 仓储管理指标的归类管理

仓储管理的各项主要指标的完成情况与每个员工的工作情况有直接关系。为了更好地完成计划指标，首先需加强指标管理的领导。仓库管理人员和领导对指标重视与否是问题的关键，如果仓库管理人员和领导懂得指标的意义和重要性，掌握了指标管理的方法，就能自觉地按照客观经济规律的要求，充分利用经济指标这一重要手段，来提高仓库管理水平。同时，要充分发挥各职能管理机构的作用，将各项指标按职能管理机构归类，例如由调运部门负责管理吞吐量、发运速度、装卸搬运质量等指标；由库存管理部门负责接收速度、保管质量、仓库利用率等指标；劳动工资部门负责管理劳动生产率等指标；财务部门负责管理仓库储存成本等指标。实行指标归类管理、分工负责，使每项指标从上到下，层层有人负责，形成一个完整的指标管理体系，保证指标的全面完成。

2. 指标的分解和分级管理

在现代化仓储管理中，应将反映仓储综合管理水平的综合指标进行层层分解，层层落实。这些指标在仓库各部门、各班组直至每个职工都可以表现为一些具体的指标。为了确保指标的完成，并使每个职工明确自己的责任，应做好指标分解，层层落实到各部门、班组和个人，使每级部门、每个职工都有自己明确的职责和奋斗目标，将指标管理建立在广泛的群众基础之上。

3. 开展指标分析，实施奖惩措施

在现代化仓储管理中，应定期开展指标执行情况的分析，这也是改善仓库管理，促进仓库技术改造，提高仓储经济效果的重要手段。只有通过指标分析，才能对仓库的作业活动作出全面评价，透过现象揭示本质，找出问题的原因，提出解决方法，提高仓库管理水平。另外，应定期组织对指标分析结果的奖罚，把指标完成情况的好坏与每个部门、员工的利益密切结合起来。

5.4.5 仓储管理绩效评估指标体系

为了提高储运企业或部门的经济效益和业务、技术、操作水平，要进行认真的经济核算工作。进行经济核算，就必须有明确的经济技术指标体系。

仓储部门常用的经济技术指标见下表，包括储存数量、储存质量、储存效率、经济性和安全性指标五大类。

这些指标构成了仓储管理的比较完整的指标体系，它从多个方面反映了仓储部门经营管理、工作质量以及经济效益的水平。

5.4.6 仓储管理绩效评估指标分析

货物仓储工作的各项考核指标是从不同角度反映某一方面的情况，如果仅凭某一项指标很难反映事物的总体情况，也不容易发现问题，更难找到产生问题的原因。从客观评价出发，必须合理确定指标体系的规模。指标太少，当然处理简单，但缺乏全面性和综合性；指标太多，则使建模复杂，并可能掩盖对象间的差异性。因此，要全面、准确、深刻地认识仓储工作的现状和规律，把握其发展的趋势，必须对各个指标进行系统而周密的分析，通过一定的操作进行优化，以便发现问题，并透过现象认识内在的规律，采取相应的措施，使仓库各项工作水平得到提高，从而提高企业的经济效益。在这里介绍一种常用的指标分析方法。

经济指数指标表

评价内容	评价指标
货物储存数量指标	计划期货物吞吐量
	库房使用面积
	货场使用面积
	单位面积储存量
	职工人数
	设备数量指标
货物储存质量指标	账货相符率
	收发货差错率
	货物的损耗率
	平均保管损失
	平均收发货时间
	货物及时验收率
	设备完好率
货物储存效率指标	仓库利用率
	设备利用率
	劳动生产率
	资金使用效率
	货物周转速度指标
货物储存经济性指标	平均储存费用
	利润总额
	资金利润率
	收入利润率
	人均实现利润
	每吨保管货物利润
货物储存安全性指标	各种事故的大小和次数

价值工程

要提高仓储的经营效益，无非是采用开源和节流的方法，降低成本便是为了节流。

在降低成本开支的分析方法中，价值工程（Value Engineering，VE）是一种较有效的方法。价值工程方法就是追求采用一种成本更低的方法来达到与原先相同的功能、目的和任务。

价值工程又称价值分析（Value Analysis，VA），它是一门新的管理技术，是一种以提高产品价值为目标的定量分析方法。价值工程从功能研究开始，利用集体的智慧，探索如何合理地利用人力与物力资源，乃至时间和空间资源，提供能够满足客户的价廉物美的产品或劳务。

价值工程是1947年由美国人麦尔斯创立的。第二次世界大战期间，美国军火工业获得很大发展，随之出现原材料供应紧张问题。当时在通用电气公司任采购科长的麦尔斯负责寻找解决短缺物资，他根据实际经验，加上对供应工作的钻研，提出“如果得不到所需的材料和物品，可以想办法获得它的功能”的设想。于是，他便从研究材料代用问题开始，发展到对功能进行分析与研究，逐步总结出一套保证功能的价值分析方法，经过不断完善，于1954年被美国海军船舶局采用，为突出工程含义而改称为价值工程。到20世纪60年代，它开始传入日本等国家。现在，价值工程已被公认为是一种行之有效的现代化管理技术。它不仅可以用于开发新产品、新工艺，也可以用于专用设备的设计制造、设备更新改造和重点设备的修理组织等方面，以提高设备管理工作的经济效果。

（1）价值工程的定义

所谓“价值工程”就是通过集体智慧和有组织的活动对产品或服务进行功能分析，使目标以最低的总成本（寿命周期成本），可靠地实现产品或服务的必要功能，从而提高产品或服务的价值。仅从设备管理的角度考虑，价值工程是在满足设备所需性能、可靠性和维修性的前提下，使总费用达到最小的一种系统方法。价值工程中“价值”不同于政治经济学中的商品价值。在这里，价值是作为一种“尺度”提出来的，即“评价事物（产品或作业）有益程度”的尺度。相对而言，价值高，说明有益程度高、效益大、好处多；价值低，说明有益程度低、好处不大。这一概念在人们的生活中是不乏其例的，比如当事人做事欠妥时，别人可以说：“你做的这件事毫无价值。”此时“价值”二字的含义，显然是价值工程中的价值概念。再如人们购买商品时总要考虑一下它能做什么，质量如何，花这么多钱买它值不值得。假如功能完全一样，而价格不同的两种商品可供选择，人们就会认为价格低的那种商品的价值高，也就愿意买它。

价值工程的一般表示式为：

$$V = F/C$$

式中：V——价值系数；

F——价值化了的功能；

C——成本（寿命成本）。

仅从设备管理角度考虑，则

V——设备或某些维修作业的特定价值；

F——设备或维修作业的功能；

C——设备或作业的成本。

（2）价值工程的特点

①以提高产品价值为目的。也就是用最低的寿命周期成本实现必要的功能，使客户和企业都得到最大的经济利益。因此，价值工程不是单纯降低费用，而是以满足客户要求为前提，在保证产品必要功能和质量的条件下，以最低的寿命周期费用使产品具有这种功能。

②以功能分析为核心。价值工程不是通过一般性措施来降低成本，而是通过对功能的系统分析，找出存在的问题，提出更好的方法来实现功能，从而达到降低成本的目的。这样降低成本，就有了可靠的依据，方法更科学，因而也就能取得比较大的成果。

③一种依靠集体智慧所进行的有组织、有领导的系统活动。利用价值工程研究提高产品的价值，要涉及整个生产过程和各部门、各单位的工作，因此必须依靠全体职工，有计划、有组织地进行。

（3）价值分析的基本步骤

①选择对象仓储管理由许多环节组成，现代化改良的过程中，如果要对所有环节都进行价值分析既无必要，也不经济。因此，必须采用一种方法找出部分环节作为价值工程的重点改进对象，这就是通常采用的ABC分类法。这种方法就是质量管理所说的排列图法，或叫帕累托法。通过这种方法找出占成本80%左右，占所有环节20%以下的主要环节作为重点对象。

②搜集情报确定主要环节之后，就可以围绕这些环节来搜集经济情报，情报的内容包括完成这些环节所需的单位工时、单位成本、采用的方法和设备等。

③功能分析。当价值工程对象确定后，便着手对围绕它搜集到的有关情报资料进行功能分析。价值工程的主要工作就是系统地分析仓储的环节和工作及采用的方法、设备等的功能，找出提高价值的途径。

（4）进行价值工程分析的基本原则

采用工程分析法对仓储管理进行绩效分析，必须遵循以下三条基本原则：

①消除浪费，排除无用的环节和工作。

②尽可能采用标准化和规范化方法。

③经常分析有无更好的方法可以替代现在使用的方法。

5.4.7 提升仓储管理绩效的方法

仓储管理的目标是提高企业的仓储服务水平，降低仓储成本，实现仓储效益和效率的最优化。要达到这一目标，仓储管理就必须采取相应的方法来提升本部门的业务绩效水平，并且对仓储活动的成本和费用支出进行严格的管理，这样才能改善工作效率，实现优质的物流服务，确保物流成本降低，从而达到经营目标。

有效地提升仓储管理绩效大致有“硬件”和“软件”两个方面的内容。“硬件”就是要进行大规模的投资，全面引进先进的仓储设备等工作设施及开发和导入完善的仓储管理信息系统；“软件”则是要进行仓储工作现场管理与作业方式的改善，通过物流员工自身的努力来达到使绩效提升的目的。

1. 硬件方面：引入信息技术，提升作业水平

现代信息技术和网络技术以及高科技物流设备的应用是现代物流业不断发展进步的基础。为提升仓储型物流企业的作业水平和作业效率，增加企业竞争力，进行综合信息改造，建立仓储管理信息系统很有必要。信息系统应用后，提高了客户服务水平，设计了库内定位码放，优化了工作流程，规范了工作程序，实现了管理者对仓储各业务部门和作业环节的实时跟踪和监控，加速了信息流在企业内部和企业间的流动，实现了信息共享和统计自动化，提高了工作效率。

（1）信息技术应用于客户服务

由于客户对服务、价值等方面的期望越来越高，物流管理和作业必须以客户为导向，重新定义和设计客户服务的内容。企业需要通过改善物流管理，提高服务质量，降低价格，吸引新的客户，提高企业竞争力和市场营销效果。收集客户信息，建立客户档案，将客户概况（包括客户名称、通信地址、法人代表姓名、注册资本金、注册地、企业性质、所属行业、上级主管单位、投资人、企业组织框架图等）、客户基本生产状况、客户产品资料、客户产品市场营销状况、客户仓储运用情况、客户运输情况、客户物流成本支出及仓储、运输保险情况的基础数据输入系统数据库进行集成管理，并适时更新。引入客户关系管理，开展客户服务。对企业所有现有客户及潜在客户有针对性地进行管理，以维系现有客户，开发新客户，提高现有客户的服务水平，扩大现有客户的业务作业量，同时系统有能力对相关数据进行分析，最大限度地帮助客户改进产品生产销售和物流现状，实现与客户的双赢。进行客户满意度的调查。系统设计各种不同形式的报表，对客户服务进行跟踪管理并制作档案，进行客户服务调查，计算客户满意度。

（2）信息技术应用于库内码放定位设计

经过系统分析，根据仓库具体条件，规划货物的存放区域，并设计库内码放定位系统，绘制出库区货物码放图，使每种货物都有明确的码放定位，账、卡、物形成了一一对应关系，并明确标出要求保持的“五距”（顶距、灯距、墙距、柱距、堆距）及主通道和消防通道等。

（3）信息技术用于仓库作业

信息技术应用于仓库作业的全过程中，从入库作业、储存保管作业，库内包装和分拣作业及出库作业实行程序操作，在向系统输入客户资料和货物资料后，对不同客户及其货物进行管理，并可对所有客户货物进行分仓库、分时间、分货品、分货位或分客户实行库存管理。

①入库作业。根据系统提示确认接待人员身份（如身份证号、内部人员工号等）核对随货同行单据。从计算机中直接调出数据，进行货物数量确认、品种确认、及时性确认，并对条形码进行检查。及时发现货物入库过程中出现的异常并及时处理，直接修改和确认数据库文件。

②上架管理。输入货物信息，系统自动提示货物需要摆放的空间及货架特征。根据设备指示完成货物的定位摆放。这样既可提高上架速度，又可提高库位的利用效率以及仓库管理的整体效率。

③分拣管理。系统接到提货信息后，指导发货人员依照顺序取货，并按照货物单元或者客户单元直接操作打包、条形码扫描并打印输出包装标签，一次性完成所有作业，提高了效率，减少了由于多环节协作带来的混乱和等待。

④储存管理。对库内环境和货物进行各种监测、抽检，系统自动记录、统计计算并分析各种数据；对环境情况和货物情况给出指导性建议，并进行有效控制；对货物进行盘点，对多个商品或单个商品准确复核，及时检查，生成各种报表，实现实时库存管理。

⑤出库作业。出库作业是入库作业的反过程。首先要根据提示确认提货人的身份（如身份证号码、货单位、门店代码、内部人员的工号等），并核对提货单据和计算机所收到提货信息是否一致。录入信息，修改和确认（后台）数据库文件。按系统提示备货装货，打印货物清单，并要求提货人确认。对于误差直接输入计算机并输出误差数据。输入记录关联的物流信息，比如运输单位到达时间、作业人员和设备特征（如车牌号码等）。

（4）信息技术应用于统计管理

实现实时库存管理仓库每接收或发出一件货物，所有相关方面的库存就会自动变化，相关部门和客户可及时得知货物在库“进、出、存”的实时情况，在第一时间内准确掌握货物的在库状况。

实现统计自动化，自动生成日报表、月报表及各种有关统计报表，计算货物吞吐量，库房占用率等各种数据，汇总、统计各种经济指标并且对其销售趋势、销售地域、销售差异以及利润进行分析。

2. 软件方面：以客户为中心，提高服务质量

企业经营讲究的是效益，仓储部门的效益就是工作量的大小。提高仓储部门服务水平的关键是实现以最小的支出获得最大的经济效益。这对仓储部门提出了新的更高的要求。如果仓储管理工作仍停留在简单的收、发、管上，势必同当前物资供应工作的高要求形成明显落差。因此，仓储部门要提高效率和效益，就必须转换思想，以客户为中心，在提升服务水平上下苦功。

（1）将器材质量监督作为首要工作

健全以质量检测站为首，分库、站为基础，班组为核心的部门内部质量保证体系，深入施工现场、作业车间对器材质量进行监控，变器材的质量事后把关为事先预防，以优质的物资质量取信客户。

（2）把降低器材价格作为关键工作

物资供应仓储系统在审核物资入库通知单时，应将所进器材的报价与网络报价进行比较，对高出网络报价的器材，及时向上级部门进行咨询；超过合同价格的物资应坚持拒之门外。通过灵敏快速的市场价格信息网络，按照物资价格的变动和市场供求变化的规律，及时与上级主管部门合理调整入库器材的价格，发挥仓储部门的批量与价格优势，用看得见的实惠赢得客户，有了客户才有生存的空间，才能有效益。

(3) 利用卖方市场和仓储的优势，大力开展代储代销业务

例如，在油田器材经营中，在加大零库存保油田生产的同时对油田所需的部分量大、动态预测性差的器材，应积极吸引生产厂家进库设点，签订代储代销协议，建立稳定的供需关系，使其长期为企业所用，这种新型的物资供应方式有以下优势：

①可以减少资金占用，节省银行利息支出。

②可以缓解油田资金紧张局面，避免物资积压浪费。

③采取用后付款方式，避免因产品质量问题而造成的经济损失。

④节省运费和差旅费。

6 商品养护与仓储安全

商品养护是指对储存商品所进行的保养和质量维护。从广义来说，商品离开生产领域，未进入消费领域之前，这一段过程的保养与维护都称为商品养护。商品储存是商品养护的必要条件，商品养护是商品储存的必然产物，有商品的储存就必然有商品养护和仓储的安全管理。

6.1 商品养护概述

6.1.1 商品养护的概念、目的和任务

1. 商品养护的概念

商品养护是指商品在储运过程中所进行的保养和质量维护工作。商品从离开生产领域而未进入消费领域之前这段时间的保养与维护工作，都称为商品养护。商品养护是一项综合应用性技术工作，需要针对商品的不同特性积极创造适宜的储存条件，采取适当的措施来保证商品储运的安全，保证商品的质量和品质，减少商品的损耗。

2. 商品养护的目的

商品在自身变化和外在环境变化的双重影响下，其储运损耗及其质量的降低几乎不可避免。商品养护的目的就是最大限度地降低商品自然损耗，避免或减少商品损失，维护商品质量，保护商品的使用价值，保障企业经济效益的实现。

3. 商品养护的任务

商品养护应贯彻“以防为主，以治为辅，防治结合”的基本方针。商品养护工作是为维护商品质量，提高企业的经济效益服务的。其基本任务是研究商品在储运过程中受内外因素的影响，质量发生变化的规律；研究安全储运商品的科学养护方法，保证商品的质量，避免或减少商品的损失。

6.1.2 仓储商品质量变化常见类型

商品储存期间，由于商品本身的性能特点，以及受各种外界因素的影响，可能发生各种各样的质量变化。归纳起来主要有物理变化、化学变化和生物学变化。

1. 物理变化

(1) 三态变化。商品的外表形态分为固、液、气三种形态。商品在一定的温度、压力条件下，会发生形态的变化。如松香、发蜡、蜡烛易熔化；酒精、香水、花露水易挥发。三态变化的结果消耗了商品，降低了质量。

(2) 串味。串味是指具有吸附性的商品吸收其他异味。饼干、茶叶和卷烟等易被串味，汽油、化妆品和农药等易引起其他商品串味，两类商品同处存放彼此吸收异味，会失去其使用价值。

(3) 渗漏。渗漏主要是指液态商品由于包装破损发生的跑、冒、滴、漏的现象。商品渗漏，与包装材料性能、包装容器结构及包装技术优劣有关，还与仓库温度变化有关。

(4) 沉淀。沉淀是指含有胶质或易挥发成分的商品在温度等因素的影响下，引起部分物质的凝固，进而发生的现象。常见易沉淀的商品有墨水、雪花膏、饮料等。

(5) 玷污。玷污是指商品外表沾有其他脏物，染有其他污秽的现象。商品玷污主要是储存过程中卫生条件差或包装不严造成的。

(6) 干裂。干裂是指有些商品在储存过程中，由于环境干燥，引起的失水、干缩、开裂的现象。如肥皂在干燥的环境中就会干缩，一些乐器也会干裂。

(7) 机械变化。机械变化是指商品在外力作用下发生的形态变化。如商品开裂、破碎、变形等。

2. 化学变化

(1) 氧化。氧化是指商品在空气中氧的作用下发生的反应。如棉、麻、丝等纤维制品若长期与日光接触会变色变质；桐油制品表面的桐油被氧化而放热，使温度升高，引起自燃。

(2) 分解。分解是指某些不稳定的商品，在光、热、酸、碱以及潮湿空气的影响下，由一种物质生成两种或两种以上物质的变化现象。如双氧水、漂白粉等都是易分解的物质。

(3) 腐蚀。腐蚀是指物质接触周围的介质（如酸、碱、氧气及腐蚀性气体等），其表面受到破坏的变化现象。金属的锈蚀是其中的一种。

(4) 风化。风化是指含结晶水的商品在一定温度和干燥空气中失去结晶水而使晶体崩解变成非结晶状态无水物质的现象。

(5) 老化。老化是指某些以高分子化合物为主要成分的商品，在光、氧、热及微生物等的作用下，出现发黏、龟裂、变脆、失去弹性、强力下降、丧失原有优良性能的变质现象。常见易老化的商品有橡胶、塑料、合成纤维等。

3. 生物学变化

(1) 霉腐。霉腐是指由于霉菌在商品上生长繁殖而导致的商品变质现象。如粮食及其加工制品、水果蔬菜及其干制品、茶叶、酒类、皮革、纺织品、鞋帽、卷烟、中药材都非常容易发生霉腐。

(2) 虫蛀鼠咬。商品在储运过程中，经常遭受仓库害虫的蛀蚀或老鼠的咬损，使商品体及其包装受到损坏，甚至完全丧失使用价值。

（3）生理生化变化。生理生化变化是指有机体商品在生长发育过程中，为了维持其生命活动，其自身发生的一系列特有变化。如鲜活食品的呼吸作用，果菜类商品的后熟作用，鲜蛋的胚胎发育。

6.2 储存期间商品质量变化的影响因素

商品储存期间，发生质量变化的因素有两个方面，一是商品本身的自然属性，包括商品的物理性质、机械性质、化学性质、化学成分、外观形态、内部结构，它是影响商品质量变化的内因；二是储存环境，包括温度、湿度、日光、氧气、微生物、害虫等，它是影响商品质量变化的外因。

1. 空气温度对商品质量的影响

气温是影响商品质量变化的重要因素。温度能直接影响物质微粒的运动速度。一般商品在常温下，都比较稳定，高温会促进商品的挥发、渗漏、熔化等物理变化及各种化学变化，而低温又容易引起某些商品的沉淀，温度忽高忽低，会影响到商品质量的稳定性，此外，温度适宜时会给微生物和仓库害虫的成长创造有利条件，加速商品腐败变质和虫蛀。

2. 空气湿度对商品质量的影响

空气的干湿度称为空气的湿度。空气湿度的改变，能引起商品的含水量、化学成分、外形或体态结构发生变化。湿度下降，将使商品因放出水分而降低含水量，减轻重量，如水果、蔬菜、肥皂等会发生萎蔫或干缩变形，纸张、皮革制品等失水过多，会发生干裂或脆损，湿度增高，商品含水量和重量相应增加，如食糖、食盐、化肥等易溶性商品结块、膨胀或进一步溶化，钢制品生锈，纺织品、竹木制品、卷烟等发生霉变或被虫蛀等，湿度适宜，可保持商品的正常含水量、外形或体态结构和重量。

3. 空气中的气体对商品质量的影响

（1）氧气

氧气是活泼的气体，能与许多商品直接化合，使商品变质，有生命力的商品也需要用氧气来进行呼吸作用。氧气同商品的呼气、燃烧、腐蚀、霉变、老化、虫蛀等有直接的关系。

（2）二氧化碳

二氧化碳是光合作用不可缺少的成分，有生命力的商品进行光合作用会影响仓库的温度和湿度。它可以抑制某些仓库害虫的微生物的繁殖、生长，但会加速金属的腐蚀。

（3）其他气体

氮气化学性质比较稳定，商品若储存在氮气的环境中，能大大降低其变质的速度。二氧化硫、硫化氢等气体污染空气，能引起或加速商品的腐蚀、脆化、变色等质量变化。

4. 日光对商品质量的影响

日光中含有热量、紫外线、红外线等，它对商品起着正反两方面的作用：一方面，日光能够加速受潮商品的水分蒸发，杀死杀伤微生物，在一定条件下，有利于商品的保护；另一方面，某些商品在日光的直接照射下，又发生破坏作用。如日光能使酒类挥发、油脂加速酸败、橡胶塑料制品迅速老化、纸张发黄变脆、药品变质等。

5. 仓库害虫对商品质量的影响

仓库害虫大都来源于农作物或杂草，由于长期生长在仓库中，其生活习性逐渐改变，变得更加适应仓库环境。仓库害虫一般耐热、耐旱、耐干、耐饥，具有一定的抗药性，繁殖能力强，食性广而杂。纺织品中的棉、麻、毛、丝原料及其织品、皮革制品、农副产品、木制品、纸制品、粮食等蛋白质、脂肪、纤维素含量较高的商品容易遭受虫蛀或鼠咬。

6. 卫生条件对商品质量的影响

商品本身、商品包装材料以及仓库内的卫生条件对商品质量变化也有影响。卫生条件不良，容易使灰尘、油垢、垃圾、腥臭等污染商品造成某些外观疵点和感染异味，而且还为微生物、仓库害虫创造了活动场所。

6.3 商品养护技术和方法

6.3.1 仓库温湿度的控制

1. 温度的变化规律

空气的温度是指空气的冷热程度，简称气温，是近地面大气的温度。气温高时表示空气热，气温低时表示空气冷。库温是指仓库内空气的温度。品温则是指仓储商品体和商品表面的温度。

（1）气温变化规律

①气温的年变化

气温的年变化是指空气温度在一年之内有规律的变化。

气温在自然年月中，周而复始地呈现着春、夏、秋、冬的四季变化。一年中最高的气温日内陆出现在7月，沿海为8月；最低的气温日内陆出现在1月，沿海在2月；平均气温均在4月底和10月底。一年中月平均气温的最高值与最低值之差称为气温的年较差。

②气温的日变化

气温的日变化是指温度在一昼夜之间的变化情况。

在一昼夜中，最高值在午后2~3点钟，最低值在凌晨日出前，交替出现，形成白天热、夜间冷，中午暖、早晚凉的变化规律。一个昼夜中最高气温和最低气温的差值，称气温日变幅，气温日变幅的大小，受地域、地形、季节、土壤等因素的影响。

③气温的非周期性变化

气温的非周期性变化是指在时间上没有规律的气温变化。它是不正常的偶然性的变化。如霜冻、寒流、暖流、风、雪、雾、雨等都会造成气温的突然变化。

（2）库温变化规律

库内空气温度的变化主要受大气温度变化的影响，随着大气温度的变化也相应地发生规律性变化。库内气温的变化，不论日变化或年变化，都与库外气温的变化规律大致相同。

①气温逐渐升高或降低时，库温也随着升高或降低，库温主要随气温变化而变化。

②库温变化的时间，总是落后于气温变化 1～2 小时。

③库温与气温相比，夜间库温高于库外，白天库温比库外低。

④库温变化的幅度比气温变化的幅度小。库内的最高温度低于库外的最高温度，最低温度高于库外的最低温度。

2. 湿度的变化规律

空气湿度是指空气中水汽含量的多少或空气干湿程度，简称湿度。空气中含水汽量越多，空气湿度越大；空气中含水汽量越少，空气湿度就越小，即空气越干燥。空气湿度的表示方法有绝对湿度、饱和湿度、相对湿度、露点等。

绝对湿度：是指单位体积的空气中实际所含水蒸气的质量。温度越高，水蒸气蒸发越多，绝对湿度越大。

饱和湿度：是指在一定湿度下单位体积中最大限度能容纳水蒸气的量。空气的饱和湿度随着温度的升高而增大，随温度降低而减小。

相对湿度：是指在某一特定气温和气压下空气绝对湿度与饱和湿度的百分比，即：

$$相对湿度 = 绝对湿度/饱和湿度 \times 100\%$$

它表示了空气中实际水含量达到饱和状态的程度。相对湿度越大，空气越潮湿，水分越不易蒸发。

（1）空气湿度变化规律

①绝对湿度的变化规律

一般来说，绝对湿度是随着温度的升高而增加，随着温度的降低而减小的。绝对湿度的变化也有年变化和日变化两种情况。

绝对湿度的年变化，基本上与气温的年变化相一致。由于夏季温度高，水分蒸发比冬季强。因此一年之中，绝对湿度最高值出现在 7～8 月份，最低值出现在 1 月份。

绝对湿度的日变化有两种类型：一是单峰型，单峰型日变化是指每日之中出现一次最高值和一次最低值。这种类型的变化与气温的变化相一致，多出现在海岛、沿海地区，以及大陆上的秋冬季节；二是双峰型，双峰型的日变化是指在一日之中出现两次最高值和两次最低值。在日出前出现第一次最低值，8～9 时达到第一次最高值，14～15 时出现第二次最低值，20～21 时出现第二次最高值。

②相对湿度的变化规律

相对湿度的变化规律有一个显著的特点：它是随气温的升高而减小，随气温的降低而增大。相对湿度也有年变化和日变化两种类型。

在我国内陆干燥地区，一年之中的相对湿度的最高值出现在冬季，最低值出现在夏季。在季风地区，最高值出现在夏季，最低值则出现在冬季。

在一日之中，在气温最低的日出前，相对湿度最高；日出后逐渐降低，到14～15时相对湿度达到最低值；以后又随气温的下降而逐渐升高；到次日日出前又达到最高值。但在沿海一带的夏季，海风含有较多的水蒸气，这种风在13～15时最强，因此这时相对湿度最高。

(2) 库内湿度变化规律

库内的空气湿度，主要是受库外空气湿度的影响。但库房建筑结构和储存商品的状况等对库内湿度也有一定的影响。

库内绝对湿度的年变化，基本上与库外绝对湿度的年变化相一致。库内绝对湿度的日变化主要随库外湿度的影响而变化，但其最高值和最低值也有落后于库外和变化幅度小的特点。

库内相对湿度的变化，主要是受库温的影响。日变化与年变化基本上与库外相似。但是，一日内只出现一次最高值和一次最低值，变化幅度也小。

3. 温湿度的测定

为了科学地控制与调节仓库的温湿度，应该根据实际需要，设置一些必要的科学仪器设备，观测有关温湿度管理的气象要素。测定空气温湿度的仪器有很多种，仓库里常用的有干湿球温度表、最高最低温度表、自记温度计、自记毛发湿度计、电子测温测湿仪等。

在库内，观测仪器一般应安置在空气流通、不受阳光照射的地方，挂置高度与人眼持平，约1.5米，每日定时对库内的温湿度进行观测记录。定期分析，摸出规律，以便掌握商品保管的主动权。

4. 控制和调节仓库温湿度

控制和调节仓库温湿度的方法很多，常用的主要有密封、通风和吸湿。

(1) 密封

密封就是利用防潮、绝热、不透气的材料把商品尽可能地严密封闭起来，防止和减弱外界温湿度对商品的影响，以达到安全储存的目的。

密封材料：密封材料有多种多样，凡是绝热性、防潮性较好的材料，都可以作为密封材料。防潮纸、油毡纸、塑料薄膜、稻谷壳等都是常用的密封材料。

密封形式有：

①整库密封。整库密封就是将整个库房全部密封起来。它适宜存量大，出入动态不大、整进整出或有特殊要求的商品。

②整室密封。整室密封即库内小室密封，一般用于数量不大，需要分隔密封保管的

商品。

③整垛密封。整垛密封就是针对整进整出或流动性不大的大宗商品，利用防潮隔热材料，将商品货垛上下四周封闭起来的密封方法。

④整柜密封。整柜密封指将整个货柜严密地封闭起来的方法。对于出入库频繁、零星而又怕潮易霉、易干裂、易生虫、易腐蚀的商品，可以采用整柜密封。

⑤整件密封。整件密封主要是指将商品的包装严密地进行封闭，一般适用于数量少、体积小的易霉、易锈蚀商品，如皮革制品、竹木制品、金属制品、乐器、仪表等。

密封应注意以下的相关事项：

①密封前要全面检查商品的质量、温度和含水量是否正常。若发现商品霉变、虫蛀、发热、发黏、含水量过高或有其他变质现象，则不宜立即密封，须经剔除和杀虫灭菌处理后方可密封。

②要根据商品性质、当地气候条件来确定密封的时间。如易霉变、易溶商品要抢在雨季到来之前密封；怕热易熔化的商品，应在气温较低的4、5月份密封；怕冻商品应抢在寒冷季节到来之前密封。

③库房或商品密封后，要经常检查商品含水量和其他质量有无变化，随时观测库内温湿度的变化情况，若发现商品异状或温湿度不正常，应及时采取有效措施。发现库内渗水，漏水，应及时修缮，以保证密封的严密封闭性。

（2）通风

通风是根据空气自然流动的规律，利用库内外空气压力差，组织库内外空气自由交换，以达到调节库内温湿度的目的。

通风形式有以下几种：

①通风降温。某些怕热易发生三态变化的商品如双氧水、氨水等化工用品，对温度的要求比较高，对这类商品，在夏季只要库外温度低于库内时就可以进行通风。

②通风升温。针对某些怕冻商品，当库外温度高于库内温度时，可以采用通风办法升温。

③通风降湿。易霉腐、溶化、锈蚀的商品可以通过通风来降湿。利用通风散潮，来降低库内的相对湿度，首先应该对比库内、外绝对湿度的高低，然后再考虑气温与相对湿度的高低。一般说来，当库外空气的相对湿度和绝对湿度都低于库内时，可以通风；库外温度和绝对湿度都低于库内，而相对湿度稍高时，也可以通风；库内外温度接近，库外相对湿度比库内低，或库内外的相对湿度接近，而库外温度较库内低时，都可以通风；库内外绝对湿度接近，而库外温度稍高，但相对湿度低，在这种情况下，如果库内相对湿度很高，急需降低时，也可以考虑通风。

④通风增湿。有些商品怕干，如竹木制品，可采用通风方法增加相对湿度。当库外相对湿度高于库内相对湿度时可以通风增湿，当库外温度低于库内温度而相对湿度等于库内温度时，也可以通风，随温度降低可提高库内相对湿度。

通风方法有以下几种：

①自然通风。自然通风是开启库房门窗和通风口，让库内外空气自然交换。当库外无风时，自然气流的交换主要是靠库内外温差和由此产生的压力差来进行。在这种情况下，主要开启上部或下部进出空气的通风口和窗户。如果库外有风，库内外空气的自然交换，主要是靠风的压力来进行。应将库房迎风面上部出气口关闭，开启背风面上部出气口。除此之外，库房的门窗和通风口可全部开启，以加速通风。为了提高通风效果，可以更合理地安排开启门窗的次序。

②机械通风。机械通风是在库房上部装设排风扇，在库房下部装设送风扇，以加速库房内外的空气交换。也可以在进风处装置空气过滤设备，以降低空气湿度及温度，然后送入库房，以保证进入库房的空气有最好的温湿度条件。

通常是将自然通风和机械通风配合使用，以加快通风的速度，提高通风效果。

在对库房进行通风时，应注意以下几点。

①明确通风的目的，依据商品储藏特性，有目的地组织通风。

②根据本地区常年性与季节性的气候变化规律，结合库房条件和商品储藏特性，掌握有利的通风时期，及时组织通风。

③注意设置导风板，使通风上下曲线串流、左右曲线串流、直线串流，提高通风效果。同时要注意苫垫和码垛顺着进风口方向，以有利于垛底的通风。

(3) 吸湿

吸湿是与密封紧密配合，用以降低库内空气湿度的一种有效方法。在梅雨季节或阴雨天，当库内湿度过大，又无适当通风时机的情况下，在密封库里常采用吸潮的办法，以降低库内的湿度。常见的吸湿方法有吸潮剂吸湿和机械吸湿。

①吸潮剂吸湿。吸潮剂具有较强的吸湿性，能迅速吸收库内空气中的水分，从而降低相对湿度。常见的吸潮剂有生石灰、氯化钙、硅胶，此外还有分子筛、炉灰和木炭等。

②机械吸湿。机械吸湿即使用空气去湿机吸湿，降低库内相对湿度的方法。

6.3.2 金属制品的养护与处理

金属（或合金）与周围介质接触，发生化学作用、电化学作用或物理熔解所引起的破坏现象，统称为金属的腐蚀。金属腐蚀对金属材料制品带来很大危害，不仅减少了商品本身的重量，更重要的是降低甚至破坏了金属制品的质量，特别是精密机床和仪器仪表的腐蚀，会严重降低其使用性能甚至报废。

1. 金属腐蚀机理

金属腐蚀按其发生的机理不同，可分为化学腐蚀和电化学腐蚀。

化学腐蚀是指金属在干燥气体或非电解液的作用下，与某些物质直接发生化学作用所引起的腐蚀现象。如金属在高温下的氧化，或常温干燥环境中受二氧化硫、氧、二氧化碳、氯化氢、硫化氢等气体作用和非电解质溶液的化学作用，均属化学腐蚀。钢铁制品热加工时，表面所生成的氧化皮（黑锈）就是典型的化学腐蚀。

电化学腐蚀是指具有不同电极电位的金属相互接触，在有电解质溶液存在的情况下，电极电位低的金属作为阳极，电极电位高的金属作为阴极，两极之间有电流产生，所引起的金属腐蚀现象。电化学腐蚀要比化学腐蚀更普遍，危害性也更大。

金属的耐腐内在因素是金属本身的化学成分、组织结构、理化性质、表面状态、应力状态等，外界因素则主要有湿度、温度、大气、灰尘等。

2. 金属防锈措施

（1）保障储存条件

①选择适宜的保管场所。应尽可能选择远离有害气体和粉尘的厂房，远离酸、碱、盐类物质或气体，储存场所应该具有良好的排水系统。货场要用碎石或炉灰垫平，增强地表层的透水性，以保持库区的干燥。

②保持库房干燥，保持库房及储存场所的清洁。

③妥善码垛和苫盖。不同的金属材料应采用不同的存放方法，不同种类的金属材料存放于同一地点时，必须有一定的间距，码垛时应注意垫高垛底，加强垛下的通风能力。

④保护材料的防护层或包装要完整。如果包装损坏，应进行修复或更换；包装受潮时，应对包装材料进行干燥处理。

⑤坚持定期的质量检查，并做好质量检查记录。

（2）涂油防锈

涂油防锈是一种最常见的防锈方法，它是在金属表面涂一层油脂薄膜，在一定程度上使大气中的氧、水分子以及其他有害气体与金属表面隔离，从而防止或减少金属制品的生锈。涂油防锈法，简单易行，一般效果也较好，此方法属于短期的防锈法，随时间的推移，防锈油逐渐消耗，或者由于防锈油的变质，而使金属制品生锈，所以用涂油法防止金属制品生锈要经常检查，发现问题要及时采用新的涂油措施，以免造成损失。根据防锈油形成膜的性质，可以分为软膏防锈油、硬模防锈油、油膜防锈油。除防锈油外，凡士林、黄蜡油、机油等也可做防锈油脂。

（3）气相防锈

气相防锈是利用气相缓蚀剂在金属制品周围挥发出缓腐蚀气体，阻隔空气中的氧、水分等有害因素的腐蚀作用，从而进行防锈的方法。气相缓蚀剂又称挥发性缓蚀剂，必备的两个条件是：常温下具有一定的挥发性；化合物分子结构中，与水作用能分离出具有缓蚀作用的基团。气相缓蚀剂挥发出的气体能充满制品的包装容器空间，吸附于金属表面上，以达到阻隔锈蚀的作用，防锈效果一般可达2年，有的甚至可达10年。因而广泛用于金属制品的防锈。常用的气相缓蚀剂有：亚硝酸二环已胺、肉桂酸、福尔马林等。气相缓蚀剂是靠气体达到防锈目的的。气体无孔不入，可充满包装空间、空隙和小缝中，因此它适用于结构复杂、不易为其他防锈法所保护的金属割件的防锈，如精密量具、仪器、机床、滚动轴承和其他精密制件等。具有封存期长、包装效率高、经济、美观等优点，但有些气相缓蚀剂存在不能用于多种金属组成的合件，气味较大，对手汗抑制力差等缺点。气相防锈的方法与形式主要有：粉末法、浸涂纸（布）法、溶液法。

（4）塑料封存防锈

塑料封存防锈有多种方法，较常用的有：

①收缩或拉伸塑料薄膜封存防锈。即利用具有热收缩性或拉伸性塑料薄膜，经收缩或拉伸处理后，紧紧将金属制品裹住，具有密封性好、缩小包装体积和省去外包装的优点。可用于多件金属制品集装和大型金属制品的包装封存。

②可塑性塑料封存防锈。它是以树脂为基础原料，配有矿物油、缓蚀剂、增塑剂、稳定剂和防霉剂等，经加热熔解制成的防锈包装。可塑性塑料主要有热熔型和溶剂型两大类，具体有乳胶型、溶胶型、薄膜型等。

③套封式包装防锈。它是常用的干燥封存的方法之一。将塑料薄膜按金属制品形状和体积预制成袋，再将金属制品装入袋内，放适量的硅胶等干燥剂，然后热合密封即可。也可用拉链式封袋口，并用专用胶布密封。制袋原料分单层聚合物薄膜和复合材料薄膜两大类，前者有聚乙烯、聚氯乙烯、聚丙烯、聚偏二氯乙烯等薄膜，后者由聚合物薄膜、补强材料金属箔或玻璃纤维以及黏胶等物质组成。

3. 金属除锈措施

根据金属制品价值、精密度和锈蚀程度，有手工除锈、机械除锈、化学除锈等方法，适用于金属制品的除锈。

（1）手工除锈

主要是通过手工擦、刷、磨等操作除去锈点和锈斑。既可用钢丝刷去锈，也可用砂纸或棉布、棉纱头擦锈和煤油洗锈等方法。钢丝刷除锈适用于大五金商品，如型钢、钢板、钢管、大型铸件等；砂纸擦锈适用于较粗糙的小五金商品，生锈严重时可使用砂纸打磨或蘸、浸煤油后打磨；棉布与棉纱头蘸去污粉擦锈，适用于表面光洁、锈蚀较轻的工具、仪器和乐器等，也可蘸牙膏或轻质碳酸钙粉擦拭；煤油洗锈即用纱布或刷子蘸上煤油或煤油清洗后擦拭，一般适用于精密仪器，如分析天平等。

（2）机械除锈

主要是通过板材除锈机、线材除锈机、管材除锈机、喷砂除锈机、滚筒式与布轮式除锈机等专用机械，除去金属材料和制品的锈迹。

（3）化学法除锈

利用一些酸类溶解铁锈而除锈的方法，有硫酸法、盐酸法、磷酸法、混合盐法和盐酸气体法等。由于盐酸和稀硫酸既能溶解铁锈，也对金属制品有腐蚀作用，因此最好在酸洗液中加适量酸洗缓蚀剂，以减轻对金属的腐蚀。酸洗除锈后用水冲洗，并放入3%～5%的碳酸钠液中进行中和，再用水冲洗，浸入沸水中，待金属制品升温后取出迅速干燥，最后进行涂油或采取其他措施防锈。

6.3.3 仓库害虫的防治

1. 仓库害虫的传播与扩散

仓库害虫一般个体较小，常常隐蔽在商品或包装物料用品中，不易被人发现。它非常容易到处传播与扩散，造成商品的巨大损失。仓库害虫的传播与扩散一般有两种途径：

（1）自然因素引起的传播与扩散

仓库害虫自身具有爬行或飞翔的能力，可以作一定距离的迁移，但这对害虫传播来说，其蔓延能力是有限的。在自然条件下，害虫的传播往往借助于动物的活动、风力等。如长角谷盗、锯谷盗、螨类等小型害虫，可以随着尘屑飘扬，遇到适宜的环境，就“定居”下来，不断地生长繁殖，继续危害。

（2）人为因素引起的传播与扩散

仓库害虫生活在各类商品之中，商品的生产、运输、储存、销售等经济活动都可能给予害虫传播的良好机会。例如，以农副产品为原料的商品（如卷烟、竹制品、纺织品、食品等），原料中带有害虫某一虫期的个体。当这些商品储运时，害虫在商品内滋生，并随着商品的调运传播到其他的地方去。运输工具、包装材料等同样存在这类问题。另外，受害虫感染的商品和未受感染的商品堆放在一起，也会给予害虫传播和扩散的机会。在仓库内外，凡尘屑较多、较隐蔽的地方如墙角、地脚、苫垫下面、废旧包装、杂物堆存处等，都是害虫滋生的好场所，对这类地区要加强清洁卫生工作。

2. 仓库害虫的防治方法

（1）物理防治

物理防治是用物理作用直接消灭仓库害虫，或恶化仓库害虫的生活环境条件，抑制虫害的发生。物理防治的主要方法有以下几种：

①机械防治。机械防治主要是利用人工操作或动力操作的各种机械来清除储藏物中的害虫。如粮食的虫害防治就可以用机械防治的方法。清理工作一般可在仓库外露天下进行，以免各种仓库害虫仍在仓库内蔓延。清理出来的虫灰，立即焚毁或深埋。机械防治的主要方法有：风车除虫、筛子除虫、竹筒诱杀、离心撞击机治虫等。

②高温杀虫。仓库害虫可以在一个适宜的温度范围内正常生长发育，生殖及生存。但是，如果超过这个温度范围，就会阻碍其生长，抑制产卵，延缓发育或导致生理变化甚至死亡。一般仓库害虫比较适宜的温度为18℃～35℃，超过35℃即影响仓库害虫的生殖。温度上升到40℃～45℃就到了仓库害虫活动仅能忍受的最大限度。温度升高到45℃～48℃，绝大多数仓库害虫即处于热昏迷状态，如果温度升到48℃～52℃，经过一定时间仓库害虫就会死亡。

③低温杀虫。低温杀虫是利用冬季的寒冷的空气或由人工产生的冷气来降低仓温，借以达到抑制害虫的发育、繁殖，甚至把害虫冻死的目的。一般仓库害虫的发育适温为28℃～38℃，最低发育温度为17℃～22℃；螨类的适温为15℃～30℃，最低发育温度为10℃～16.5℃。一般而论，仓库害虫生命活动的最低温度界限约为8℃～15℃，如果低于此温度，仓库害虫的发育与繁殖就会停止。当温度为4℃～8℃时，害虫即进入冷眠状态，这种温度若持续很久，也可致害虫于死，但如果温度回升，害虫仍可恢复活动。如果温度降到－4℃或更低，害虫即可死亡。低温杀虫的方法有：机械通风、机械制冷等。

④控制相对湿度。控制仓库环境的相对湿度，毫无疑问也是防治仓库害虫的有效方法之一。许多仓库害虫在50%相对湿度的干燥环境中即不能生殖。

⑤电离辐射。电离辐射是使害虫处于足够高的频率的强度和射频电场中，它们从电场中吸收能量，使体温迅速升高，最终导致死亡。

（2）化学防治

化学防治，即利用化学药剂防治害虫，此法的最大优点是：杀虫力强，防治效果显著。其缺点是：对人畜有毒，会给粮食带来不同程度的污染，以及引起害虫抗药性。目前，用于防治仓库害虫的化学药剂主要有以下几种类型。

①杀虫剂。一些杀虫剂接触虫体后，能穿透表皮进入体内，使害虫中毒死亡，为触杀剂；还有一些杀虫剂配成诱饵，被害虫吞食后通过肠胃吸收进入体内，使其中毒死亡，为胃毒剂。

②薰蒸剂。薰蒸剂是一种能够气化的并通过挥发气体毒杀害虫的化学药剂。它主要作用于害虫的呼吸系统，降低其呼吸率，导致其死亡。薰蒸剂具有渗透性强，杀虫效率高，易于通风散失等特点。当货物已发生虫害，或害虫潜藏在不易发现和不易接触的地方，用一般药剂防治不能立即收效时，便可使用薰蒸剂防治。常用的熏蒸剂有磷化铝、溴甲烷等。

③驱避剂。即利用固体药剂发出的刺激性气味与毒性气体，在商品周围保持一定的浓度，使得害虫不敢接近。

6.3.4 霉腐的防治

1. 商品霉腐的原因

在仓储条件下，商品霉腐的原因一般有：

（1）劣质霉腐

由于商品质量低劣，易受霉腐微生物侵害所造成的霉腐，称为劣质霉腐。如商品含水量过高，超过安全水分；未加防霉剂；含灰尘杂质过多，清洁程度差，寄附霉腐微生物量大以及使用淀粉性浆料、黏合剂等。

（2）吸湿霉腐

由于仓库外湿度过大，仓库门窗密闭不严，垛底无防潮层及铺垫不善，地面返潮，墙壁四角返潮，以及正常含水量与超过安全水分的商品混垛等，而引起的霉腐，称为吸湿霉腐。如在梅雨季节，库内阴面、四角、垛底层，多孔性物质的商品，极易吸湿发生霉腐。

（3）包装霉腐

由于包装材料含水量过高，未经防霉处理或使用了易于霉腐微生物生长的黏合剂，及材料不洁含霉腐微生物过多等，而引起的商品霉腐，称为包装霉腐。如外包装所使用的草绳、竹板，用淀粉糨糊粘贴都易发生霉腐，可蔓延至商品发生霉腐。

（4）受水霉腐

由于在运输、仓储过程中受雨、雪、水浸润而引起的霉腐，称为受水霉腐。如商品在运输中受雨，常有水迹。仓库漏雨，霉腐常发生在漏雨的局部，严重则可深入垛内。

（5）结露霉腐

由于温差结露而引起的霉腐，称为结露霉腐。商品含水量过高，特别是在昼夜温差过大时易发生结露霉腐。

2. 商品霉腐的防治方法

（1）加强库存商品的管理

①加强入库验收。易霉商品入库，首先应检验其包装是否潮湿，商品的含水量是否超过安全水分。易霉商品在保管期间应特别注意检查，加强保护。

②加强仓库温湿度管理。要根据商品的不同性能，正确地运用密封、吸潮及通风相结合的方法，管好库内温、湿度。特别在是梅雨季节，要将相对湿度控制在不适宜于霉菌生长的范围内。

③选择合理的储存场所。易霉腐商品应尽量安排在空气流通、光线较强、比较干燥的库房，并应避免与含水量大的商品储存在一起。

④合理堆码，下垫隔潮垫。商品堆垛不应靠墙靠柱。

⑤商品进行密封。

⑥做好日常的清洁卫生。

（2）化学药剂防霉

防霉腐最主要方法是使用防霉腐剂，防霉腐剂的基本原理是使微生物菌体蛋白凝固、沉淀、变性；或破坏酶系统使酶失活，影响细胞呼吸和代谢；或改变细胞膜的通透性，使细胞破裂、解体。防霉腐剂低浓度能抑制霉腐微生物，高浓度就会使其死亡。有实际应用价值的防霉腐剂需具有低毒、广谱、高效、长效、使用方便和价格低廉等特点。低毒是安全性的条件；广谱才能有较强的适应性；高效用量才能减少使用次数，提高使用方便性，降低成本和避免改变商品理化性能；长效才能确保商品长时间储存、使用。此外，防霉腐剂尚需适应商品加工条件，应用环境，与商品其他成分有良好相溶性，不发生化学变化，不降低商品性能等要求。防霉腐剂的使用方法主要有：

①加法：将一定比例的药剂直接加入到材料或制品中去，如食品、化妆品等。

②渍法：将制品在一定温度和一定浓度的防霉剂溶液中浸渍一定时间后晾干。

③涂布法：将一定浓度的防霉剂溶液用刷子等工具涂布在制品表面。

④喷雾法：将一定浓度的防霉剂溶液用喷雾器均匀地喷洒在材料或制品表面。

⑤熏蒸法：将挥发性防霉剂，如对硝基苯甲醛、环氧乙烷的粉末或片剂置于密封包装内，通过防腐剂的挥发成分防止商品的霉腐。

（3）气相防霉腐

气相防霉腐也是化学药品防霉腐方法之一。是非常有发展前途的方法。就是使用具有挥发性的防霉防腐剂，利用其挥发产生的气体，直接与霉腐微生物接触，杀死或抑制霉腐微生物的生长，以达到防霉腐的目的。有的在生产中将防霉腐剂直接加到商品中，有的是将其喷洒或涂抹在商品表面，有的需经浸泡。气相防霉腐是气相分子直接渗透于商品上，对其外观与质量不会有什么不良影响。为了提高防霉腐的效果，一般是在密封条件下进行。常用的气相防霉腐剂有多聚甲醛和环氧乙烷。

(4) 紫外线防霉腐

日光或紫外灯中含有大量的紫外线，有杀灭霉菌的作用，但紫外线穿透力弱，易被固形物吸收，使用范围受到限制，主要用于空气、表面和液状商品的灭菌。此外，空气在紫外灯照射下生成的臭氧，亦有灭菌作用。

(5) 微波防霉腐

物质在微波作用下，分子摩擦作用使温度迅速上升，同时，微生物吸收微波后亦引起温度升高，使蛋白质凝固，菌体成分破坏，水分汽化排出，促使菌体迅速死亡。

(6) 红外线防霉腐

由于空气几乎不吸收红外线，所以能直接到达加热物表面，加热物表面吸收后转化为热能，同时微生物也吸收红外线，使细胞内温度迅速上升，造成蛋白质凝固、核酸被破坏，菌体因体内水分汽化脱水而死亡。

6.4 商品储存期间的安全管理

6.4.1 仓库消防安全

1. 引起仓库内燃烧的主要因素

物资仓库中存在着大量的可燃物质，有机材料、化工材料，尤其是危险品库中的可燃、易燃和易爆材料，都是管理工作的重点；空气中的氧或库存物资中的氧化剂是助燃物质，也必须加强管理。但仓库防火的重点是火源管理。能引起火灾的火源很多，一般可以分为直接火源和间接火源两大类。

(1) 直接火源

①明火。通常指敞开的火焰。例如，使用油灯、蜡烛和电石灯照明；利用炭炉、煤炉和电炉取暖；在库内或库区焚烧树叶、杂草和包装物；打火吸烟等。

②电火花。例如，使用动力设备开启、闭合电路时接触部位产生的电火花，电路过载保险丝熔断时产生的电火花，以及瞬间短路时产生的电火花等。

③雷击。被雷击中，放电能量引起可燃物燃烧。

(2) 间接火源

①加热自燃起火。是由于外部热源的作用，把可燃物质加热到燃烧温度而引起，如摩擦撞击起火。

②本身自燃起火。是指在特定的条件下，某些物质的本身自发燃烧起火，如磷在常温下与空气剧烈氧化和分解所引起的起火。

通过上述分析可见，产生火灾的大部分原因是由于不遵守安全制度或没有严格执行安全操作规程所致。因此，只要加强管理是可以杜绝火灾发生的。对于犯罪分子纵火，应该通过加强治安管理，将其消灭在预谋之中。

2. 防火措施

①建立健全防火组织和消防制度。物资仓库应当建立以仓库主要负责人为首的防火组织。各个库房、料棚和货场也要有专人负责的防火灭火组织，平时要经常对职工进行思想教育，使全体职工能严格遵守仓库防火安全管理规则，并且应当有明确的分工，一旦发生火灾，各司其职，协作配合，做到忙而不乱。

②库房内的灭火设施设备要齐备而且要放在显眼的地方；一切防火灭火工具器材，如灭火器、消火栓、水源、消防沙袋等，都要随时处于良好的使用状态。每年有几次定期检查，不合格的、失效的要随时更换。

③定期对全体职工进行有关消防器材的使用、性能、维护的培训，使人人熟悉消防知识和灭火工具的使用。

④库内禁止使用明火，如需进行明火作业，如电焊、气切割，一定要在划定的范围内进行，并设置警戒人员，用完立即清查现场，清除火灾隐患。

⑤经常检查库内的输电线路、用电器具，发现隐患立即请电工清除。

⑥对于仓库内高大的建筑物和重点库房要设置良好的避雷装置。

⑦物资仓库内的化工等危险品和专门的火药仓库是重点的防火对象，对其要有更加详细的防火灭火措施。因为一旦它们发生火灾往往伴随着爆炸，这不仅仅会危及仓库本身，甚至还会危及周围的建筑和居民的生命财产安全。

3. 灭火方法及消防器材

（1）灭火方法

物质燃烧必须同时具备可燃物、助燃物和火源三个条件，所以灭火的基本方法就是设法破坏其中的一个条件，使燃烧过程中止。通常，与上述三个燃烧条件相对应的有三种灭火方法。

①隔离法。即将燃烧的物质与其周围的可燃物质隔离或移开。火势因缺少可燃物而停止。

②窒息法。即阻止空气流入燃烧区域，使燃烧物周围空气中氧的浓度低于维持物质燃烧的浓度，燃烧物因得不到足够的氧气而熄灭。

③冷却法。即冷却燃烧区的温度，使其下降到可燃物质的燃点以下，燃烧就停止了。

（2）仓库消防设备、器材

为了防止和消灭火灾，避免造成损失，仓库应按有关规定配备足量的消防设备。

①给、蓄、泵水设备。水是仓库消防的主要灭火剂，所以仓库应有足以保证消防用水的给、蓄、泵水设备。在无自来水设备，距自然水源较远的仓库应修水池、添置水桶（罐），以储备消防用水。有自来水设备的仓库。按仓库面积大小，合理设置消火栓。应保证在每一个可能着火点上有不少于两个水龙头可进行灭火。

②消防设备器材。消防设备器材是仓库灭火的重要救急工具，消防设备包括：水

塔、水泵、水池、消防供水管道、消防栓、消防车（水、干粉、泡沫）和消防泵等。消防器材主要是各种类型灭火机、灭火器、砂箱、大小水罐（桶）、斧、钩、锹等。消防器材的配置地点应按库房、货场的分布情况、库存商品性能及灭火方法等，根据分散摆布与集中摆布相结合的原则，合理布局，库房或货场货区，应按组将消防器材设在各个库房门口及货场的各个货区。各种商品因性质不同，灭火的方法也有差别；必须根据商品性质，正确选用适当的消防器材和扑救方法，这样才能有效地防止火灾事故的扩大和蔓延。

6.4.2 仓库排水防洪

1. 仓库排水

仓库排水是指库房建筑、露天货场以及道路上雨水和雪水的排除，以及库房周围积水的排除。排水和防潮关系极为密切，通过排水系统排除积水或渗漏水，可以消除或减少库区水源对商品的危害，是保证空气干燥、达到防潮目的的先决条件。

①库房建筑物排水。单层库房建筑物排水应主要考虑的因素有两个：一是屋面的坡度，二是屋面排水方式的选择。在多雨地区、出入库频繁的库房或楼库，应采用天沟、雨水斗及雨水管组成的有组织排水系统。而在少雨地区、一般的中小型库房则可以采用无组织的排水方式。

②库区货场排水。库区货场的排水主要包括露天货场排水和库区道路排水。露天货场排水直接影响着货物的保管，而库区道路排水则影响着装卸和搬运作业，因此必须有完善的排水设施。货场库区的排水一般均由规划设置的沟渠利用高度差形成的水的自然落差排出。因此，在场区规划时就应考虑到排水条件，设计纵、横、干、支等大小排水沟渠网络。排水沟渠有明渠排水系统和地下排水管道系统两种。

③地下仓库的排水补漏。地下仓库的排水补漏就是为了保证地下仓库内温度条件最大限度地不受地下水影响，以及仓库被覆层外的积水或渗漏进库内的地下水能及时排出库外，而进行的混凝土排水和修补工程以及管理。地下仓库的排水补漏管理，应根据仓库的具体情况、地下水的渗漏程度和渗漏部位采取不同的措施和处理方法。

2. 仓库防台、防汛

在受台风汛期影响比较频繁的仓库，应注意做好防台防汛工作。防台、防汛是仓储部门的重要工作。仓库防台防汛的主要措施有：

①建立防汛、防台风组织。重点单位要组织抢险突击队，明确由领导分管亲自抓，指定专人具体抓。在强台风、大雨、暴雨期间，要组织人员昼夜值班巡逻，发现险情立即向上级有关部门报告并组织抢救，避免或减少损失。

②改善商品储存条件，及时维修仓库。对漏雨的库房及破损门窗应尽早修好，排水沟要疏通，地势低洼的仓库要建防涝池，必要时做挡水坝，库房要做闸门，汛期时尽量减少商品库存，露天货垛尽可能转移到库内，如无法转移的商品库存应垫高盖密，封严捆紧，不使台风揭开油布和苫席，要经得起大风、暴雨的袭击。

③备足备好防汛物资设备。防汛所需的器材物资，如抽水设备、草包、麻袋、土、石料等，要按实际需要及早落实调运。险情大而又有条件的应做永久性的预防工程，如开挖较大的水池，配备电动机和柴油机水泵等设备。

6.4.3 仓库防盗与安全保卫

货物的防盗和安全保卫是仓储企业或部门的一项重要的工作。仓储企业或部门除了要明确一位主要领导负责治安保卫工作外，还应该建立各级治安保卫机构。一般来说，应根据仓库规模的大小、人员的多少、任务的繁简程度，适当地设置专职保卫科、组或警卫队、警卫员等专职机构或人员，专门负责仓储货物的防盗安全工作。各级组织都要明确负责人，明确职责和范围权限。

安全保卫工作可以分为对人员的管理和对货物的管理两个方面。在人员管理方面，对单位内部人员通常是用严格的规章制度来进行约束的。对单位外部人员的管理，主要是指对驻库员、押运员、车辆调度员、提送货人员、联系业务人员、临时工以及探亲访友等人员的管理，通过制定有效的安全保卫措施来进行。

对于一般货物的安全管理，应注意储存要分区分类，原则上要求不同类型货物不能混存，要有专人负责，保管员要经常检查。对稀有贵重金属材料及其成品、珠宝玉器及其他贵重工艺品、贵重药品、仪器、设备、化工危险品、特需物品等特殊货物的储存，除了要遵循一般货物的管理制度和公安部门的管理规定外，还要根据这些货物的性质性能和特点制订专门的储存管理办法。

除此之外，还需要建立健全仓库治安检查制度、治安防范责任制和奖惩制度等。

6.5 特种货物仓储管理

6.5.1 危险品仓库管理

危险品又称“危险货物”，是指容易引起爆炸、燃烧、中毒、腐蚀或有放射性的物品。危险品的特征就是危害性，但各种危险品的危害性具有不同的表现。危险品主要可分为以下几类：

1. 爆炸品

爆炸品指在外界因素（如受热、冲击等）作用下，能发生剧烈的化学反应而发生爆炸的物品。爆炸品化学性质非常活泼，常温下就有缓慢分解的趋向，受热、震动、撞击、摩擦时，短时间内发生爆炸，发出响声和形成冲击波，使周围环境受到破坏。爆炸品发生爆炸的难易程度，称为爆炸品的敏感度，爆炸品的敏感度越高，在外界因素作用下越易发生爆炸反应。有些爆炸品遇酸、碱、氧化剂、金属粉末（如铁、锌、锡等）等，也会发生化学变化而爆炸，且爆炸与燃烧往往同时发生，有的还会放出有毒气体，如一氧化碳、氧化氨、硫化氢、二氧化硫等。爆炸品爆炸反应速度极快，并释放大量热量和产生大量气体，瞬间产生高温、高压和很大的破坏力。

爆炸品可分为起爆器材和爆炸性药品两大类。起爆器材指用来引起炸药爆炸的制品。按被激发的爆炸形式，又分点火器材与起爆器材两类。点火器材主要有导火索、点火绳、点火棒、药筒火帽、信管火帽、底火、击发管、传火管、电发火管等；起爆器材主要是导爆线和各种雷管，其危险性极大，稍受外界因素作用，就可能发生爆炸。爆炸性药品则主要有二硝基苯、三硝基苯酚、硝基苯酚、硝基脲、三硝基甲苯（T·N·T）、环三次甲基三硝基等硝基化合物；硝化甘油、二硝化乙二醇、四硝化戊四醇等硝酸酯类；含氮12.5%以上的硝酸纤维素酯，如硝化棉、迭氮钠、迭氮铅、重氮甲烷等迭氮化合物和重迭氮化合物；浓度超过72%的过氯酸与浓度超过40%的双氧水等。另外还有发令纸、小口径枪弹、信号弹、猎枪子弹、焰火、花炮、火炬信号等也是常见的爆炸品。

2. 压缩气体与液化气体

压缩气体与液化气体是指经高压或降温后，压缩或溶解的气体。压缩、液化气体均储藏于耐压钢瓶内，具有受热膨胀的特性。当曝晒、明火、撞击和震动时，其内部压力超过容器耐压限度时就会发生爆炸。爆炸不仅会造成重大破坏，还会使瓶内气体迅速扩散，导致燃烧和散发有毒气体，造成巨大的灾害。

压缩气体和液化气体主要分为三类：

①易燃气体：如甲烷、乙炔、丙烯、丁二烯、氯乙烷、氧（氧气是大多数可燃物的助燃气体，而不是可燃气体，在这里将其归入可燃气体进行防护）、氯甲烷、一氧化碳等。

②不燃气体：包括无毒、不燃和助燃气体。不燃气体如氖、氮、氩、二氧化碳、氦、氟里昂等12种，它们的化学性质稳定，不燃，但有窒息作用，过量会使人窒息死亡；助燃气体如氧、一氧化二氮、压缩空气等。

③有毒气体：如氰化氢、氰、氟化氢、氯、液氯、光气、二氧化硫、溴甲烷、液氨、硫化氢等，逾量吸入人体即能使人死亡。

3. 易燃液体

易燃液体一般为有机化合物，其中多数是石油化工产品。易燃液体一般具有高度的易燃性、闪点低、挥发性很强、常温下易汽化，具有高度的流动性与扩散性等特性。大多数易燃液体还有不同程度的毒性。

4. 易燃固体

易燃固体指燃点低、对热和冲击敏感，遇火易燃的固体。它的主要特点是：燃点低、化学性质活泼，易与氧作用并放出大量热能，遇火、受热、接触氧化剂，甚至震动、撞击、摩擦就能引起燃烧，如赤磷、五硫化磷等；有的受热迅速升华，在固体表面形成蒸气层，遇明火立即燃烧，如硫磺、萘、樟脑等；有的还会产生有毒气体，如三硫化磷燃烧时产生二氧化硫和五氧化磷。

5. 自燃物品

自燃物品指燃烧点低，在空气中易发生氧化反应，放出热量而自行燃烧的物品。主要特点是燃烧点低，化学性质活泼，极易氧化并放出热量，达到自燃点即自行燃烧。如黄磷、三乙基铝在常温下和空气中迅速氧化自燃着火，黄磷还生成白色烟雾状的五氧化二磷，因此要用水浸没于厚实的铁桶中储藏。自燃物品主要有：黄磷、三乙基铝、硝酸纤维素胶片、铝铁熔剂、桐油制品、油纸、桐油漆布、油绸等。

6. 氧化剂

氧化剂指处于高氧状态，有强氧化性，易分解并放出氧和热量的物质。氧化剂的化学性质非常活泼，能强烈氧化其他物质，接触还原剂、酸、有机物或受热与外力作用，会发生化学分解而燃烧爆炸。氧化剂主要有硝酸钾、硝酸钠、硝酸银、硝酸铝、硝酸铜、硝酸钡等硝酸盐类；亚硝酸钡、亚硝酸钠等亚硝酸盐类；高锰酸钾、高锰酸锌等高锰酸盐类；过氧化钠、过氧化锌、过硫酸钠、过氯酸钾、过硼酸钠，以及三氧化铬、重铬酸钠、氯酸钾、氯酸铵、次氯酸钠、高碘酸、碘酸锌和溴化银等。

7. 毒害品

毒害品指进入肌体后，累积达一定的量，能与体液和组织发生化学作用或生物物理化学变化，扰乱或破坏肌体的正常生理功能，引起暂时性或持久性的病理状态，甚至危及生命的物品。毒害品虽有毒性或剧毒性，但却是医药、化工、化学农药等的重要物资，因此在经营和储运过程中，必须做好安全防护工作。毒害品引起人体中毒，主要有呼吸中毒、消化中毒、皮肤中毒等。

按毒害程度毒害品可分为剧毒品和有毒品两类。剧毒品是指具有剧烈毒害性的毒害品。主要有氢化钾、氢氰酸、氢化钠、砒霜、砷酸钠、硒酸、溴化硒、汞、有机磷农药，以及磷酸乙基汞、有机锡、生物碱中的马钱子碱、硫二甲酯、溴甲烷和四基铅等；有毒品则主要有可溶性金属盐类如钡、铅、锑、铍、铜等，不溶于水的氟硅酸钠、红丹等无机性毒品；某些农药、苯类、苯酚类、苯胺类、酯类、醛类和四氯化碳、氯仿、溴仿，以及生物中吗啡、咖啡因等有机性毒品。

8. 感染性物品

感染性物品指含有致病的微生物，能引起人体病症，甚至造成死亡的物质。如病毒、病原菌、细菌、菌苗、疫苗及其他致病微生物等。

9. 腐蚀品

腐蚀品指能灼伤人体组织，并对金属及其他物品造成损坏的固体与液体。它们具有较强的腐蚀性，与其他物质接触会发生化学变化，使接触物质表面受到破坏。挥发的蒸气与粉尘对人体呼吸道、黏膜、皮肤有毒害与灼伤作用。例如：人体吸入氢氟酸蒸气会引起肺水肿，极易溶于眼球液体中，造成视力永久性的破坏，甚至传至骨骼。

腐蚀品分为酸性腐蚀品、碱性腐蚀品和其他腐蚀品三类。酸性腐蚀品主要有硝酸、盐酸、发烟硫酸、硫酸，72%浓度下高氯酸、氯磺酸、氢氟酸，溴素、五溴化磷、二氧化硫等。碱性腐蚀品主要有氢氧化钠、氨水、硫化钾、四乙基氢氧化铵等。其他腐蚀品则有次氯酸钠、苯酚、甲醛等。

10. 放射性物品

放射性物品都具有穿透力很强的射线，照射人体或吸入其粉尘、蒸气，都会损伤人体细胞，引起放射病。商业危险品库中常见的有硝酸钍、硝酸铀、夜光粉等，储存和操作时应采取特殊的防护措施。

危险品安全储存措施。

(1) 严格入库验收

①根据入库凭证，核对货物的品名、来源、生产厂家、规格、批号、数量、危险品标志、压缩气体钢瓶合格使用期限和药品期限以及包装有无破损等。对有货无单或货单不符的商品，应单独保存，待查清后方可办理入库手续。

②查看包装有无破损、裂纹、渗漏、水浸、腐蚀、漏气、封口不严等。用水和油作稳定剂的物品，应特别注意检查容器是否有裂纹、砂眼，玷污包装上的易燃液体必须清理干净，检查包装是否合理，如油布等桐油制品是否为透风散热的方格木箱，三乙基铝是否装入钢瓶等。

③用看、听、嗅、摸、验来检查质量状况时，对毒品、剧毒品和腐蚀品不能用嗅和手摸方法检验。验收检查应在库外安全地点逐件检查，要检查重量的应过磅验收。

(2) 搞好分类储存和苫垫堆码

要根据危险品的特性，分区分类隔距保管。性质相互抵触能引起燃爆或灭火方法不同的，均不得同库存放。如氧化剂不得与自燃物品、强腐蚀品、亚硝酸盐类、氯酸盐类混存；同类氧化剂中无机与有机氧化剂、硝酸钠与过氧化物等不得混存；压缩与液化气体的液氨与液氯不得混存；无机毒害品不得与酸性腐蚀品混存等。

危险品的苫垫堆码应切实做到以下几点：

①堆码牢固、整齐、合理、节约仓位、易点数，做到不压坏底层物品，不超过地面负荷，便于通风散湿；

②严格执行危险品分类保管原则，按不同品种、规格、牌号、批次以及不同货主，实行分开定量码垛，每行、每层力求整数，便于清点和发货；

③码垛时包装标志一律向外，严禁倒向和标志朝下，桶装层应垫木板或橡皮胶垫，以防摩擦着火；

④堆垛不宜过高过大，一般以2.5m为限，铁桶一般不超过3个；

⑤堆垛垫高时爆炸品、易燃品和氧化剂不能用水泥条和石块，以免摩擦产生火花；

⑥气瓶应有专用木架，直立存放，如无木架亦可平放，但瓶口应堆向一方，每个瓶外套两个橡皮圈，并用三角木卡牢防止滚动；

⑦货垛间应立留一定间隔，便于检查和操作，要实行“五距”[①]；

⑧堆码时严禁用能产生火花的铁制工具，宜用铜或木制用具，机器操作应特别防止

---

① 墙距、堆距、柱距、灯距、顶距。

摔、碰、撞，更不得着地滚动。

（3）加强库房温湿度管理

库内温湿度高低，对危险品储存安全关系很大。低沸点、易挥发的易燃液体、氧化剂在高温作用下，会加速分解或放出可燃、有毒气体甚至燃爆；易燃爆物品大多有较强的吸湿性，有的吸湿溶化或降低使用性能，有的发生变质或腐蚀包装，为渗漏流失提供条件。

库房温湿度的控制应视不同危险品性质而定。如爆炸品库房相对湿度最好在75%以下，不宜超过80%，保持低温，但冬季储存胶质炸药，不得低于-10℃，以防药体变脆而发生危险；易吸湿的氧化剂要保持库内干燥，相对湿度不超过70%，一般氧化剂应保持在80%以下，最高不超过85%，库温以不超过28℃为宜，最高不超过35℃；易燃品要求25℃以下，最高不超过32℃；易自燃品库温不超过28℃，相对湿度不超过80%；毒害品一般要求库温不超过32℃，相对湿度86%以下；酸和碱性腐蚀品可存放于遮阳的货棚，其他腐蚀品应存放库内，并做好通风防潮工作。

（4）加强在库商品的质量检查

根据不同季节气候特点和库房条件，按危险品不同性质、储存时间、包装和质量状况，进行定期和有重点、有目的的检查。如进入酷暑和雨季前，对燃、爆点低的易燃品、怕潮氧化剂与炸药等，要进行重点检查；炎热夏季应对沸点低易挥发的易燃液体、爆炸品进行检查；寒冬之前只对水溶性或水作稳定剂的危险品进行经常检查。还应注意有毒气体的排除与净化。采取自然通风与机械通风降低库内的浓度，而净化处理一般则是利用净化装置，通过活性炭等吸附有害气体。

（5）把好出库关

危险品出库要经公安部门审批，按有关规定办理。出库时严格检查品名、规格、数量是否与出库凭证相符，包装不牢或破损须经修复后再出库。标签脱落或不清者，待弄清后才能发货，以免用户发生误用事故。出库一般不开封，不得在库内开封和使用铁制工具，称取炸药时要用非金属量具，禁止用铁勺取药粉。出库后，工作人员要及时清扫。

6.5.2 冷库管理

1. 冷库管理基本措施

冷库的使用应按设计要求，充分发挥其冻结、冷藏的能力，确保安全生产，保障产品质量，维护好冷库建筑结构。库房应设立专门机构和人员来管理，责任落实到人。冷库管理的基本措施有：

（1）冷库内要保持清洁干净，地面、墙、顶棚、门框上无积水、结霜、挂冰，随用随扫，特别是在作业后，应及时清洁。制冷设备、管壁上的结霜、结冰也应及时清除，以提高制冷功能。

（2）按货物所需的通风要求进行通风换气。通风换气的目的是为了保持库内合适的氧气和湿度，冷库一般采用机械通风的方式进行通风换气。

（3）为减少冷耗，货物出入库作业应选择在气温较低的时间进行，如早晨、傍晚、夜间。出入库作业时，应集中仓库内的作业力量，尽可能缩短作业时间。要使装运车辆离库门最近，缩短货物露天搬运距离，防止隔车搬运。在货物出入库中出现库温升至较高时，应停止作业，封库降温。出入库搬运应采用推车、叉车、运输带等机械搬运，采取托盘等成组作业，提高作业速度。作业中不得将货物散放在地坪上，避免货物、货盘冲击地坪、内墙、冷管等，吊机悬挂重量不得超过设计负荷，并注意不同温度情况下的负荷变化。

(4) 库内堆码严格按照仓库规章进行，选择合适货位，将长期储存的货物放在库里端，短期的货物存放在库门附近，易升温的货物接近冷风口或排管附近放置。根据货物形状合理地采用垂直叠码，货垛要求堆码整齐、货垛稳固、间距合适。货垛不能堵塞或者影响冷风的流动，避免出现冷风短路。堆码完毕在垛头上悬挂货垛牌。

(5) 冷库必须注意合理使用仓容，提高仓库利用率。要不断总结改进堆垛方法，安全、合理地安排货位和堆存高度，在楼板允许的负荷下，提高每立方米的堆垛数量。并且要求堆垛牢固、整齐，便于盘点、检查，进出仓方便。

2. 冷库人员安全

(1) 防止冻伤

进入库房的人员，必须加以保护防护，穿戴手套、工作鞋。身体裸露部位不得接触冷冻库内的物品，包括货物、排管、货架、作业工具等。

(2) 防止人员缺氧窒息

由于冷库特别是冷藏库内的植物和微生物的呼吸作用使二氧化碳浓度增加或者冷媒泄漏入库内，会使库房内氧气不足，造成人员窒息。因此人员在进入库房前，尤其是长期封闭的库房，需进行通风，避免可能的氧气不足。

(3) 避免人员被封闭库内

库门应设专人开关，限制无关人员入库，应在门外悬挂告示牌。作业班需明确核查人数的责任承当人，在确定人员出库后，才能撤除告示牌。

(4) 妥善使用设备

库内作业应使用抗冷设备，且进行必要的保温防护，不使用会发生低温损害的设备和用具。

6.5.3 粮仓管理

粮仓是实现粮食集中储存、逐步消费的手段。粮食本身具有呼吸性、自热性和易受虫害等特点。一般来说对粮仓管理的基本措施有：

1. 粮仓要保证干净无污染

①粮仓需要达到一定的清洁卫生条件，尽可能采用专用的粮筒仓。

②仓库能封闭，仓内地面、墙面进行硬化处理，不起灰扬尘，不脱落剥离，必要时使用木板，防火合成板固定铺垫和镶衬，作业通道进行防尘铺垫。

③金属筒仓应进行除锈防锈处理，确保无污染物、无异味。

④粮食入库前，应对粮仓进行彻底清洁，清除异物、异味。待仓内干燥无异味时粮食才能入库，地面条件不满足要求时，应采用合适的衬垫，如帆布、胶合板严密铺垫。

2. 保持干燥、控制水分

粮仓内不得安装日用水源，消防水源应妥善关闭，洗仓水源应与仓库有一定距离，并在排水下方。仓库旁的排水沟应保持通畅，无阻塞。对粮仓内随时监控湿度，将湿度控制在合理的范围内。仓内湿度升高时，要检查粮食的含水量；水量超过要求时，及时采取除湿措施。粮仓通风时，要采取措施避免将空气中的水分带入仓内。

3. 控制温度

粮食具有自热性，在温度、湿度较高时，自热能力就更强。在气温高、湿度大时，要控制粮仓温度，采取降温措施。每日要测试粮食温度，特别是内层温度，及时发现自热升温。当发现粮食自热升温时，及时降温，采取加大通风、进行货堆内层通风降温、内层释放干冰等，必要时进行翻仓、倒垛散热。

4. 防止火源

粮仓的防火工作有较高的要求，在粮食出入库、翻仓作业时，应避免一切火源出现，特别要注意对作业设备运转的静电、粮食与仓壁及传送带的摩擦静电的消除，粉尘遇火源也会爆炸起火，应加强吸尘措施，排除扬尘。

5. 防止霉腐

①严把入口关，防止已经霉变的粮食入库。

②避开潮湿货位，如通风口、仓库排水口、漏雨的窗门口，远离会雨湿的外墙，地面妥善衬垫隔离。

③加强仓库内温湿度的控制和管理，保持低温和干燥。

④经常清洁仓库，特别是潮湿的地角。

⑤经常检查粮食和粮仓，发现霉变后，要立即清除霉变部分的粮食，进行除霉和单独存放或另行处理，并有针对性地在仓库采取防止霉变扩大的措施。

⑥应充分使用现代防霉技术和设备，如使用过滤空气通风法、紫外线灯照射、释放食用防霉药物等。

6. 防虫鼠害

①保持良好的仓库状态，及时用水泥等高强度填料堵塞建筑破损、孔洞、裂痕，防止虫鼠在仓内隐藏。

②防止虫鼠随货入仓，对入库粮食进行检查，确定无害时方可入仓。

③经常检查，及时发现虫害鼠迹。

④使用诱杀灯、高压电灭杀，合理利用高温、低温、缺氧等手段灭杀。

7 仓储保税制度

保税制度是指经海关批准的境内企业所进口的货物在海关的监管下，在境内指定的场所储存、加工、装配并暂缓交纳各种进口税费的一种海关监管业务制度。其实，保税制度是一种关税制度，它是国家关税政策从保护转向促进经济发展过程中的一项重要内容。通过减轻企业关税负担和简化通关手续来鼓励国际贸易的开展。在欧洲海关立法中，把保税制度直接称为“经济关税制度”，定义中就体现了它促进经济发展的使命。

7.1 仓储保税制度概述

7.1.1 保税制度的概念和形成历史

保税制度最早出现在英国，中世纪以来，英国以及一些欧洲大陆国家的沿海地区和港口从特别关税的便利中获取很大的好处。1547 年，意大利在西北部的热那亚湾建立了被认为是世界上第一个具有保税性质的自由港——雷格亨自由港。1719 年，在奥皇查理六世时的意大利的里雅斯特已建立起免税仓库。德国汉堡港于 1881 年建立了自由港的模式。在 19 世纪以前，这些保税区域一般集中在欧洲的地中海地区，如意大利的热那亚、那不勒斯、威尼斯，丹麦的哥本哈根，葡萄牙的波尔多等。进入 19 世纪以后，随着航海技术的进步和国际贸易的发展，保税制度逐步扩展到印度洋、东南亚等地区，如直布罗陀、亚丁、新加坡、香港、澳门等。20 世纪以后，自由贸易区又在美洲大陆兴起，1936 年，在美国纽约市的布鲁克林建立了美国第一个具有保税性质的外贸区。无论这些免税区的名称是自由港、自由贸易区、保税区或是保税仓库。主要都是为了促进国际间的贸易而在一国的土地上提供一块保税的空间。

7.1.2 实行保税制度的几种形式

目前，在世界上建立的具有保税和贸易功能的经济区域，其政策和目的有所不同，在形式和规模上各有差异，名称也并不统一。当然，其基本功能大致相同，都是在划定的特殊区域内实行一定的优惠政策，以吸引国际投资，发展国际贸易，促进仓储和运输。实行保税制度有下面几种主要的形式：

1. 自由港

自由港是指在一国土地上划定的一块置于海关监管下的特别区域。该区域凭借优越的位置、优良的港口条件和先进的技术，以豁免货物进出口关税和其他优惠政策，来吸引外国商船、扩大转口贸易、开展货物储存及所允许的加工，以达到促进当地经济发展的目的。

2. 自由贸易区

自由贸易区通过减免关税等优惠政策来促进国际间贸易的发展。它利用其良好的条件吸引外商投资设厂，发展出口加工、金融、信息等产业。因此，自由贸易区是一块以贸易为主，兼有工商的多功能区域。它与免税贸易区、保税区等无明显差异，但开放自由度比自由港相对低些。

3. 出口加工区

出口加工区是设在一国划有一定范围的交通便利的、并提供相应设施的区域。在区域内，提供减免税等一系列优惠政策，以吸引外商投资。主要发展面向国际市场的出口加工业。

4. 保税仓库

保税仓库是为适应国际贸易中的时间和空间差异的需要而设置的特殊库区。货物进出该库区可免交关税。此外，保税仓库还提供其他的优惠政策和便利的仓储、运输条件，以吸引外商的货物储存和从事包装等业务。保税仓库的功能比较单一，主要是货物的保税储存。一般不进行加工制造和其他贸易服务。

7.2 保税仓库

7.2.1 保税仓库的定义

保税仓库就是指经海关批准，在海关监督下，专供存放未办理关税手续而入境或过境货物的场所。也就是说，保税仓库是获得海关许可的能长期储存外国货物的本国国土上的仓库，同样，保税货场是获得海关许可的能装卸或搬运外国货物并暂时存放的场所。保税期一般最长为两年，在这期间可将货物存放在保税仓库中。这个期间，经营者可以寻找最适当的销售时机，一旦实现销售，再办理关税等通关手续。如果两年之内未能销售完毕，则可再运往其他国家，保税仓库所在国不收取关税。

经海关批准未办理纳税手续入境，在国内储存、加工、装配后复出境的货物称为保税货物，这类货物如在规定的期限内复运出境，经海关批准核销；如果转为内销，进入国内市场，则必须事先提供进口许可证和有关证件，正式向海关办理进口手续并缴纳关税后，货物才能出库。

7.2.2 保税仓库允许存放的货物范围

在我国，保税仓库允许存放的货物范围包括以下几方面：

1. 缓办纳税手续的进口货物

主要包括进口国工程、生产等的需要，由于种种原因造成的预进口货物，储存在保税仓库内，随需随提，并办理通关手续，剩余的货物免税退还。也包括进口国情况变化、市场变化，而暂时无法决定去向的货物，或是无法做出最后处理的进口货物，这些都需要将货物存放一段时间。如果条件发生变化，需要实际进口，再缴纳关税和其他税费，这就使进口商将纳税时间推迟到货物实际内销的时间。

2. 需要做进口技术处理的货物

有些货物到库后，由于不适于在进口国销售，需要包装装潢，改包装尺寸或做其他加工处理，则可进入保税仓库进行这一技术处置。待到符合进口国的要求再内销完税，不符合的则免税退返或运往其他国家。

3. 来料加工后复出口的货物

为鼓励"两头在外"的国际贸易战略的实施，对有些来料加工，又是在保税区或保税仓库完成的，加工后，该货物复出口，则可存放于保税仓库。

4. 不内销而过境转口的货物

有些货物或内销无望而转口，或在该区域存放有利于转口，或无法向第三国直接进口而需要转口，则这类货物可存放于保税仓库中。

7.2.3 保税仓库的类型

按欧共体对保税仓库的分类，可以将保税仓库分成公共保税仓库、自有公共保税仓库、专用保税仓库、保税工厂、海关监管仓库几种形式。

1. 公共保税仓库

公共保税仓库是一种最普遍的保税仓储方式。在欧洲，它的开设需要由国家财政部审批。公共保税仓库的选址、建筑形式以及经营管理都必须经过海关的批准，以确保符合海关的监管条件。这类仓库面向公众，任何想利用保税仓库存储海关监管货物的人均有权使用。

对于一个保税仓库的具体运作，应按国家财政主管部门规定的经营方式制订相应的规则，理顺保税仓库的经营者与客户之间的关系。按规定，每个保税仓库均有一个主管海关机构进行监督管理，存入仓库的货物都必须到主管海关办理有关海关手续。保税仓库将由海关不间断监督，保税仓库的所有出口原则上均应加双道锁，其中一把由海关人员掌握，另一把由仓库经营者掌握。

2. 自有公共保税仓库

如果在一些贸易比较集中的地方，因贸易往来纯属地方性而不宜设公共仓库，或者公共仓库不能满足需要，或公共仓库远离货物运输的目的地时，可以开设自有公共保税仓库。这类仓库只需海关按决定的方式批准，主办者除可以是公共保税仓库的经营者外，也可以是从事公共仓储经营业务的任何组织和法人，甚至是自然人。自有公共保税仓库的管理条件与公共保税仓库基本相似，但海关原则上对其不实行不间断监管。

3. 专用保税仓库

专用保税仓库是由那些从事国际贸易的企业，经海关批准后，自己建立的自管自用性质的保税仓库。保税仓库内仅储存本企业经营的保税货物，并多设在其所属的区域内，除海关有监管权外，该类保税仓库是根据生产和贸易的需要而开设的，它不受地点限制。保税仓库的审批只需由海关以决定的方式批准，并规定仓库内存储的货物所应具备的条件即可。

专用保税仓库的申报由指定的海关管辖，并向其办理所有的海关手续。然而，由于储存地就是收货人的所在地。这类保税仓库可以享受较宽松的监管方式。海关手续可按简化的方式和就地结关程序办理。

4. 保税工厂

保税工厂是将整个工厂或部分专用车间置于海关的监管之下，专门从事来料加工，进件装配复出等业务。对于这类生产性的保税工厂，海关审批较为严格，对其加工项目的规定也作了严格的限制。

5. 海关监管仓库

海关监管仓库是一种主要存放已经进境而无人提取的货物，或者无证到货、单证不齐、手续不全以及违反海关有关规定等，而海关不予放行，需要暂存在海关监管下的仓库里等候处理的货物。海关监管仓库还可以储存已对外成交和结汇，但经海关批准暂不出境的货物。

这类保税仓库原先主要由海关自己管理，当贸易量不断增加，海关作为行政管理机构的行为逐渐规范后，这类保税仓库多交由仓储企业经营管理，海关则行使行政监管权。

7.2.4 保税仓库的作用

保税仓库对一个国家的经济，尤其是对外经济贸易的发展和科学技术交流，起着重要的促进作用。对我国来说，建立和改进保税仓库是贯彻执行中共中央关于沿海地区经济发展战略，深化外贸体制改革的一项重大举措。它有利于发展外向型经济、实行两头在外，大进大出，快进快出，缩短产品的生产周期，降低产品成本，提高经济效益，还有利于增强企业经济活力，提高竞争力，开拓国际市场，同时也便于海关加强对保税货物的监管。保税仓库的作用包括以下几个方面：

1. 有利于把外贸搞活，促进我国外向型经济的发展，提高对外贸易的经济效益

我国进出口货物，通常从向国外客户询价、签订合同开始到货物运抵我国口岸，至少需 3 个月甚至更长时间，更不用说看样货了。有了保税仓库，所需的货物存放在保税仓库里，签订合同前就可以看样货，签订合同后就可以从保税仓库提货，使进口货物很快到用户手里投入生产建设，大大缩短了交货期。在价格上也能获得好处，国际市场价格经常变动，国外商人了解我国是有计划的市场经济，计划批下来价格提高也得买。每当年终年初我方需要向国外采购时，价格往往上浮。一有了保税仓库，外贸企业看到国际市场价格下浮时，预先购进一批存入保税仓库，价格看好时，既可以再卖出去或者转口第三国，也可以内销进入国内市场。出口贸易亦如此，有些出口商品国际市场一时滞销，卖不出去，外商是进行多国贸易的，如同意其购买后暂不运出，存放在保税仓库，他就比较愿意成交。因为可以避免往返运输，而且我国仓租比发达国家相对便宜，节省了流通费用，比较容易成交并结汇，对我国扩大出口很有利。这就把外贸搞活了，经济效益自然提高。

2. 建立保税仓库还可以提高进口原材料的使用效益

过去生产同一种加工产品，原材料由生产企业自行组织多头进口，存在盲目性，另外各生产企业剩余原材料少，难以利用，使内销比重增大。建立保税仓库后，统一进料，按合同数量调出，有计划地用于生产，剩余原料及时统一调剂。对于加工生产外销产品的企业，在原材料国际市场价格较低的时候，将原材料购进存入保税仓库，不必每次受合同所限进口料件的影响，将来随用随取，使进料加工企业出口创汇大幅度地增加，经济效益非常显著。

3. 有利于对外开展多种贸易方式，对内便于进口设备维修

我国外贸企业利用保税仓库可以暂缓交纳关税的优惠条件开展多种贸易方式，如进口初级产品，进行简易加工、改包装后复出口，应用国际市场价格的变动和各国、地区间的价格差别和税收政策，开展转口贸易，从中赚取差价和手续费，能够取得相当可观的经济效益。

我国进口大批的车辆，过去由于不能及时得到维修的零部件，许多车辆难以及时修配，只能闲置，自建立了维修保税仓库，对维修期所需的零配件免征关税和产品税，对超过维修期的车辆所需的零配件，虽需要交纳税款，但可以从维修保税仓库中及时得到，社会效果很显著。

4. 有利于加强海关监管

随着对外经济贸易的发展，货运量的不断增加，各种灵活贸易方式也在发展，特别是来料加工，进料加工的料件，所生产的产品是复出口的。假若进口时海关征收关税，复出口时再退税，不仅对促进对外贸易的发展很不利，海关的工作也不胜其烦，即使简化手续，漏洞也很多，海关管不胜管。建立保税仓库后，等于发动仓库人员协同海关管理。海关主要是建立各种管理制度，对保税货物出入保税仓库实行核销监督管理。对加工企业实行抽查后重点核销，防止擅自内销的行为，提高了企业用料精打细算多出口的积极性，促进产品的外销比例，既严密了监管，又简化了手续。

5. 开拓保税仓库行业，增加国家收益

外贸仓储企业开展保税仓库业务，可以挖掘仓库潜力，充分发挥仓库的效能，为国家增加收入。保税仓库接受储存国内、外客户的保税货物，把相关的报关、装卸、运输，必要的加工、整理、修补包装、中转、保险、商品养护等服务都搞起来，使外贸仓库逐步发展成为综合性、多功能的商品流通服务中心，促进外贸的发展，在提高社会综合经济效益上作出积极贡献，自身的经济效益也提高了，又为外贸仓储事业开辟了一条有着广泛发展前景的经营渠道。

保税仓库对一个国家的经济，尤其是促进对外贸易的发展，有着很重要的作用，也是我国实行对外开放必不可少的措施。

7.3 储运货物保税制度的实施

海关对保税货物的管理是保证保税制度发挥其应有作用的关键。改革开放以来，我国海关在建立保税制度的多年实践中，已经形成了一套前期登记备案、现场查验、中期核查、后期核销的监管模式，并和有关部门配合形成了海关主管、企业自管、社会共管的多层次的监管体系，确保了国家进出口管理政策实施和国家财政利益，也保证了保税制度的健康发展。

7.3.1 保税货物的管理

海关对保税仓库货物管理集中在三个环节，即货物存入保税仓库时、在保税仓库中存放期间和货物从保税仓库中提出时。

1. 保税仓库货物入库监管

保税货物在保税仓库所在地口岸入境时，货物所有人（或经授权的代理人，下同）应当填写进口报关单（一式三份），随附有关单据，并在报关单上加盖“保税货物”戳记，同时注明此货物系存入某个保税仓库后，向海关申报。报关单还应该包含从仓库提货时计税需要的一些详细情况。经海关进行必要的查验放行后，海关留存一份报关单，其余两份由海关加盖“验讫章”后随货带交保税仓库经理人。保税仓库经理人应于货物入库后，立即在上述报关单上签收货物。报关单的一份自己留存，一份交回海关存查。

保税仓库未设在口岸或需从其他口岸进口保税货物时，货物所有人应按海关对转关运输货物的监管规定申请办理转关运输手续。货物运抵保税仓库所在地后，再按上述程序和规范向所在地海关申报和办理进入保税仓库的手续。

如果货物所有人不是保税仓库的经理人，则应在向海关办理上述有关手续时增加一份进口货物报关单，由海关盖章后退还给货物所有人留存。

如果货物不是存入公共保税仓库，则在向海关申报时需要提供担保。

一般贸易进口货物，非经海关核准的其他保税货物，不允许存入保税仓库。保税仓库经理购入或接受境外商人免费提供进口供保税仓库使用的货架、办公用品、管理用具、运输车辆、搬运起重和包装设备以及改装用的机器等，虽可允许在保税仓库内使用，但不属保税货物，应于进境时向海关办理正式进口完税手续。

2. 保税货物的储存监管

货物在仓库期间，允许进行一些规定的搬运活动，但该活动不能改变货物的数量和质量。在进行这些活动之前必须向海关进行申请，且这些处理需在海关的监管下进行。

保税仓库储存的保税货物，未经海关许可，任何单位和个人不得开拆、更换包装，也不得更改、加刷标记，更不得对保税货物进行加工。

海关对保税货物施加的封志，任何人不得擅自开启或者损毁。

各种保税仓库收存保税货物的储存期限不同，国家公共保税仓库为5年，企业公共保税仓库为2年，企业自用保税仓库为1年。如因特殊情况需要延期储存，应于期满前向海关提出延期申请，海关可酌情准予延期。但延期最长不得超过1年。对保税货物储存期满仍未办理进口或复运出境手续的，海关可以比照《海关法》的相关规定处理。

存入保税仓库的货物可以进行转让，在转让时要填写专门的报关单，以保证出让人的义务转让到受让人身上。这类报关单需要担保。

存入保税仓库的货物也可以进行转仓保管，但需要办理相关的手续。

保税货物在储存期间发生短少，除不可抗力的原因以外，其短少部分应当由保税仓库经理人承担交纳进口税款的责任，并由海关按有关规定进行处理。

3. 保税货物的出库监管

未经海关许可，任何单位和个人不得提取、交付、调换、转计、抵押保税货物。从保税仓库中提取供加工贸易用的进口料、件，货物所有人应事先持经贸主管部门批准的文件、合同等有关单证。向有关海关办理合同备案登记手续。海关根据贸易性质核发登记手册，货物所有人持有关登记手册，并填写加工装配或进料加工专用报关单和《保税仓库领料核准单》一式三份向海关申报进口。有关单据一份由批准海关留存，一份由领料人保存，一份由海关加盖放行章后交货物所有人。保税仓库经理人凭海关加印的领料核准章交付有关货物，并凭此向海关办理核销手续。

保税货物复运出口时，货物所有人应当填写出口报关单，一式三份，并交验进口时由海关加盖验证章的那份进口货物报关单，向当地海关办理复运进出口手续。经海关核查与实货相符后予以核销。

7.3.2 海关对保税货物管理存在的难点

我国的保税制度是在我国特殊的社会和经济环境下建立的，海关在监管保税货物时普遍感到有以下主要困难：

1. 管理法规滞后，难以满足工作需要

目前海关对保税货物管理的法规，除《中华人民共和国海关法》及其《实施细则》外，主要有《海关关于对外加工装配业务的管理规定》《海关对进料加工进出口货物的管理办法》《海关对外商投资企业进出口货物监管和征免税办法》以及《海关对保税仓库及所存货物管理办法》和《海关对加工贸易保税工厂的管理办法》等法规。这些制定于20世纪80年代中后期的政策法规难以完全适应目前加工贸易业务快速发展的现状和海关监管的自身需要，更难适应市场经济发展的要求，存在一定的滞后性和局限性。

2. 企业内部管理不规范，难以适应海关监管要求

一大批以乡镇企业为代表的加工贸易企业（包括外商投资企业），重生产轻管理、重外表轻内功、重进料轻核销的现象普遍存在。企业的财务制度、内部管理制度和反映原材料、成品生产、加工、库存、提取、发运（出口）等全过程的账册管理制度十分凌乱和欠缺，难以系统、全面、直观地反映企业的整个生产经营管理动态，更难以适应海关中后期管理和稽查工作的要求。

3. 海关核销难的问题难以彻底解决

随着市场经济和开放意识的不断增强，从事加工贸易的企业性质发生了根本性变化。20 世纪 80 年代，货物产权和销售权归属外方的来料为主的加工贸易业务已逐渐被两权均归中方的进料加工业务所替代，许多纯粹从事加工的单位逐渐摆脱外方的控制，开始自寻货源，自找市场，并走向国际市场。

加工贸易的变化与发展，给海关核销工作带来了许多新问题：

（1）企业对核销概念不清楚，思想不重视

报核不及时，补税不主动，填报不规范等问题时常发生。

（2）报核单证不齐全

海关对核销单证的要求是三证齐全、正确，但报关单短缺错位以及手册遗失之事屡见不鲜。

（3）异地加工货物海关管理难协调

由于目前还无法对异地加工做出硬性规定，各地做法不够统一。一方面造成有关企业来回奔波两头跑，两地海关相互推，另一方面以出现异地加工合同核销无人管，偷逃税严重。

（4）产品返销无保障

部分外商投资企业，包括有些产品出口型企业，虽然在料、件进口时签有对口合同（很大程度上是为了达到全额保税之目的），但由于先天不足或受市场行情、价格变化，或经营管理不善，或发生纠纷，甚至上当受骗、倒闭破产等诸多因素的影响，企业无出口渠道或经营发生困难，难以真正做到“两头在外”，有的企业甚至无力补缴税款或无法申领进口许可证等批件，使海关备案合同长期积压，成为“老大难”合同。

（5）海关忙于“穷追猛催”

由于上述种种现象，海关工作压力骤增，有关工作人员整天忙于“穷追猛催”和“耐心说教”的发函、去电、下厂等被动催办、宣传工作，无法集中精力，突出重点，加强中后期管理或推进有关业务改革。

4. 走私违法活动在保税渠道普遍存在

当前保税业务中普遍存在一定数量的、具有一定代表性的走私违法活动。

（1）“三假”

“三假”指以伪造海关单证（手册）、伪造海关印章（油）、假冒海关人员签字为方式的“三假”活动。“三假”活动危害严重，不仅扰乱了海关的正常监管秩序，还直接走私进口国家重点管理的市场热销商品和高税率商品，或瞒骗海关偷逃税款，牟取非法暴利。

(2) 倒卖、出售、串换保税货物

个别企业当生产经营遇到困难时，或国内市场更为有利可图时，就萌发出售、倒卖海关保税货物的念头，也有的企业为贪图小利直接将进口的保税料、件出售。或用国产货物代替出口，进行市场资源大串换，借以偷逃税款。

(3) 诈骗

一些不法分子为实现走私逃税目的，使用某个企业或公司的名义办理加工贸易手册，进口后立即倒卖，有关人员也随即逃匿，使海关无法追查。

7.4 我国仓储保税的政策

7.4.1 我国仓储保税制度的发展

货物保税制度在我国并不是一件新兴事物。事实上，鸦片战争以后，中国沦为半封建半殖民地社会，我国的海关大权落入外国列强手中。他们为了便于向我国倾销商品和资本以及掠夺我国的资源，在我国口岸建立了保税仓库。解放以后，保税仓库也就作为帝国主义侵略的产物而予以废止，从此以后的30年，保税仓库在我国便销声匿迹。

自改革开放以来，在扩大对外贸易中，逐步认识到重建保税仓库的必要性。为此，我国海关总署于1981年制定了《中华人民共和国海关对保税仓库及所存货物的管理办法》(简称《办法》)，但由于受当时改革开放之初种种条件的限制，《办法》中许多规定还较保守，如规定只有具备外贸进出口权的专业公司才能申请保税仓库的业务，并只能存放公司自己经营的进出口商品。在此后的发展中，一些限制逐步放宽，如经海关批准建立一些存放寄售、维修设备零件的保税仓库，供应国际航行船舶燃料的保税仓库等。到1988年，为了更好地适应我国沿海地区外向型经济的发展，我国修订了《中华人民共和国海关对保税仓库及所存货物的管理办法》，扩大了保税仓库的业务范围，规定凡属加工贸易复出口的进口货物，国际转运货物以及经海关批准可以缓税的货物，均可存入保税仓库。当然，我国的保税仓库制度还在发展之中，一些规定与国外的保税制度相比尚有差距。因此，有待在实践中进一步完善。

自1990年以来，在我国沿海口岸相继建立了一批保税区。1990年，我国第一个保税区——上海外高桥保税区批准建立，1991年又获准建立天津港保税区、深圳福田保税区、沙头角保税区，此后，又相继在宁波、福州、厦门、大连、张家港、海口、广州、青岛和汕头等13个口岸建立了保税区。目前，各保税区的运作状态良好。

我国的保税区具有以下特点：

①为保证取得最佳经济效益，保税区均由政府机构承办，其建立和运转须经国务院及

有关主管部门批准和控制；

②根据我国实际情况，保税区按照国际惯例和国际通行做法运作；

③可集中开展对外贸易和对外加工行业的经营活动，海关和政府将提供方便；

④有利于商品的二次集散。

7.4.2 针对保税仓库的管理政策

1. 设立保税仓库的申请

(1) 保税仓库申请条件

经工商行政管理部门注册登记，具有企业法人资格。其中申请公用型保税仓库的企业，经营范围中必须有仓储业务。

注册资本最低限额为300万人民币，具备向海关缴纳税款的能力。

具有专门存储保税货物的营业场所，申请经营特殊许可商品存储的，应当持有规定的特殊许可证件，申请经营备料保税仓库的加工贸易企业，年出口额最低为1000万美元。

申请设立的保税仓库应符合海关对保税仓库布局的要求，具备符合海关监管要求的安全隔离设施、监管设施和办理业务必需的其他设施，具备符合海关监管要求的保税仓库计算机管理系统并与海关联网，具备符合海关监管要求的保税仓库管理制度、符合会计法要求的会计制度，符合国家土地管理、规划、交通、消防、安全、质检、环保等方面法律、行政法规及有关规定。

申请设立公用保税仓库的，面积最低为2000平方米，申请设立液体危险品保税仓库的，容积最低为5000平方米，申请设立寄售维修保税仓库的，面积最低为2000平方米。

法律、行政法规、海关规章规定的其他条件。

(2) 申请时应提交的文件

①《保税仓库申请书》、《保税仓库申请事项表》；

②企业法人营业执照复印件；

③税务登记证复印件（国税、地税）；

④开户银行证明复印件；

⑤消防合格证书复印件；

⑥仓储用地土地所有权或使用权证明复印件；

⑦申请设立的保税仓库位置图及平面图。

(3) 申请的办理流程

企业申请设立保税仓库的，应当向仓库所在地主管海关提交书面申请，并备齐相关规定中要求的相关证明材料。申请材料齐全有效的，主管海关予以受理。申请材料不齐全或者不符合法定形式的，主管海关应当在5个工作日内一次告知申请人需要补交的全部内容。主管海关应当日受理申请之日起20个工作日内提出初审意见并将有关材料报送直属海关审批。

直属海关应当自接到材料之日起20个工作日内审查完毕，对符合条件的，出具批准文件，批准文件的有效期为1年。对不符合条件的，应当书面告知申请人理由。

申请设立保税仓库的企业应当自海关出具保税仓库批准文件1年内向海关申请保税仓库验收，由直属海关按照本规定第八条、第九条规定的条件进行审核验收。申请企业无正当理由逾期未申请验收或者保税仓库验收不合格的，该保税仓库的批准文件自动失效。

保税仓库验收合格后，经海关注册登记并核发《中华人民共和国海关保税仓库注册登记证书》（以下简称《保税仓库注册登记证书》），方可投入运营。

2. 保税仓库的管理

（1）海关对保税仓库的管理

海关对所属的保税仓库实施计算机联网管理，并可以随时派人员进入所属的保税仓库检查货物的入库、出库、保存情况及有关账册。仓储货物进行包装等变更时必须在海关的监管之下。海关认为必要时，可以会同保税仓库经营企业双方共同对保税仓库加锁或者直接派员驻库监管，保税仓库经营企业应当为海关提供办公场所和必要的办公条件。

海关对保税仓库实行分类管理以及年审制度。具体办法按海关总署制定的相关法规执行。保税仓库不参加年审的或年审不合格的，海关将注销其注册登记，并收回《保税仓库注册登记证书》。

保税仓库经营企业负责人和保税仓库管理人员应当熟悉海关有关法律法规，遵守海关监管规定，接受海关培训。

保税仓库经营企业应当如实填写有关单证、仓库账册，真实记录并全面反映其业务活动和财务状况，编制仓库月度收、付、存情况表和年度财务会计报告，并定期以计算机电子数据和书面形式报送主管海关。

保税仓库经营企业需变更企业名称、注册资本、组织形式、法定代表人等事项的，应当在变更前向直属海关提交书面报告，说明变更事项、事由和变更时间。变更后，海关按照本规定第八条的规定对其进行重新审核。

保税仓库需变更名称、地址、仓储面积（容积）、所存货物范围和商品种类等事项的，应当经直属海关批准。

直属海关应当将保税仓库经营企业及保税仓库的变更情况报海关总署备案。

保税仓库无正当理由连续6个月未经营保税仓储业务的，保税仓库经营企业应当向海关申请终止保税仓储业务。经营企业未申请的，海关应注销其注册登记，并收回《保税仓库注册登记证书》。

保税仓库因其他事由终止保税仓储业务的，由保税仓库经营企业提出书面申请，经海关审核后，交回《保税仓库注册登记证书》，并办理注销手续。

（2）对保税仓库中货物的管理

保税仓储货物入库时，收发货人或其授权的代理人应当持有关单证向海关办理货物报关入库手续，海关根据核定的保税仓库存放货物范围和商品种类对报关入库货物的品种、数量、金额进行审核，并对入库货物进行核对登记。

入库货物的进境口岸不在保税仓库主管海关的，经海关批准，按照海关转关的规定或者在口岸海关办理相关手续。

保税仓储货物可以进行包装、分级分类、加刷唛码、分拆、拼装等简单加工，不得进行实质性加工。未经海关批准，不得擅自出售、转让、抵押、质押、留置、移作他用或者进行其他处置。

下列保税仓储货物出库时依法免征关税和进口环节代征税。

①用于在保修期限内免费维修有关外国产品并符合无代价抵偿货物有关规定的零部件。

②用于国际航行船舶和航空器的油料、物料。

③国家规定免税的其他货物。

保税仓储货物存储期限为1年。确有正当理由的，经海关同意可予以延期；除特殊情况外，延期不得超过1年。

下列情形的保税仓储货物，经海关批准可以办理出库手续，海关按照相应的规定进行管理和验放。

①运往境外的。

②运往境内保税区、出口加工区或者调拨到其他保税仓库继续实施保税监管的。

③转为加工贸易进口的。

④转入国内市场销售的。

⑤海关规定的其他情形。

保税仓储货物出库运往境内其他地方的，收、发货人或其代理人应当填写进口报关单。并随附出库单据等相关单证向海关申报，保税仓库向海关办理出库手续并凭海关签印放行的报关单发运货物。

从异地提取保税仓储货物出库的，可以在保税仓库主管海关报关，也可以按照海关规定办理转关手续。

出库保税仓储货物批量少、批次频繁的，经海关批准可以办理集中报关手续。

保税仓储货物出库复运往境外的，发货人或其代理人应当填写出口报关单，并随附出库单据等相关单证向海关申报，保税仓库向海关办理出库手续并凭海关签印放行的报关单发运货物。

出境货物出境口岸不在保税仓库主管海关的，经海关批准，可以在口岸海关办理相关手续，也可以按照海关规定办理转关手续。

7.4.3 针对保税区的管理政策

1. 对保税区和保税区内企业的规定

保税区是海关监管的特定区域，保税区与其他地区（以下简称非保税区）之间，应当设置符合海关监管要求的隔离设施。

保税区内仅设置保税区行政管理机构和企业。除安全保卫人员外，其他人员不得在保税区内居住。在保税区内设立的企业（以下简称区内企业），应当向海关办理注册手续。

区内企业应当依照国家有关法律、行政法规的规定设置账簿、编制报表，凭合法、有效的凭证进行记账和核算，记录有关进出保税区货物和物品的库存、转让、转移、销售、加工、使用和损耗等情况。

保税区实行海关稽查制度。区内企业应当与海关实行电子计算机联网，进行电子数据交换。

海关对进出保税区的货物、物品、运输工具、人员及区内有关场所，有权依照海关法的规定进行检查、查验。

国家禁止进出口的货物、物品，不得进出保税区。

2. 对货物监管的规定

（1）对保税区与境外之间进出货物的监管

保税区与境外之间进出的货物，由货物的收货人、发货人或其代理人向海关备案。保税区与境外之间进出的货物，除实行出口被动配额管理外，不实行进出口配额、许可证管理。从境外进入保税区的货物，其进口关税和进口环节税收，除法律、行政法规另有规定外，按照下列规定办理。

①区内生产性的基础设施建设项目所需的机器、设备和其他基建物资，予以免税。

②区内企业自用的生产、管理设备和自用合理数量的办公用品及其所需的维修零配件，生产用燃料，建设生产厂房、仓储设施所需的物资、设备，予以免税。

③保税区行政管理机构自用合理数据的管理设备和办公用品及其所需的维修零配件，予以免税。

④区内企业为加工出口产品所需的原材料、零部件、元器件、包装物件，予以保税。

以上规定范围以外的货物或者物品从境外进入保税区，应当依法纳税。转口货物和在保税区内储存的货物按照保税货物管理。

（2）对保税区与非保税区之间进出货物的监管

从保税区进入非保税区的货物，按照进口货物办理手续。从非保税区进入保税区的货物，按照出口货物办理手续，出口退税按照国家有关规定办理。海关对保税区与非保税区之间进出的货物，按照国家有关进出口管理的规定实施监管。从非保税区进入保税区供区内使用的机器、设备、基建物资和物品，使用单位应当向海关提供上述货物或者物品的清单，经海关查验后放行。钱款、货物或者物品，已经缴纳进口关税和进口环节税收的，已纳税款不予退还。保税区的货物需从非保税区口岸进出口或者保税区内的货物运往另一保税区的，应当事先向海关提出书面申请，经海关批准后，按照海关转关运输及有关规定办理。

（3）保税区内货物的监管

保税区的货物可以在区内企业之间转让、转移。双方当事人应当就转让、转移事项向海关备案。保税区内的转口货物可以在区内仓库或者区内其他场所进行分级、挑选、刷贴标志、改换包装形式等简单加工。区内企业在保税区内举办境外商品和非保税区商品的展示活动，展示的商品应当接受海关监管。

（4）保税区内加工贸易货物的管理

区内加工企业应当向海关办理所需料、件进出保税区备案手续。区内加工企业生产属于被动配额管理的出口产品，应当事先经国务院有关部门批准。区内加工企业加工的制成品及其在加工过程中产生的边角余料运往境外时，应当按照国家有关规定向海关办理手续。在法律、行政法规另有规定外，免征出口关税。区内加工企业将区内加工的制成品、副次品或者在加工过程中产生的边角余料运往非保税区时，应当按照国家有关规定向海关办理进口报关手续，并依法纳税。区内加工企业全部用境外运入料、件加工的制成品销往非保税区时，海关按照进口制成品征税。用含有境外运入料、件加工的制成品销往非保税区时，海关对其制成品按照所含境外运入料、件征税；对所含境外运入料、件的品名、数量、价值申报不实的，海关按照进口制成品征税。

区内加工企业委托非保税区企业或者接受非保税区企业委托进行加工业务，应当事先经海关批准，并符合下列条件：

①在区内拥有生产场所，并已经正式开展加工业务。

②委托非保税区企业的加工业务，主要工序应当在区内进行。

③委托非保税区企业加工业务的期限为6个月，有特殊情况需要延长期限的，应当向海关申请延期，延期期限为6个月。在非保税区加工完毕的产品应当运回保税区，需要从非保税区直接出口的，应当向海关办理核销手续。

④接受非保税区企业委托加工的，由区内加工企业向海关办理委托加工料、件的备案手续，委托加工的料、件及产品应当与区内企业的料、件及产品分别建立账册并分别使用。加工完毕的产品应当运回非保税区企业，并由区内加工企业向海关销案。

海关对区内加工企业进料加工、来料加工业务，不实行加工贸易银行保证金台账制度。委托非保税区企业进行加工业务的，由非保税区企业向当地海关办理合同登记备案手续，并实行加工贸易银行保证金台账制度。

（5）对进出保税区运输工具和个人携带物品的监管

运输工具和人员进出保税区，应当经由海关指定的专用通道，并接受海关检查。进出保税区的运输工具的负责人应当持保税区主管机关批准的证件连同运输工具的名称、数量、牌照号码及驾驶员姓名等清单，向海关办理登记备案手续。未经海关批准，从保税区到非保税区的运输工具和人员不得运输、携带保税区内的免税货物、物品，保税货物，以及使用保税料、件生产的产品。

7.4.4 对外商投资企业物资公司进口物资保税管理

物资公司需持国家主管部门批准文件、工商管理部门核发的营业执照向所在地海关办理登记备案手续。物资公司应将主管部门批准的年度进口计划连同分配给物资公司的进口额度及主要商品开列清单，分别送有关进口地海关并抄送海关总署备案。

物资公司为供应外商投资企业所需进口的国内紧缺的原材料、散件、零部件、元器件、配套件、辅料和燃料属于保税货物，由海关实行监管。进口时，应持进口合同和

《进口货物报关单》等有关单证向海关申报，缓办纳税手续，存放于经海关批准的公共保税仓库或者物资公司自办的保税仓库内。海关根据《中华人民共和国海关法》和《中华人民共和国海关对保税仓库及所存货物的管理办法》进行监管。

供应外商投资企业的国内物资，不准存入保税仓库。

外商投资企业向物资公司购买存入保税仓库的进口货物，应按从境外进口货物的规定办理报关手续。属于实行进口许可证管理的商品，应向海关交验进口许可证。物资公司已按规定向海关交验进口许可证的，外商投资企业在购买上述保税货物时，可免交进口许可证。属于为履行产品出口合同所需的料、件，有关企业应向海关交验出口合同、企业与物资公司签订的订货合同以及由海关核发的《登记手册》和物资公司填制签章的《外商投资企业物资公司供料核准单》一式三份，《核准单》经海关签章后，一份交物资公司凭此办理货物交付、核销手续；一份交外商投资企业留存；一份留海关汇总、核销。

外商投资企业从境外进口货物可以享受减免税优惠的，从物资公司购买同类货物也可以享受减免税优惠。不能享受减免税优惠的，应按规定向海关交纳进口关税和进口环节的工商统一税。

物资公司进口存放在保税仓库的货物的保税期限为 1 年。如遇特殊情况可向海关申请延期，但延期最长不得超过 1 年。对超过保税期限或供应外商投资企业后的剩余物资，应退运出境。逾期未退运出境的保税货物，海关根据《中华人民共和国海关法》第二十一条的规定处理。

物资公司进口的保税货物，未经海关和经贸主管部门批准，不得出售、转让给国内企业，也不得与国内货物串换使用。

8 现代信息技术在仓储管理中的作用

现代信息技术以其技术优势和广阔的发展前景增强了企业竞争力，使传统的企业获得新生。现代信息技术是一股不可抗拒的力量，加速了企业经营方式和管理方式的变革，任何一个企业都无法避开这种变革。

8.1 仓库管理信息系统

信息是指能够反映事物内涵的知识、资料、信函、情报、文件、图像、语言、声音等，是对客观事物的内容特征及其发展变化的反映，是经过加工的有用的数据。在信息时代，各行各业之间有着息息相关、千丝万缕的联系，各式各样的信息在物流企业中以各种形式、方向、轨迹流动。信息流是仓储管理的灵魂。

8.1.1 仓储信息

1. 仓储信息的定义

仓储信息是指对仓储的生产经营产生影响的各个方面和各种方式的信息。仓储信息和内部、外部的各个环节都有密切的关系，在仓储活动中起着神经系统的作用。只有加强仓储信息的研究与应用，才能使仓储的作业间及仓储与其他物流环节间形成一个有机系统，而不是各个孤立的活动。一些物流技术发达的国家都把信息工作作为改善物流状况的关键而给予充分的注意。

在仓储中对各项活动进行计划预测、动态分析时，还要及时提供仓储费用、生产情况、市场动态等有关信息。只有及时收集和传输有关信息，才能使仓储业务实现通畅化、定量化。

2. 仓储信息的特点

(1) 信息源广泛

仓库是连接千百家商品生产单位和商品消费单位的纽带和桥梁，仓储系统与其他系统，如生产系统、运输系统、销售系统等密切相关，是仓库内部各单位以及与仓库经营有关系的各部门和单位的信息汇集的地方。

(2) 信息量大

由于商品仓库信息来源广泛，包含技术方面、经济方面和社会方面等繁多的内容，既有资源信息和过程信息，也有历史信息。具体到某一企业，既包括企业向仓库发布的各种供应信息，也包括企业的各种需求信息，造成信息种类繁杂，信息量非常大。这就使仓储信息的分类、研究、筛选等难度加大。

（3）信息的动态性

在仓库中，针对商品的移动与处理，每一个步骤都需要做记录。信息系统应能够实时追踪每张订单目前的处理状态及未来所需要处理的时间，以便回答客户的询问，并精确地掌握送货时间，以满足客户的需求。

另外，各种商品的订购状况、库存量、配送时间、价格等数据随着时间、仓库运营状态等因素的变化而变化，这些动态信息必须随时处理，为仓储活动提供可靠的依据。

3. 仓储信息的分类

（1）按信息的来源分类

①外部信息，即来自仓储企业外部环境的信息。企业外部的信息很多，这里是指与仓储企业有关的能对仓储的物流活动产生影响的信息。如订货人信息、供货人信息、订货合同信息、交通运输信息、市场信息、政策信息等。

②内部信息，即来自仓储企业内部的信息，是伴随着企业的业务人员、管理决策人员的业务活动、管理控制、决策等行为而产生的信息，如装卸、入库、保管、出库、包装、加工等发生的信息以及来自企业内部财务等部门的信息。

外部信息与内部信息互相影响、互相作用、互相转换。例如，客户向仓库发出托运某货物的信息，属于外部信息；仓库业务人员根据货物的情况进行该货物的入库准备，并将到客户单位提货的信息返回给客户，就属于内部信息。

（2）按信息的稳定性分类

①固定信息（或称静态信息）是指基本保持稳定不变的信息，如国家、客户的名称，仓库布局和货架布置状态等，这些信息会反复出现而不变，系统设计时可以对这些信息编上代码进行管理，以减少输入操作。

②流动信息（或称动态信息）是指随着物流的不断变化而变化的信息，是物流状态在某一时点的反映，如储存商品的库存量。

流动信息在周期结束后就转化为固定信息。如具体的一种货物的信息，当货物流转结束后，有关这一种货物的信息就被存储起来只供查询使用。

8.1.2 仓库管理信息系统

1. 仓库管理信息系统建立的必要性

伴随着仓储作业过程，仓库中产生大量信息。一旦这些信息流动不顺利，就会影响仓储作业，造成许多不良现象，比如在收货作业中，货车等待、设备不合用等；在临时存放区段，起重车操作员不知道将货物放在什么地方、收货地点过分拥塞、指定地点被占用等；在储存区段，货道拥塞、出现过多的蜂窝形空缺、不同种类货物的不规则混存等；在订货拣选区段，拣选不到所需货物、拣选某一份或某一批货物时通过同一货道两次以上；

在包装区段，材料无法利用，产品贴错标签等；在货物集结区段，货场拥塞、货物归类不对等；在运输区段，运输延迟、车辆等待、客户抱怨等。这些问题都严重阻碍了仓库管理效率的提高。因此，计算机仓库管理信息系统可以说是仓库提高工作效率、减少库存、提高为客户服务水平的重要手段。

2. 仓库管理信息系统建立步骤

（1）考证仓库建立管理信息系统的必要性

首先回顾一下仓库过去作业情况，检查仓库库存准确度，运送库存量，服务水平和综合生产能力。接着对仓库进行全面考察，以确定完成仓库职能所必需的信息。如收货需要掌握仓库空储存点信息，同时还要检查哪些数据已经有了，建立系统还需要收集哪些类型的数据（有时还根据情况决定是否安装自动化数据采集系统）。通过考察，便可决定仓库应改进的范围并决定是否采用仓库管理信息系统。

（2）建立系统详细说明书

一旦仓库确定了建立管理信息系统的计划，接下来便应着手建立系统的详细说明书，包括系统软件功能、灵活性（可否适应业务发展要求），以及软件供应者异地提供支持的能力。一般来说，一个仓库管理系统应具备以下基本功能：运输、收货、包装，物资登录、储存、订货、拣选、集结物资和资源管理。

（3）寻找合适的软件商，建立系统

建立仓库管理信息系统不需要一切都从头做起。企业可以开出一个认为系统应具备的功能清单，然后对照清单看哪家提供的商品软件满足要求。当然，一般情况下不可能找到一个完全满足企业要求的现有系统。一般而言，有20% ~40%的功能要求专门设计。所以，比较好的做法是找一家能完全理解企业需求的软件商，双方合作编制出满意的软件。

下列几种技术的发展使得仓库管理系统软件的水平可以进一步提高：窗式接口技术、目标程序语言技术、分布式处理机技术、加速运动快速处理技术和并行处理技术。

3. 仓库管理信息系统中的信息采集

信息采集是仓库管理信息系统的前提和基础。实现自动化信息采集是一个优秀的仓库管理信息系统不可缺少的组成部分。随着实时通信技术的发展，无线射频设备、局域网、条形码及扫描装置使人们可以迅速而准确地采集信息，实时反映信息变化的情况。

无线射频信息采集技术是一种准确性和及时性很强的信息采集技术，其在仓库中应用最多的是使用起重机车的场合。地面人员通过终端将指令传递给起重机车操作员，并接受操作员传回的信息，其反应时间为3 ~6 秒。概括起来，使用无线射频信息采集系统具有的优点包括：

①可很容易地使用随机储存计划，极大地节省库存空间；

②节省劳动力（8% ~35%）；

③消除库存人工计数；

④增加准确率，使其达到99%以上；

⑤便于执行纪律；

⑥能自动生成重要数据并可产生十分有利的问题报告；

⑦减少日常文书工作；

⑧实现先入先出原则；

⑨容易处理紧急订货。

此外，无线射频信息采集系统还为单位提供了多种员工培训手段。例如：它适合对各种水平的员工进行全面的培训，菜单选择形式使使用者可以根据自己的情况和信息内容确定自己的学习方式和进度，培训可以贯穿整个生产过程，形象的图示加上声音，作用比单纯的文字教学效果更好，便于对培训进行管理。

4. 仓库管理信息系统构成

仓库管理信息系统是以条形码技术和数据库技术为基础，从而实现仓库管理中货物的进货、出货、库存控制、盘点等管理功能，并可依托互联网进行客户订单和查询管理的管理信息系统。它包括入库作业管理系统、出库作业管理系统、库存控制系统共3个系统。

（1）入库作业管理系统

入库作业系统包括预定进货数据处理系统和实际进货作业。预定进货数据处理为进货调度、人力资源组织及设备资源分配提供依据。其基本数据有：预定进货日期，进货商品品种、数量，供应商预先通告的进货日期，商品品种及入库数量。

实际入库交货时，输入的数据有采购单号、厂商名称、商品名称、数量等。通过输入采购单号来查询进货商品的名称、数量和内容是否与采购单内容相符，并确定进货的月台，由仓管员确定卸货地点及方式。仓管员检验后将入库数据输入库存数据库并调整库存数据库。

货物入库后，对于需要立即出库的商品，入库系统需具备待出库数据查询并连接派车及出货配送系统，当入库数据输入后即访问订单数据库，取出该商品待出库数据信息并转入出库配送数据库，同时调整库存数据库。对于需要上架入库再出库的商品，进货系统需具备货位指定功能，当进货数据输入时即启动货位指定系统。由货位数据库、产品明细数据库来计算入库商品所需的货位大小，根据商品特性和货位状况来确定最住货位。货位管理系统则主要完成商品货位登记、跟踪并提供货位状况报表，为货位分配提供依据。货位跟踪时可将商品编码或入库编码输入货位数据库来查询商品所在货位，输出的报表有货位指示单商品货位报表、可用货位报表、各时间段入库一览表、入库数据统计等。

（2）出库作业管理系统

出库作业管理系统以客户为对象，涉及的作业有自客户处取得订单、进行订单处理、仓库管理系统、从出库准备到实际将货物运送至客户手中为止的一系列作业。

①订单处理系统主要包括客户询价、报价和订单接收、确认及输入。自动报价系统需输入的数据有客户名称、询价商品的名称、规格等，然后系统根据这些数据调用产品明细数据库、客户交易此商品的历史数据库、此客户报价的历史数据库、客户数据库、厂商采购报价等，以取得此商品的报价历史资料、数量折扣、客户以往交易记录及客户折扣、商品供应价等数据，再由系统按其所需净利润与运输成本、保管成本等来制定估价公式并计

算销售价格，然后可打印报价单送交客户，客户签回后即成为正式订单。订单的传送可采用邮寄、电话、传真、互联网传输 EDI 报文或直接用 E－mail 传送。

②销售分析及销售预测主要包括销售分析、销售预测和商品管理。销售分析主要是为了使管理人员对销售现状有全面的了解。通过输入销售日期、月份、年度、商品类别、名称、客户名称、操作员名称等查询各种销售统计信息，可提供商品销售统计表、年度商品数量统计表、年度及月份商品数量统计比较分析报表、商品成本利润分析表。并可查询每个业务员的销售业绩。销售预测分析系统可根据不同的统计分析方法（如时间序列分析、指数平滑法、多元回归分析等方法）生成商品销售预测表、库存需求预测表、成本需求预测表、设备需求预测表等。商品管理系统可生成商品销售排行榜、商品销售周转率、获利率分析表。

（3）库存控制系统

库存控制系统主要完成库存商品分类分级、订购数量和订货地点的确定、库存跟踪管理及库存盘点等作业。商品分类分级可根据分类分级标准按库存量排序和分类，生成各种排序报表。订购数量和订货点可根据库存数据库、厂商报价数据库、采购批量计算公式数据库等生成。库存盘点方式有两种：定期盘点和循环盘点。盘点作业系统是定期打印库存商品报表，待实际盘点后输入实际数据生成并打印盈亏报表、库存损失分析报表等。实际盘点前，库管员调用盘存清单打印系统。输入某类商品的名称或仓库货区、货位名称，系统自动调用库存数据库或货位数据库进行检索并打印出盘点清单。库管员根据此清单会同有关人员用手持式数据采集器采集商品库存数据，然后将采集到的数据输入到中央数据库调整库存数据库的内容，最后由盘点打印系统打印出盈亏报表、库存损失报表等结果。

根据需要，库存控制系统还可以设定定期盘点和循环盘点时点，使系统能够在预定的时间自动启动盘点系统、打印各种报表，以便于实际进行盘点作业。

8.2 自动识别技术

对商品进行自动识别是仓储商品管理的基本技术。自动识别是在没有人工干预下对商品的某些特性，如名称、数量、质量、物料来源、目的地、体积、重量和运输路线等的确定。这些数据被技术处理后转化为能被声、光、磁、电子等多种介质识别的信号源，在物流过程中通过特定的自动识别装置获取的相应信息，从而实现仓储过程中对商品的自动识别。比较常用的自动识别技术有条形码技术和 RFID 技术。

8.2.1 条形码技术

条形码（Bar Code）技术是在计算机应用中产生并发展起来的，广泛应用于商业、邮政、图书管理、仓储、工业生产过程控制、交通等领域的一种自动识别技术，具有输入速度快、成本低、可靠性强等优点，在当今自动识别技术中占有重要的地位。

1. 条形码的组成

条形码是由一组规则排列的条、空及字符组成的用以表示一定信息的代码。常见的条形码是由反射率相差很大的黑条（简称条）和白条（简称空）组成的（如图8－1所示）。

（1）静区

是指条形码左右两端外侧与空的反射率相同的限定区域，是没有任何符号的白色区域，提示条形码阅读器开始扫描。

（2）起始符

是指条形码符号的第一位字符，标志一个条形码符号的开始，阅读器确认此字符存在后开始处理扫描脉冲。

（3）数据符

是指位于起始符后面的字符，标志一个条形码的值，其结构异于起始符，可允许双向扫描。

（4）终止符

是指条形码符号的最后一个字符，标志着一个条形码符号的结束，阅读器确认该字符后停止处理。

图8－1 条形码的组成

2. 物流条形码

条形码种类很多，多达四十余种，常见的也有二十多种条形码制。国际上公认的用于物流领域的条形码标准主要有通用商品条形码、储运单元条形码和贸易单元128条形码3种。

（1）通用商品条形码

①EAN标准版商品条形码。EAN－13（如图8－2所示）码是国际物品编码协会在全球推广使用的一种商品条形码，它是一种定长、无含义的条形码，没有自校验功能。使用0～9一共10个字符。标准版商品条形码符号由左侧空白区、起始符、左侧数据区、中间分隔区、右侧数据符、校验符、终止符、右侧空白区及供人识别字符组成，从起始符开始到终止符结束总共有13位数字，这13位数字分别代表不同的含义，且其不同的组合代表EAN－13码的不同结构。

②EAN条形码符号缩短版。EAN－8是EAN－13码的压缩版，由8位数字组成，用于包装面积较小的商品上。和EAN－13码相比，EAN－8码没有制造厂商的代码，仅有

前缀码、商品项目代码和校验码。

图 8－2　EAN－13 码

（2）储运单元条形码

储运单元条形码是专门表示储运单元编码的条形码。储运单元是指为便于搬运、仓储、订货、运输等，由消费单元（即通过零售渠道直接销售给最终用户的商品包装单元）组成的商品包装单元。在储运单元条形码中又分为定量储运单元和变量储运单元。定量储运单元是指由定量消费单元组成的储运单元，如成箱的牙膏、瓶装酒、药品、烟等。而变量储运单元是指由变量消费单元组成的储运单元，如布匹、农产品、蔬菜、鲜肉类等。

①定量储运单元。定量储运单元一般采用 13 位或 14 位数字编码。当定量储运单元同时又是定量消费单元时，应按定量消费单元编码，采用 13 位数字编码；当定量储运单元内含有不同种类定量消费单元时，储运单元的编码方法是按定量消费单元的编码规则，为定量储运单元分配一个区别于它所包含的消费单元代码的 13 位数字代码；当由相同种类的定量消费单元组成定量储运单元时，定量储运单元可用 14 位数字代码进行编码标识。

②变量储运单元。变量储运单元编码由 14 位数字的主代码和 6 位数字的附加代码组成。变量储运单元的主代码和附加代码也可以用 EAN－128 条形码标识。

③交插 25 条形码。交插 25 条形码在仓储和物流管理中被广泛应用。它是一种连续、非定长、具有自校验功能，且条和空都表示信息的双向条形码。由左侧空白区、起始符、数据符、终止符和右侧空白区构成。其中每一个条形码数据符由 5 个单元组成，2 个是宽单元（用二进制“1”表示），3 个是窄单元（用二进制“0”表示）。交插 25 条形码的字符集包括数字 0～9。

④ITF－14 条形码（如图 8－3 所示）和 ITF－6 条形码。ITF 条形码是一种连续型、定长、具有自校验功能，并且条、空都表示信息的双向条形码。ITF－14 和 ITF－6 条形码由矩形保护框、左侧空白区、条形码字符、右侧空白区组成。其条形码字符集、条形码字符的组成与交插 25 码相同。

图 8－3　ITF－14 码

(3) 贸易单元128条形码

128条形码是一种长度可变的、连续型的字母数字条形码。与其他一维条形码相比，128条形码是较为复杂的条形码系统，应用范围较大。128条形码的内容由左侧空白区、起始符号、散据符、校验符、终止符、右侧空白区组成，128条形码具有A、B、C 3种不同的编码类型，可以提供ASCⅡ中128个字元的编码使用。

目前所推行的l28码是EAN－128码（如图8－4所示），EAN－128码是根据EAN/UCC－128码作为标准将资料转变成条形码符号，并采用128码逻辑。具有完整性、紧密性、连接性和高可靠度的特性。应用范围涵盖生产过程中一些补充性的、且易变动的信息，如生产日期、批号、计量等。可应用于货运标签、携带式资料库、连续性资料段、流通配送标签等。其优点包括：产品可变性信息的条形码化；国际流通的共同协议标准；较佳的产品运输质量管理；更有效地控制生产、配送及销售；提供更安全可靠的供给源等。

起始符号　数据字符　符号校验字符　终止符

空白区　(00) 3 5012345 123456789 4　空白区

图8－4　EAN－128码

3. 条形码技术的特点

条形码是迄今为止最经济实用的一种自动识别技术，具有以下几个方面的特点：

①采集数量大。利用传统的一维条形码一次可采集几十位字符的信息，二维条形码更可以携带数千个字符的信息，并具有一定的自动纠错能力。

②输入速度快。与键盘输入相比，条形码输入的速度是键盘输入的5倍，并且能实现及时数据输入。

③可靠性高。键盘输入数据出错率为三百分之一，利用光学字符识别技术出错率为万分之一，而采用条形码技术误码率低于百万分之一。

④自由度大。条形码通常只在一维方向上表达信息，而在同一条形码上所表示的信息完全相同并且连续，这样即使是标签有部分欠缺，依然可以从正常部分输入正确的信息。

⑤灵活实用。条形码标识既可以作为一种识别手段单独使用，也可以与有关识别设备组成一个系统实现自动化识别。还可以和其他控制设备连接起来实现自动化管理。

⑥易于制作。可印刷，称为“可印刷的计算机语言”。条形码标签易于制作，对印刷技术设备和材料无特殊要求。

⑦设备简单。条形码符号识别设备的结构简单，操作容易，无须专门训练。

4. 条形码技术在仓储中的应用

条形码出现短短四十几年的时间，已经广泛应用于交通运输业、商业贸易、生产制造业、医疗卫生、仓储业、邮电系统、海关、银行、公共安全、国防、政府管理、办公自动化等领域。今天的仓库作业和库存控制作业已经十分多样化、复杂化，靠人工记忆处理已十分困难。如果不能保证正确的进货、验收、质量保证及发货，就会导致浪费时间，产生库存，延迟交货，增加成本，以致失去为客户服务的机会。采用条形码技术，并与信息处理技术结合，可确保库存量的准确性，保证必要的库存水平及仓库中货品的移动与进货协调一致，保证产品的最优入库、存储和出库作业等。条形码技术在仓储管理中的主要应用：

（1）装卸搬运管理

装卸搬运是仓储中一重要环节，由于货品种类繁多，信息量大，包装规格不同，且经常不能确定条形码标签的方向和位置，因此，这里对条形码技术提出较高的要求。一是必须保证扫描器每秒扫描的次数，并能够进行数据重组，保证得到完整的信息；二是由于装卸搬运的自然环境一般较差，因此，要保证扫描器在较高和较低温度下都能够正常工作，保证扫描器的使用寿命；三是要对通过条形码显示的信息，将装卸搬运货物与作业单的信息进行进一步核实，提高装卸搬运的准确性。

（2）仓储管理

条形码方案可对仓库中的每一种货物、每一个库位做出书面报告，可定期对库区进行周期性盘存，并在最大限度减少手工录入的基础上，确保将差错率降至零，且高速采集大量数据。一是根据货物的品名、型号、规格、产地、牌名、包装等划分货物品种，并且分配唯一的编码；二是将仓库分为若干个库房。每一个库房分若干个库位，明确定义存货空间。按仓库的库位记录仓库货物库存，在产品入库时将库位条形码号与产品条形码号一一对应；三是通过采集入库、出库、移库、盘库数据，使仓库货物库存更加准确。

（3）配送中心管理

配送中心的主要功能就是完成对商品的筛选、包装和分拣工作。配送中心管理最典型的模式是沃尔玛的配送中心。在配送中心，条形码技术无处不在，一是在商品进入配送中心时进行信息采集，完成对商品的筛选；二是根据配送要求，对商品进行重新分包、分拣，并打印新的条形码；三是根据订单，对同一批货物集中包装，再次打印新的条形码。每一次信息采集，都及时输入中心计算机，中心计算机对每一单配送进行实时监控，确保配送的准确性和及时性。

8.2.2 RFID 技术

RFID（Radio Frequency Identification，射频识别）技术，是一种利用射频通信实现的非接触式自动识别技术。其标签具有体积小、容量大、寿命长、可重复使用等特点，可支持快速读写、非可视识别、移动识别、多目标识别、定位及长期跟踪管理。RFID 技术与互联网、通信等技术相结合，可实现全球范围内物品跟踪与信息共享。RFID 技术应用于物流、制造、公共信息服务等行业，可大幅提高管理与运作效率，降低成本。随着相关技术的不断完善和成熟，RFID 产业将成为一个新兴的高技术产业群，成为国民经济新的增长点。因此，研究 RFID 技术，发展 RFID 产业对提升社会信息化水平、促进经济可持续发展、提高人民生活质量、增强公共安全与国防安全等方面产生深远影响，具有重要的战略意义。

1. RFID 系统的组成

射频识别系统至少应包括以下两个部分，一是读写器，二是电子标签。此外还应包括天线、主机等。RFID 系统在具体的应用过程中，根据不同的应用目的和应用环境，系统的组成会有所不同，但从 RFID 系统的工作原理来看，系统一般都由信号发射机、信号接收机、发射接收天线几部分组成。

（1）信号发射机

在 RFID 系统中，信号发射机为了不同的应用目的，会以不同的形式存在，典型的形式是标签（Tag）。标签相当于条形码技术中的条形码符号，用来存储需要识别传输的信息。另外，与条形码不同的是，标签必须能够自动或在外力的作用下，把存储的信息主动发射出去。

（2）信号接收机

在 RFID 系统中，信号接收机一般叫作阅读器。根据支持的标签类型不同与完成的功能不同，阅读器的复杂程度是显著不同的。阅读器的基本功能就是提供与标签进行数据传输的途径。另外，阅读器还提供相当复杂的信号状态控制、奇偶错误校验与更正功能等。标签中除了存储需要传输的信息外，还必须含有一定的附加信息，如错误校验信息等。识别数据信息和附加信息按照一定的结构编制在一起，并按照特定的顺序向外发送。阅读器通过接收到的附加信息来控制数据流的发送。一旦到达阅读器的信息被正确地接收和译解后，阅读器通过特定的算法决定是否需要发射机对发送的信号重发一次，或者指导发射器停止发信号，这就是命令响应协议。使用这种协议，即便在很短的时间、很小的空间阅读多个标签，也可以有效地防止欺骗问题的产生。

（3）编程器

只有可读可写标签系统才需要编程器。编程器是向标签写入数据的装置。编程器写入数据一般来说是离线完成的，也就是预先在标签中写入数据，等到开始应用时直接把标签贴附在被标识项目上。也有一些 RFID 应用系统，写数据是在线完成的，尤其是在生产环境中作为交互式便携数据文件来处理的时候。

（4）天线

天线是标签与阅读器之间传输数据的发射、接收装置。在实际应用中，除了系统功率，天线的形状和相对位置也会影响数据的发射和接收，需要专业人员对系统的天线进行设计、安装。

2. RFID 系统的特点

和传统条形码识别技术相比，RFID 有以下优势：

（1）动态实时通信、快速扫描

标签以每秒 50～100 次的频率与阅读器进行通信，所以只要在 RFID 标签所附着的物体出现在解读器的有效识别范围内，就可以对其位置进行动态的追踪和监控。同时，条形码扫描仪一次只能扫描一个条形码；RFID 辨识器可同时辨识读取数个 RFID 标签。

（2）体积小型化、形状多样化

RFID 在读取上并不受尺寸大小与形状限制，不需要为了读取精确度而配合纸张的固定尺寸和印刷品质。此外，RFID 标签更可往小型化与多样形态发展，以应用于不同产品。

（3）抗污染能力和耐久性

传统条形码的载体是纸张，因此容易受到污染，但 RFID 对水、油和化学药品等物质具有很强抵抗性。此外，由于条形码附于塑料袋或外包装纸箱上，所以特别容易受到折损；RFID 卷标是将数据存在芯片中，因此可以免受污损。

（4）使用寿命长，可重复使用，应用范围广

RFID 卷标的封闭式包装使得其寿命大大超过印刷的条形码；同时，现今的条形码印刷上去之后就无法更改，RFID 标签则可以重复地新增、修改、删除 RFID 卷标内储存的数据，方便信息的更新；而且，RFID 使用无线电通信方式，使其可以应用于粉尘、油污等高污染环境和放射性环境。

（5）穿透性和无屏障阅读

在被覆盖的情况下，RFID 能够穿透纸张、木材和塑料等非金属或非透明的材质，并能够进行穿透性通信。而条形码扫描机必须在近距离而且没有物体阻挡的情况下，才可以辨读条形码。

（6）数据的记忆容量大

一维条形码的容量是 50 字节，二维条形码最大的容量可储存 3000 字符，RFID 最大的容量则有数兆字节。随着记忆载体的发展，数据容量也有不断扩大的趋势。未来物品所需携带的信息量会越来越大，对卷标所能扩充容量的需求也相应增加。

（7）安全性

由于 RFID 承载的是电子式信息，其数据内容可经由密码保护，使其内容不易被伪造及变造。

3. RFID 技术在仓储管理中的应用

信息的准确性和及时性是物流及供应链管理的关键因素，RFID 系统能使供应链的透明度大大提高，商品在供应链的任何地方都能够被实时跟踪，同时消除了以往各环节上的人工错误。安装在工厂、配送中心、仓库及商场货架上的阅读器能够自动记录商品在整个供应链的流动。

现行的仓储物流，大部分采用条形码作为仓储管理智能化的方式，虽然其智能化程度比以前大大提高，但仍需要大量的人力物力投入到仓储物流中。现在如果将 RFID 系统与

现行的条形码系统相结合，可有效解决与仓库及货物流动有关的信息管理，不但可以增加货物的处理量，还可以查看这些货物的一切流动信息。将条形码与 RFID 技术相结合，也是 RFID 在现阶段应用的一种方式。可以将条形码贴在商品上，射频电子标签贴在存放商品的托盘或叉车上，电子标签存放托盘或叉车上所有商品的信息，阅读器则安置在仓库的进出口。每当商品进库时，阅读器自动识别电子标签上面的商品信息。并将信息存储到与之相连的管理系统中；当商品出库时，同样由阅读器自动识别商品信息，并传送到管理系统，由系统对信息进行出库处理。

8.3 EDI 技术

EDI（Electronic Data Interchange）即电子数据交换，是通过电子方式，采用标准化的格式，利用计算机网络进行结构化数据的传输和交换。EDI 是起源于 20 世纪 60 年代，在 80 年代得到迅速发展的一种电子化数据变换工具，是现代计算机技术与网络通信技术相结合的产物。

目前，在国外许多行业中，如汽车制造、石油和天然气、化工、铁路、仓储、海运、医药、零售等，企业一般都希望贸易伙伴采用 EDI 方式，甚至在某些行业中 EDI 已成为一种必备条件、一种行业的规范。当 EDI 在一些行业中应用并获得利益的时候，那些尚未使用 EDI 的企业的业务就被大大削弱，因此，许多企业开始相信，他们除了开通 EDI 外，别无选择。随着 EDI 应用的发展，这种压力也越来越大，同时，企业从应用 EDI 中得到的好处也在持续增长。

1. EDI 系统构成要素

（1）数据标准化

EDI 标准是由各企业、各地区代表共同讨论、制定的电子数据交换标准，可以使各组织之间的不同文件格式通过共同的标准达到彼此间文件交换的目的。

（2）EDI 软件

EDI 标准具有足够的灵活性，可以适应不同行业的多种需求。但是，由于每个行业都有自己规定的信息格式。因此，需要 EDI 软件将用户数据库系统中的信息翻译成标准 EDI 格式，才能进行传输。EDI 软件包含了转换软件、翻译软件、通信软件。

（3）通信网络

通信网络是实现 EDI 的手段。EDI 通信方式有多种。许多应用 EDI 的企业较多采用第三方网络，即增值网络（VAN）方式与贸易伙伴进行通信。VAN 类似于邮局，为发送者与接收者维护邮箱。并提供存储转送、记忆保管、通信协议转化、安全管制等功能。因此，通过增值网络转送 EDI 文件，可以大幅降低相互转送资料的复杂度和困难度，大大提高 EDI 的效率。

2. EDI 的工作过程

（1）制作订单

购买方根据自己的需求在订单处理系统上制作出一份订单来，并将所有必要的信息以电子传输的格式存储下来，同时产生一份电子订单。

（2）发送订单

购买方将此电子订单通过 EDI 系统传送给供货商，此订单实际上是发向 EDI 交换中心供货商的电子信箱的，等待来自供货商的接收指令。

（3）接收订单

供货商从 EDI 交换中心自己的电子信箱中收取购买方的订单及其他邮件。

（4）签发回执

供货商接收订单后，使用自己计算机上的订单处理系统。购买方自动产生一份回执。经确认无误，供货商将此电子订单回执发送到网络，再经由 EDI 交换中心存放到购买方的电子信箱中。

（5）接收回执

购买方使用邮箱接收指令。从 EDI 变换中心自己的电子信箱中收取包括供货商发来的订单回执在内的全部邮件。

整个订货过程至此完成，供货商收到订单，客户（购买方）则收到了订单回执。

3. EDI 技术的特点

（1）EDI 是用电子方法传递信息和处理数据

在 EDI 中，数据在买方的应用程序（如采购系统）与卖方的应用程序（如订单输入系统）之间电子化转移。没有人为干预或重复输入。数据不仅在贸易伙伴之间电子化流通，而且在每一个贸易伙伴内部的应用程序之间电子化流通，同样不需要重复输入。例如，买方的订单进入卖方的订单输入系统后，同样的数据就会传递到卖方的生产、仓储、运输、财会等应用程序，并由各程序自动相应产生安排表、库存记录更新、货运单、发票等。

（2）EDI 系统采用安全手段

一般的信函与电话、传真等电子通信方式，因为有指定的接收人，其他人无法接收了解有关信息，通常不必加密；EDI 系统有相应的保密措施，EDI 传输信息通常采用密码系统，各用户掌握自己的密码，只能打开属于自己的“邮箱”。有关部门和企业发出的电子信息均自动进入指定“邮箱”。

一些重要信息在传递时还要加密，即把信息转换成他人无法识别的代码，接收方打印机接特定程序译码后还原成可识别信息。为防止有些信息在传递过程中被篡改，还可以使用证实手段，即将普通信息与转变成代码的信息同时传递给接收方，接收方把代码翻译成普通信息进行比较，如两者完全一致，可知信息未被篡改，不是伪造的信息。EDI 对于传送的文件具有跟踪、确认、防篡改、防冒领、电子签名等一系列安全保密功能。

（3）EDI与传真或电子邮件（E－mail）的区别（如下表所示）

EDI与传真或电子邮件（E－mail）的区别

项目	EDI	传真或电子邮件（E－mail）
使用对象	具备EDI实施条件的企业	具备相关硬件和网络条件的个人或企业
传送内容	业务资料，如发票、订单等	技术条件下无限制
格式要求	共同标准化的格式	无强制格式
数据录入	一次性输入	需要人工将资料重复输入计算机系统
信息处理	计算机根据程序设置自动处理	需要人工的阅读、判断、处理

4. 在仓储活动中的作用

（1）为企业节省成本

①降低单据处理成本。EDI主要是通过减少或消除以下工作来降低单据处理成本：

A. 重复输入大量繁冗的信息；

B. 人工核对不同的单据（如订单、收据、发票）；

C. 单据的排序、分类和归档；

D. 单据的邮寄。

②降低差错成本。EDI能降低差错成本是因为用电子传输的方式取代传统的传输方式。如邮寄、电话或人工投递等，可减少遗失单据的数量，避免重复输入数据造成商业单据的差错。

③降低库存成本。EDI缩短了供需双方的业务处理时间，缩短了订货周期，同时减少了订货周期中的不确定性，因此，可以降低需方的库存。

（2）改善客户关系

通过EDI消除大量在单据管理上的工作，提高了企业的快速响应能力；EDI能降低业务处理过程中的差错率（如不正确的信息、单据遗失等），消减客户不必要的时间上的浪费，腾出时间用于更有效的工作。因此，EDI非常有利于加强贸易伙伴之间的关系。

（3）提高企业国际市场竞争能力

在EDI迅猛发展的今天，EDI已经成为企业赖以生存的支柱，没有EDI，企业必将被市场淘汰。有了EDI，符合国际贸易的大势所趋，业务不再受到地域的限制，就大大改善企业在激烈竞争的市场中的地位，使企业处于主动有利的形势中。

8.4 POS 系统

1. POS 系统的概念

POS 系统即销售时点系统，是指在对销售商品进行结算时，通过自动读取设备（如收银机）直接读取商品销售信息（如商品名、单价、销售数量、销售时间、销售店铺、购买顾客等），并通过通信网络和计算机系统传送至有关部门进行分析加工以提高经营效率的系统。

POS 系统具有直接、及时入账的实时处理能力，是一种全新的商业销售管理系统。除此之外，POS 系统还可以进行单品管理、职工管理和客户管理。

2. POS 系统的组成

商业用 POS 系统包含了前台 POS 系统和后台 MIS 两大基本部分。它最早应用于零售业，以后逐渐扩散至金融、旅馆等服务性行业，利用 POS 信息的范围也从企业内部扩散到整个供应链。现代 POS 系统已不仅仅局限于电子收款技术，而是要考虑将计算机网络、电子数据交换技术、条形码技术、电子监控技术、电子收款技术、电子信息处理技术、远程通信、电子广告、自动仓储配送技术等一系列科技手段融为一体，从而形成一个综合性的信息资源管理系统。

前台 POS 系统指的是通过自动读取设备（如收银机），在销售商品时直接读取商品销售信息（如商品名、单价、销售数量、销售时间、销售店铺、购买顾客等），实现前台销售业务的自动化，对商品交易进行实时服务和管理，并通过通信网络和计算机系统传至后台，通过后台管理信息系统的计算、分析与汇总等，掌握商品销售的各项信息，为企业管理者分析经营成果、制定经营方针提供依据，以提高经营效率。

后台 MIS 系统负责整个商场进、销、调、存系统的管理以及财务管理、库存管理、考勤管理等。它可根据商品进货信息对厂商进行管理，又可根据前台 POS 提供的销售数据，控制进货数量，合理周转资金，还可分析统计各种销售报表，快速准确地计算成本与毛利，并可对销售员、收款员的业绩进行考核，是职工分配工资、奖金的客观依据。

3. POS 系统在仓储管理中的作用

POS 系统紧密连接着供应链，是供应链管理的基础和起点。实践表明，POS 系统对于企业的经营管理水平、零售的作业水平以及供应链的运行水平的提高都起着明显的促进作用。它在物流信息管理中起着举足轻重的作用。具体表现在：

（1）提高了企业的经营管理水平

实施 POS 系统管理后，仓库库存商品的销售情况每时每刻一目了然，缺货现象大大减少。而且避免了商品的积压，企业的决策者可将库存量始终保持在合理水平，提高有效库存，使企业的经营成本大大喊少，在市场竞争中占据有利位置。据统计，在应用 POS 系统后，商品的有效库存可增加 35% 左右，从而缩短资金的流动周期。

（2）节约了大量的人力物力

POS系统实现了商品盘存的自动化，每出库一件商品，数据库中就会自动减少该商品的库存记录；而且POS能够自动生成企业的经营报告、财务报表以及相关的信息报表，这些都可以通过通信系统及时准确地提供给决策者，使之做出快速反应。

（3）增大营业额和利润

采用POS系统能够大大增加商品的储量。充足的储存能力为仓储企业吸引来客户，这必然为企业带来利润的增长。POS系统还缩短了每笔交易的时间，使出现差错的几率变得很小，使客户满意度提高，并带来营业额和利润的增长。

（4）提高供应链运行水平

销售时点系统最明显的特征是：它是一个跨企业、跨行业的信息系统。它能够把最终产品在零售商对顾客进行销售活动时最原始的信息实时传递给供应链上游的各个企业，使这些企业能够对产品的销售情况做出预测和判断。

8.5 电子订货系统

1. 电子订货系统的概念

电子订货系统（Electronic Ordering System，EOS），是不同组织间利用通信网络和终端设备进行订货作业与订货信息交换的系统。

EOS按应用范围可分为各企业的EOS（如连锁店经营中，各个连锁分店与总部之间建立的EOS），零售商与批发商之间的EOS，以及零售商、批发商与生产商之间的EOS。

依据EOS所涵盖的范围来区分，可分成狭义的EOS与广义的EOS；而狭义的EOS是指零售商将订单传送到仓储部门为止的自动化订货系统；广义的EOS则是从零售点下单开始经仓储部门接单后，再经验货、对账、转账等步骤完成所有商品交易动作为止。

电子订货系统包括订货系统、通信网络系统和接单电脑系统，若从作业面来看则可分为卖场、资讯转换中心及仓储部门三部分。

电子订货系统的作业流程，先是利用扫描器读取货架或订货簿上的条形码，然后将数量键入电脑，再透过通信网络将订货资料传至订货作业处理处，依订货对象作仓储部门分单及必要的转换后，最后透过通信网络将订单资料传至仓储部门接单系统进行处理。

2. 电子订货系统的操作流程

电子订货系统的操作流程一般可以分为四个步骤：

①在零售店的终端利用条形码阅读器获取准备采购的商品条形码，并在终端机上输入订货资料，利用电话线通过调制解调器传到仓储部门的计算机中。

②仓储部门开出提货传票，并根据传票开出拣货单，实施拣货，然后根据送货传票进行商品发货。

③送货传票上的资料便成为零售商店的应付账款资料及批发商的应收账款资料，并接

到应收账款的系统中去。

④零售商对送到的货物进行检验后，就可以陈列出售了。

使用EOS时要注意订货业务作业的标准化，这是有效利用EOS系统的前提条件：商品代码一般采用国家统一规定的标准，这是应用EOS系统的基础条件；订货商品目录账册的做成和更新，订货商品目录账册的设计和运用是EOS系统成功的重要保证；计算机以及订货信息输入和输出终端设备的添置是应用EOS系统的基础条件；在应用过程中需要制定EOS系统应用手册并协调部门间、企业间的经营活动。EOS的操作流程如图8－5所示。

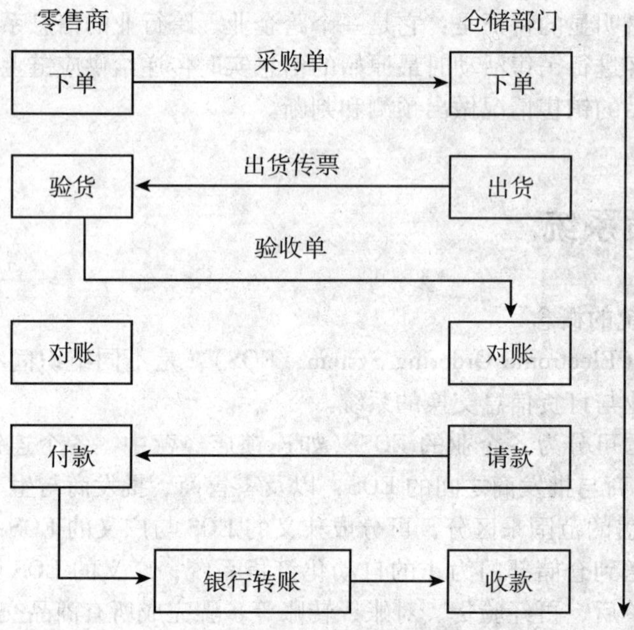

图8－5　EOS操作流程图

3. 电子订货系统在仓储管理中的作用

①对于传统的订货方式，如上门订货、邮寄订货、电话订货、传真订货等，EOS系统可以缩短从接到订单到发货的时间，缩短订货商品的交货期，减少商品订单的出错率，节省人工费。

②有利于提高仓储企业的库存管理效率，同时也能防止商品特别是畅销商品缺货现象的出现。

③有利于提高仓储企业信息系统的效率，使各个业务信息子系统之间的数据交换更加便利和迅速，丰富仓储企业的经营信息。

8.6 仓储管理中的计算机应用

8.6.1 管理中计算机应用的发展阶段

计算机作为一种高效的工具在许多领域取得了广泛的应用。管理系统中计算机应用其发展可分为以下三个阶段。

1. 电子数据处理（Electronic Data Processing，EDP）阶段

这一阶段计算机在管理中的应用主要在于日常业务与事务的处理、定期提供系统的业务信息。EDP 的主要目标是提高管理人员处理日常业务的工作效率，减轻工作负担，节省人力和降低工作费用。这一阶段还可以再分为两个子阶段：数据单项处理和数据综合处理。

2. 数据的系统处理阶段

即是狭义的管理信息系统（Management Information System，MIS）阶段。进入 20 世纪 60 年代，由于计算机已普遍地应用于各种业务管理，这时开始出现的管理信息系统，它是为实现企业整体目标，对管理信息进行系统的处理，为各级管理人员提供业务信息和辅助决策的信息系统。

3. 决策支持系统（Decision Support System，DSS）阶段

现代管理的核心是决策。在企业中，高、中层管理决策问题具有半结构化或非结构化的特征，即决策的目标和评价标准经常变动；支持决策的信息不能完全获得；支持决策的信息具有不确定性和模糊性；决策规则随决策者或决策环境而变化。为支持或辅助管理中半结构化和非结构化问题的决策，出现了以下各种支持决策的系统。

①DSS。DSS 是在半结构化决策活动过程中，通过人机对话，向决策者提供信息，协助决策者发现和分析问题、探索决策方案，评价、预测和选择方案，以提高决策有效性的一种以计算机为手段的信息系统。DSS 的基本结构一般由一个模型库、一个数据库，它们的管理软件系统（包括数据库管理系统 DBMS、模型库管理系统 MBMS），以及人机交互系统（会话生成与管理软件 DGMS）组成。

②群体决策支持系统（Group Decision Support System，GDSS）。GDSS 的基本模型仅适用于较小的决策，为适应集体决策的需要，产生了群体决策支持系统。它是支持一群决策者为获得有效决策结果的计算机辅助系统。GDSS 除了进行决策分析外，还着重于决策参与者之间的交流沟通。

③智能支持系统。是将人工智能技术引入决策支持系统而形成的一种信息系统。

④经理信息系统（Executive Information System，EIS）。是向高层主管提供企业整体绩效信息的系统。EIS 的目标是以决策者最容易理解和接受的形式，向他们提供企业整体绩效的信息。

8.6.2 计算机在仓储管理中的应用

仓储系统的很多环节都选择使用计算机来完成管理工作，我们简单地列举几个。

1. 进出库数据的采集

为了使整个系统管理所需要的信息准确可靠，应在货物进出时采集数据。入库数据主要来自收货的单证，这些信息必须经过入库时的实物核对。出库信息则通过出库凭证获得。货物进出库信息的采集必须及时，每天定时进行采集和数据的输入。也可以借助于条形码技术实现进出库业务的即时数据采集。这样就能保证系统数据的动态变化，保证存储数据的准确性。信息采集时，应包含的项目有：货物名称、数量、重量（毛重、净重）价格、货主名、出入库时间、货损货差、交接双方的责任人、仓储货位以及保管等级和特殊要求等。

2. 数据统计分析

仓库货物管理部门在对数据进行采集后必然要对零散的数据进行管理，通过一些统计和分析运算来满足各相关部门对数据的不同要求。因此，系统一般应具备以下功能：

①货物进出库单据的生成。

②货物分类查询。

③按期统计（由于处理量较大，可采用批处理方式）功能。统计表可以有进出库报表、库存货物日变动统计表、过期无人认领的货物统计表、按 ABC 分类方法得出的统计报表以及短缺货物明细表等。

④库存货物进出存动态变化计算与分析功能。

⑤仓库存货发展预测计算与分析功能等。

3. 库场盘点

在系统中，盘点工作前分为协助选出应盘点的货物和协助处理盘点数据。系统使用人员可通过一些关键词来确定需盘点的货物，如可用货物的编号、库存地点、ABC 类型、存货批量、货主以及这些项的某种组合。应用计算机可以进一步发展为“连续盘点”的现代化盘点方式。在选出需盘点的货物后，系统可输出包含有计划库存数据和供填写实际库存的空格，当采集到实际库存数据后，系统将对实际数据和计划库存数据进行核查，并提供偏差结果，通过簿记功能来消除偏差。

4. 分配储位

利用一些图形监控及储位管理软件，经收集在库储位信息及入库指示后，经计算机运算来下达储位分配指示，任何时段都可以保持储位处于合理分配中，所以就不需要再进行调仓作业。计算机全自动分配储位的作业流程如图 8－6 所示。

以上的应用属于第一阶段的应用范畴，是利用计算机强大的运算功能来进行数据的处理工作，包括采集、储存、加工和按需要输出。它的主要特征是以单机作业为主。

5. 商务管理系统

仓储商务管理的流程为：当货物入库时，由仓库管理人员签发货物临时收据，同时把

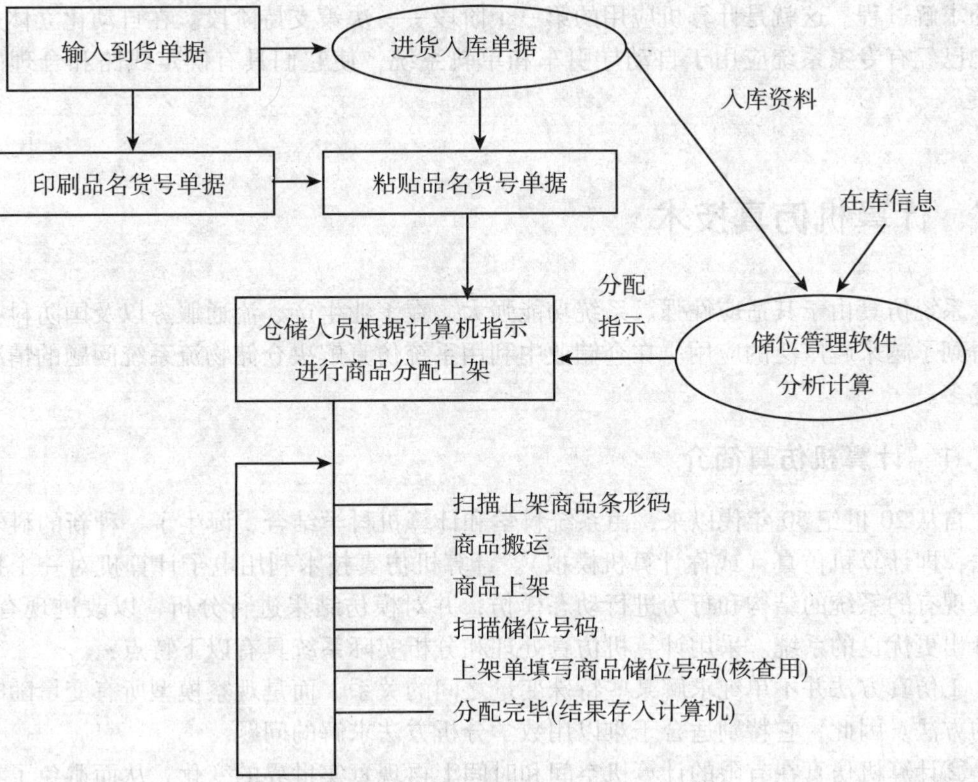

图 8－6　全自动分配储位的作业流程图

有关信息及货位数据送入计算机，货主凭货物临时收据到办公室去换取仓单，办公室计算机验证仓库存货物数据，同时由计算机打印仓单交给货主。货主到仓库提货时，仓库管理人员应先对提单上的印鉴进行核对，并与计算机中的数据进行核对，将提单信息送入计算机，并自动计费后提货。

商务系统一般有以下功能。

①仓储管理功能：包括临时收货管理、仓单证明、仓单打印、提货处理、货物转账及抵押、赎单、租约等级、客户库存查询、打印每天进出库报表等。

②自动计费功能：记录每批货物的各项费用，自动计算仓租及搬运费，进行收费查询和收费分析等。

③财务应收账功能：处理各种收费、客户应收付账、客户应收明细表、制作现金提货催款函、各类客户信贷分析、客户状态查询等。

④其他功能：如新客户登记、新货主登记、新运输公司登记、新货物名称登记、单价登记，打印客户、货主、运输公司标签等。

随着计算机智能化程度的提高，它可以辅助我们完成一些原来必须由人来完成的决策工作，而且由于一些算法的运用结合计算机的运算能力，可以完成人力很难完成的最优方案的求解过程。这就是计算机应用的第三个阶段——决策支持阶段。在自动化立体仓库系统中已经有专家系统应用于自动导引车和单轨系统，使它们具有确定线路和合理的运行决策。

8.7 计算机仿真技术

系统仿真由于其适应性强、系统功能强大，在工业生产、流通服务以及国防科技等方面得到了越来越广泛的应用。在仓储业中利用系统仿真解决仓储物流系统问题的情况也越来越多。

8.7.1 计算机仿真简介

自从20世纪50年代以来，由系统科学和计算机科学结合，诞生了一种新的科学研究方法，即计算机仿真（或称计算机模拟）。计算机仿真技术利用电子计算机对一个拟议中的或现有的系统的结构和行为进行动态模仿，并对模仿结果进行分析，以改进现有系统，设计出更优良的系统。采用计算机仿真处理和分析实际系统具有以下特点：

①仿真方法并不单纯求解某些特殊变量之间的关系，而是观察模型所有变量随时间变化的方法。因此，它特别适合于难以用数学分析方法求解的问题。

②计算机仿真在有限的计算机空间和时间上再现真实世界的变化，从而避免了在真实系统中实验所造成的巨大损失。

③仿真原理本身与计算机无关，但由于仿真处理涉及大量的数据，因此，需要借助于计算机高速处理数据的能力。

④借助于系统的仿真，可以对系统模型的变化过程进行反复的观察，并通过改变系统的环境、数据后，分析由此造成的影响，以便确定系统运行的最佳方案。

⑤对于一些复杂的大系统如果采用对真实系统检验的方法往往会带来很大的风险，计算机仿真这种“事前检验”的方法将能很好地解决这类问题。

8.7.2 计算机仿真在仓储管理中的应用

仓储管理中的计算机仿真技术的应用是对仓储技术和仿真技术的综合应用，计算机仿真技术在仓储管理中主要应用在以下几个方面：

1. 辅助仓储系统规划设计

计算机仿真技术辅助仓储系统规划设计是一种成熟的技术。计算机仿真环节通常在设计方案初步确定后介入，是针对设计方案的仿真。一般仿真辅助设计方法可分为五个基本步骤：

①根据原始方案在仿真工具软件中建立计算机仿真模型；

②根据系统的设计纲领，并结合随机分布的一些基本原理，确定模型的输入。输入一

般为概率分布函数的形式；

③模型的试运行和校验，确保仿真模型准确表达设计方案；

④运行计算机仿真模型，得到仿真输出结果；

⑤分析仿真结果，对方案的流程和核心设备参数进行评估，如果没有达到要求则更改原始方案。

2. 辅助仓储系统运营管理

计算机仿真技术辅助仓储系统管理是一种新技术。在我国大量的仓储设施正在使用，对于运营这些设施的仓储业赢利不足的现状，利用计算机仿真技术，通过提高运营管理技术水平来提高效率、降低成本，有现实意义。

计算机仿真辅助仓储系统运营管理应用的对象是各种仓储系统。一般而言，计算机仿真辅助仓储系统运行管理的方法可分为七个基本步骤：

①根据现实系统，在仿真工具软件中建立计算机仿真模型；

②根据历史数据，确定模型的输入，输入一般为现实系统数据库中历史数据的序列；

③模型试运行并验证，确保模型正确模拟现实系统；

④运行仿真模型，并进行系统分析，提出改善方案；

⑤根据升级方案，更改模型流程或者模型设备；

⑥运行计算机仿真模型，得到仿真输出结果；

⑦分析仿真结果，对方案的流程和核心设备进行评估，如果没有达到要求，则更改方案。

3. 仓储系统运营状况的分析

按照货物流程，可以把仓储系统分成3个主要环节，即入库、储存和出库，货物进出库需要经过一系列手续，花费一定的时间，同时，单位时间内（如每天、每旬）货物到达（或离开）仓库的数量和品种是不同的，且为随机变化，而从较长时间看，它们会出现某种统计规律。正是货物进出库场的随机性，导致每天在库货物数量也同样具有不确定性。因此，分析这样一个系统难以采用数学分析方法，而可以采用计算机仿真的方法。

根据数理统计的方法，可以对过去的货物入库、储存和出库的数据进行统计分析，并进行标准分布的拟合。例如，借助于一个实际仓库一年营运的数据，按每天入库、结存和出库3个环节进行统计，可以初步确定对应的分布形式，然后计算出分布参数，并对分布拟合精度采用拟合优度检验方法进行验证。确定各环节的分布模式是建立仿真模型的关键一步。

4. 评估仓储系统的成本

仓储系统的成本主要包括仓库的建设成本、设备和机械的购置成本、运作过程中人员和设备的成本，通过计算机仿真的技术可以判断仓库在长期运作过程中使总的成本最小的仓库布局、设备和人员的数量以及工作安排。也可以针对仓库的某一区域或仓储运作的某一环节，在其他因素不变的条件下，确定使成本最小的布置和运作方式。

5. 寻找仓储系统的瓶颈环节

通过计算机仿真的动画演示和仿真结束后的数据分析，寻找对仓储物流运作影响最大的环节，即瓶颈环节，通过不断地改进产生瓶颈的各项因素，达到优化整个仓储系统的目的。

6. 选择合适的仓储操作方式

在仓储系统中，除仓库布局、设施布置等固定因素外，工作人员在仓库的操作中所采用的各种操作方法也是影响仓储效率的重要因素，如货物的仓储方法、拣货方法、拣货路径的选择等，通过计算机仿真的方法，可以比较各种操作方法的优劣，从而指导拣货人员的操作。

8.7.3 仿真模型的建立

1. 货物在仿真模型中的流程

货物在仿真模型中的流程如图 8－7 所示。

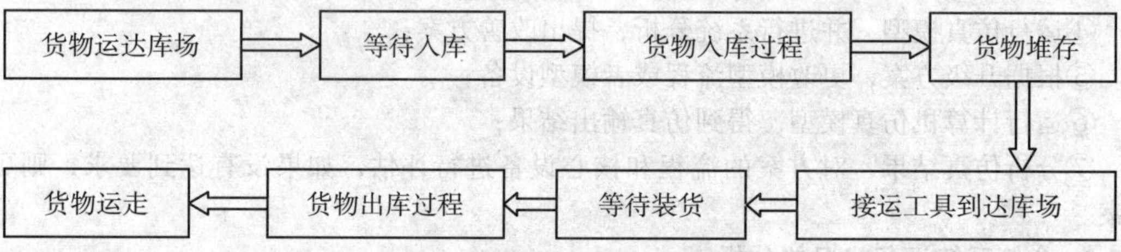

图 8－7 货物在仿真模型中的流程

2. 建立仿真模型的几个关键问题

（1）确定仿真的系统方案

计算机仿真是从有限的系统方案中通过仿真运算，对方案进行分析比较后做出系统优化的。所以，拟定合理的方案非常重要。库场规模方案的确定应根据合理性、可行性和便于建模的原则选择。仿真的方案首先应该是合理可行的，为了节约运算时间，应该将明显不合理的方案剔除，但同时也不能遗漏有价值的方案。此外，为了便于仿真模型的构造，必须对方案进行简化，突出关键环节，因为一些细节对仿真方案运行结果的排序没有影响。

根据上述原则，库场规模方案可以选择：进库作业线数和不同货种情况下每条作业线的数率，库场堆存面积，出库作业线数和按不同货种情况下每条作业线的数率。其中，进出库方案是为了确定进出库时的装卸、搬运的设备和人力。依据这三个方面的规模数的不同组合，可以形成一系列不同的库场规模方案。

（2）方案优化选择目标

方案的优化目标率实际上取决于两个方面，第一种考虑，如果企业只考虑自己利益最大，则目标选择应该是仓储活动的利润最大或成本最低，但这一目标会导致企业不愿投资，并降低服务水准，其长期后果仍是企业的利润减少。如果企业在投资决策时，考虑包括运输、货主和仓储企业本身各方的综合利益，则方案追求的目标将是上述三方在库场发生的总费用最小（或总利润最大）。第二种考虑是从市场角度出发，强调为顾客服务。因此比第一种合理。

9 仓储系统优化

系统一词频繁出现在社会生活和学术领域中，但不同的人在不同的场合往往赋予它不同的含义。一般来说，系统是由一些相互联系、相互制约的若干组成部分结合而成的、具有特定功能的一个有机整体（集合）。

我们可以从三个方面理解系统的概念：

1. 系统是由若干要素（部分）组成的

这些要素可能是一些个体、元件、零件，也可能其本身就是一个系统（或称之为子系统）。如运算器、控制器、存储器、输入/输出设备组成了计算机的硬件系统，而硬件系统又是计算机系统的一个子系统。

2. 系统有一定的结构

一个系统是其构成要素的集合，这些要素相互联系、相互制约。系统内部各要素之间相对稳定的联系方式、组织秩序及失控关系的内在表现形式，就是系统的结构。例如钟表是由齿轮、发条、指针等零部件按一定的方式装配而成的，但一堆齿轮、发条、指针随意放在一起却不能构成钟表；人体由各个器官组成，单个各器官简单拼凑在一起不能成为一个有行为能力的人。

3. 系统有一定的功能，或者说系统要有一定的目的性

系统的功能是指系统与外部环境相互联系和相互作用中表现出来的性质、能力和功能。例如信息系统的功能是进行信息的收集、传递、储存、加工、维护和使用，辅助决策者进行决策，帮助企业实现目标。

与此同时，我们还要从以下几个方面对系统进行理解：系统由部件组成，部件处于运动之中；部件间存在着联系；系统各主量和的贡献大于各主量贡献的和，即常说的1+1>2；系统的状态是可以转换、可以控制的。

仓储系统是指由仓储作业的各个环节有机结合起来的一个整体。本章要研究的是怎样对仓储系统进行优化，以提高整体的运行效率。

仓储系统优化既要面面俱到，更要突出重点，按照不同地区、不同行业、不同企业、不同时间、不同大小、不同层次、不同功能、不同条件、不同资金来源等，把握侧重的要点。例如，对沿海地区、发达地区、中心城市，优势行业（如烟草、金融、航空、电子、医药、乳品等）自有资金充裕的大型企业，需要全面审视仓储系统的优化；对边远地区、贫穷地区、小型乡镇、中小企业等，既要全面审视，更应侧重于投资、效益等要点。即使同类中心城市优势行业的大型企业的仓储系统优化，侧重点也各不相同。总之，实现仓储系统优化，必须实事求是、区别对待、科学论证、精心规划、精细设计；用优化的仓储系统精细设计，来实现精细物流、精细供应链、精益生产、最佳效益等目标。

9.1 仓储系统的可行方案

在评估仓储系统设计的组合时，有许多不同的仓库可行方案，主要有：

自建仓库（Private Warehouse），共用仓库（Public Warehouse），合同仓库（Contracted Warehouse），运输途中的储存（Storage in Transit），混合使用型（Combination Systems）。

1. 自建仓库（Private Warehouse）

自建仓库情况下企业对于仓库及物料搬运设备具有财务及管理控制能力。自建仓库可配合企业本身生产线的需要，而有其内部的特殊设计的仓库布置与建筑结构。

一般说来，在下列特定情况下可选择自建仓库：

①产品需要特殊的搬运及存放时。如化学物品或医药物品等对搬运作业的人员必须进行训练，并配合专业化的储运设备，以确保仓库服务的品质。

②仓库内需保持高而稳定的产品储存时。这时，自建仓库能充分利用设备，且仓储成本可以降低。

③仓库作业需保持高度的控制自主权时。通常自建仓库使企业在仓储作业上拥有完全的自主权，而且能提高仓储效率，维持较高的顾客服务水平。

④当自建仓库可使不动产所有权的权益自然增进时。

⑤当自建仓库可以变更用途成为生产设备，特别是当仓库的位置靠近工厂时。

⑥自建仓库可以作为公司自备车队售货办公室、运输部门及采购单位的当地办事处时。

综上所述，自建仓库具有较大的控制权，较小的成本及比租赁仓库更大的弹性，尤其是在企业为保持货物品质与应付经常性需求及必须具备特别仓储技术的情况下，使用自建仓库是极有必要的。

2. 公用仓库（Public Warehouse）

公用仓库是由专业从事仓储管理的经营人管理的、面向社会的、独立于其他企业的仓库。使用公用仓库的主要优点有：

（1）不用固定投资（No Fixed Investment）

企业租用公用仓库时，所有的仓储成本都是变动的。仓储成本与租用空间、数量、时间成正比例。当企业的资金有更好的用途时。租赁公用仓库避免资金用于投资自建仓库，不失为一种好的选择。

（2）降低仓储成本（Lower Cost）

一般而言，当存货数量低或产品需求类型有季节性时，公用仓库的成本比自建仓库低，因为公用仓库可以平衡各厂商季节性产品储存的问题，能经常充分地利用仓库空间的容量。

(3) 地点选择具有弹性 (Location Flexibility)

由于租赁公用仓库往往是按月计算的。因此配合市场的变迁以改变仓库的位置变得很容易，这为整个物流系统提供了弹性。

3. 合同仓库 (Contracted Warehouse)

合同仓库是从公共仓库中延伸出来的一个分市场，提供私有仓库和公共仓库两个方面的好处。合同仓库是一种长期互惠的协议，排他性地向一个客户提供特别定制的仓储和物流服务，供方和客户分担与经营有关的风险。

合同仓库把私有仓库和公共仓库最佳的特征结合在一起。它的优点有：

①尽管仓库设施仍然需要最低限度的固定资产进行维持，但由于双方存在长期的关系和共担的风险，可以使合同仓库的成本低于典型的公共仓库的仓储。

②合同仓库的经营还能提供专家意见、灵活性以及与一系列顾客分享管理、劳动、设备和信息资源等所产生的规模经济。对于合同仓库的经营人来说，尽管在经营诸如杂货产品之类的同行业内与一系列客户分享资源是很普通的事，但是对于那些直接的竞争对手来说，彼此间想要分享资源却不是一件普通的事。

③合同仓库的经营人还把其提供服务的范围扩大到包括其他物流活动，例如运输、存货控制、订货处理、顾客服务以及退货处理等。

总之，合同仓库对仓库作业既拥有部分自主权却又无须像自建仓库那样做大量投资。

4. 运输途中的储存 (Storage in Transit)

运输中的存储，是指货物在装运到交货之间，存货存放于运输设备中，因而运输工具成为储存货物的活动仓库。运输途中的储存是一种有效的仓储方法，因为物流管理人员能够控制货物在运输过程中的时间，且运输的时间也可视运输工具的选择而改变。例如铁路运输的时间往往较空运的更长，因此经由缜密的规划以减少对仓库的需要是有可能的。特别是在货物运输距离很远，顾客服务水平又太高，同时在转运途中的存货存置成本低于一般的仓储成本时，则无论是自建仓库或租赁仓库方式均可予以剔除。

5. 混合使用的仓储系统 (Combination Systems)

很多厂商对公用仓库及自建仓库的可行方案采取联合使用的方式。当自建仓库的容量不能容纳某年的需求量时，可使用公用仓库来解决高峰需求问题。

总之，各种仓库联合使用的目的，都是为达到以最少的成本来满足顾客需求的目标。

9.2 仓储物流系统的合理化

1. 仓储物流系统合理化原则

作为物流系统中一个环节的货物仓储也存在着库场内部的货物移动，如入库、装卸、搬运、堆垛、储存和出库等。如何使仓储的物流合理化是仓储企业为提高工作效率，降低仓储成本，改善服务和提高经济效益所应认真研究的问题。

促使仓储物流的合理化是一项复杂的系统工程，要涉及诸多方面，但就一般而言，应遵循以下十条原则：

(1) 提高机械化水平的原则

对于劳动强度大、工作条件差、搬运、装卸频繁、动作重复的环节，应尽可能采用有效的机械化作业方式。自动化立体仓库的库内作业已将人力作业降低到最低程度，而机械化、自动化水平得到很大提高。

(2) 充分利用空间的原则

随着经济的发展，土地价格会越来越昂贵，特别是城市土地显得更加珍贵。因此，仓储容量的扩充靠增加土地面积是不经济的，应该注意充分利用空间的堆存能力的发展。目前，立体仓库的建设正是体现了这一原则。

(3) 安全的原则

在库场物流过程中，由于空间的狭小，作业的安全显得尤为重要。因此，对于各种搬运、装卸和堆存设备应安装安全防护装置，并尽可能做到人流和物流的分离。同时，库场内应采取各种防火、防爆、防潮和防水等措施。

(4) 物流线路直线布置原则

在允许的情况下，库场物流的线路尽可能布置成直线，以减少不必要的迂回。例如，有时在大面积堆场布置时，为避免物流线绕场走所产生的迂回现象，而在堆场中间开辟一条道路。

(5) 扩大单元原则

为了提高搬运、装卸和堆存效率，提高机械化、自动化程度和管理水平，应根据设备能力，尽可能扩大货物的物流单元，如采用托盘、货箱等。目前发展较快的集装箱单元则是一种标准的大单元装载货物的容器。

(6) 提高机动性能原则

移动货物时的机动性大小反映出物流合理化程度。评价物流机动性能可以采用0～4的“机动指数”的方法。指数所对应的机动性如图9－1所示。从物流的合理化角度看，应尽可能使货物处于机动指数高的状态。

(7) 货位布置采用“ABC”分类法原则

“ABC”分类法即将货物按其出入库的频繁程度、数量和重量的不同进行分类，并按类保管。在货物的货位布置中，根据“ABC”的分类方法，应将出入库频繁、数量大、分量重的A类货物放置在离库门较近的地方，反之则可放在离库门较远处。这种布置方式有利于缩短货物的平均搬运距离。

(8) 利用重力和减少附加重量原则

在货物搬运、装卸和堆存时，应尽可能利用货物的自重，以节省能量和投资。如利用地形差进行装货，采用重力式货架堆货等。

在保证货物搬运、装卸和堆存安全的前提下，应尽可能减少附加工具的自重和货物的包装物重量。

（9）各环节均衡、协调原则

在整个仓储物流中，应使各个环节的货物移动能力相一致。因此，针对薄弱环节，应采取措施，提高能力，致使系统的综合能力得到提高。在仓储作业中，薄弱环节主要存在于人工体力作业的环节。要提高系统的综合能力，就应将这些环节实现机械化。

（10）减少交接点原则

在仓储物流过程中，应尽可能减少换装环节，增加连续作业的过程。采用叉车进行搬运和堆垛，并可减少原来在搬运和堆垛之间存在的交接过程。

货物的支撑状况	示意图	机动指数	货物移动的机动性
直接置地	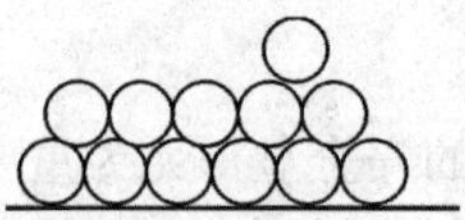	0	移动时需逐个用人力搬运到运输工具中
置于容器	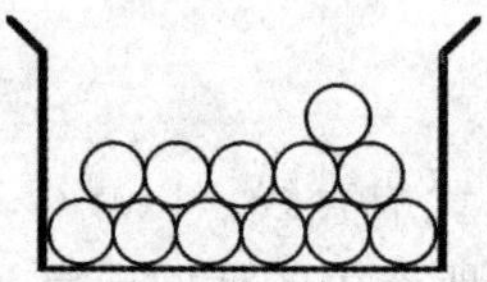	1	可用人工一次搬运，一般不便于机械使用
置于托盘	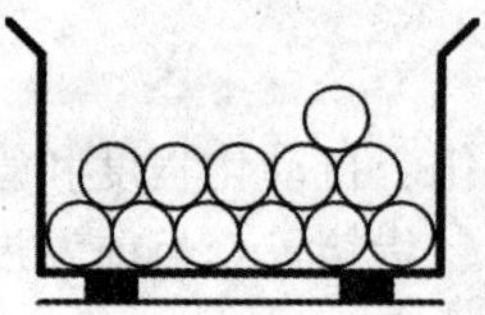	2	可以方便地使用机械搬运
置于车内	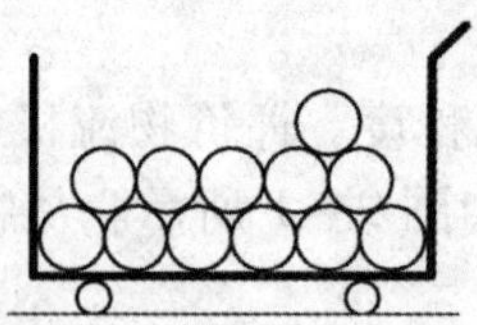	3	不需要借助其他机械便可以搬运
置于传送机	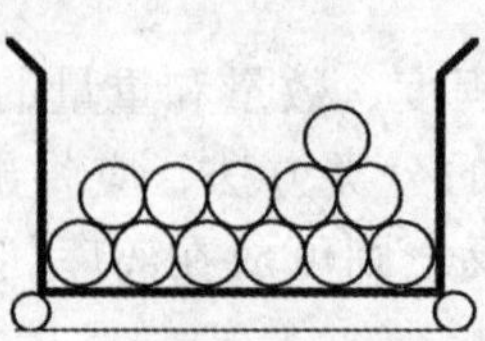	4	货物已处于移动状态

图 9－1　库场物流机动性能与指数关系

2. 仓储物流系统分析

为了使仓储物流系统分析有序进行，整个分析过程应有一定的步骤。系统分析过程可分为：确定系统的目标、系统调查、系统分析、初步拟订物流方案、方案评价、确定方案、物流方案的试运行、反馈，并在总结系统的基础上改进系统。整个系统分析过程如图9－2所示。

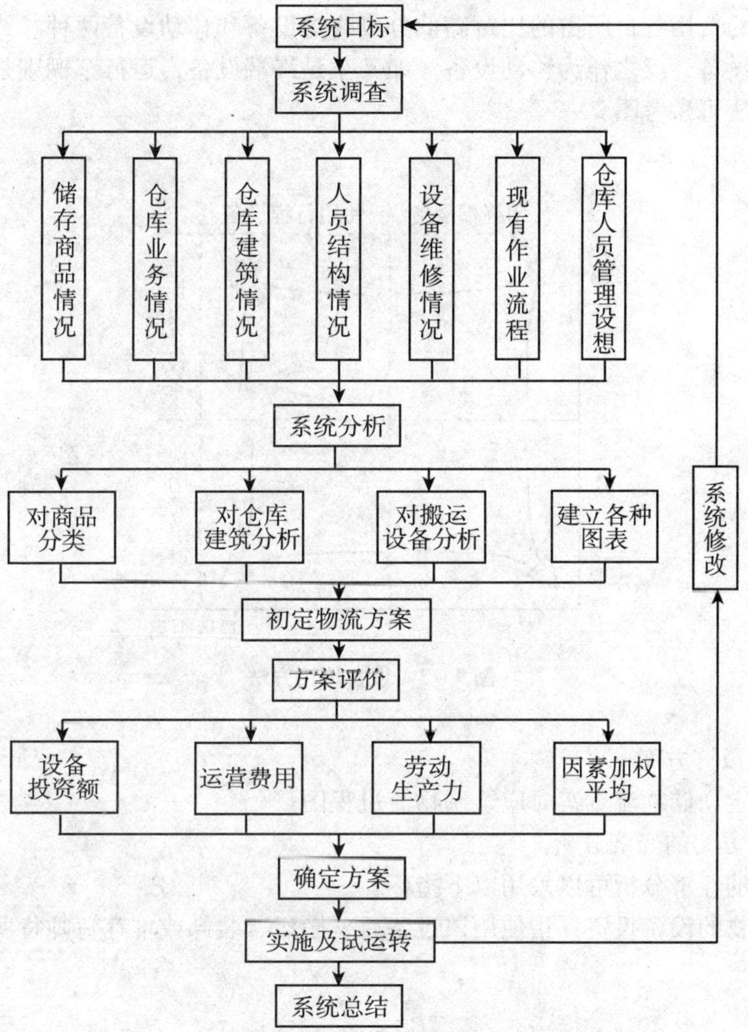

图9－2 仓储物流系统分析过程

这里，我们对物流系统分析中的主要内容作进一步讨论。

（1）对构成系统的要素进行分类分析

构成货物仓储物流系统的要素有：货物、库场、设备等。对于存储的货物可按物流特性（尺寸、重量、形状、易损性等）以及物流的动态因素（出入库频率、批量、时间等）和特性控制（政策控制、法律控制等）进行分类，并列出货物的分类表。对于库场可按库间和场区为单位，并按建筑的结构、承载量、层高和位置等因素进行分类，拟定库场分类表。

对于设备则可根据技术特性或经济特性进行分类。其中，技术特性是按不同功能的设备分类，如电梯、叉车、堆垛机等；经济特性分类方法则是将设备根据其在终端作业的费用与移动过程的费用各自所占的比重高低分成终端设备和移动设备两种。终端设备是指终端费用较低的设备，反之作为移动设备。如叉车是终端设备，运行车辆则是移动设备。设备具体分类方法可参考图 9－3。

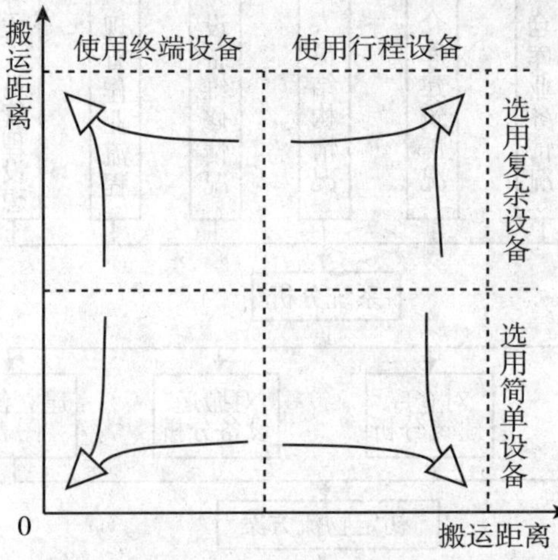

图 9－3　设备选用方法

（2）初步拟订方案

在初步拟定仓储物流方案时应绘制物流过程图。

（3）物流方案的经济分析

物流方案的经济分析可以采用以下指标：

①单位货物的设备投资：指使用该设备后，搬运、装卸或堆存每吨货所需的平均投资（元/吨）。即：

$$\overline{C_1} = \frac{C}{TG} \quad (9-1)$$

式中：C——分摊到每年的该种设备的每台投资（元）；

G——每天经该设备作业的货物吨数（吨）；

T——1 年营运天数（天）。

②设备营运费：指使用该设备搬运、装卸或堆存每吨货物的平均营运费（元/吨）。即：

$$\overline{C_2} = \frac{C}{TG} \quad (9-2)$$

式中：C——使用该设备 1 年的平均费用（元/年），一般应包括：设备维修、动力、工资、照明等费用。

G，T 含义同式（9-1）。

③物流成本：指搬运、装卸或堆存每吨货物平均所需支出的费用。即：

$$\overline{C}=\overline{C}_1+\overline{C}_2+\overline{C}_{\text{其他}}\text{（元/吨）} \tag{9-3}$$

④劳动生产率：指物流方案中人均每月（或每年）可完成的物流量（吨/人·月，或吨/人·年）。即：

$$N=\frac{G}{12m}\text{ 或 }N=\frac{G}{m} \tag{9-4}$$

式中：G——设备年作业量（吨/年）；

m——设备定员数（人）。

9.3 物流系统优化——零库存

1. 零库存的概念

一种新的观点认为，仓储是对资源的浪费。虽然仓储能解决商品的供需在时间和空间上的矛盾，但也确实增加了商品的流通费用。因此，国内外仓储经营者和使用者不断地在追求降低流通中的仓储成本，其中，减少库存量是主要途径。当今新的生产、流通管理方法。如 CIMS（Computer Integrated Manufacturing System）等，都以追求“零库存”（Zero Inventory）以及“及时”（Just in Time）为目标。把库存量控制到最佳数量，尽量少用人力、物力、财力把库存管理好，获取最大的供给保障，是很多企业追求的目标，甚至影响到企业在竞争中的地位。

所谓零库存，是指物料（包括原材料、半成品和产成品等）在采购、生产、销售、配送等一个或几个经营环节中，不以仓库存储的形式存在，而均是处于周转的状态。“零库存”概念可以追溯到 20 世纪 60 年代，日本丰田汽车公司实施全新的生产模式——JIT 生产制，具体的管理手段包括：看板管理、单元化生产等技术，最终在生产过程中实现原材料和半成品的“零”积压，生产效率得到大大的提高。此后，在其他国家，“零库存”的概念逐渐延伸到原料供应、物流配送、产品销售等领域，成为企业降低库存成本的最佳策略。

零库存的提出可以解决库存管理中的部分浪费现象，零库存是一种特殊的库存概念，其对工业企业和商业企业来讲是个重要分类概念。零库存可以免去仓库存货的一系列问题，如仓库建设、管理费用、存货维护、保管、装卸、搬运等费用、存货占用流动资金及库存物的老化、损失、变质等问题。

从物流运动合理化的角度来研究问题，零库存的概念应当包含这样两层含义：

①库存对象的数量趋于零或等于零（即近乎无库存物资）。零库存，没有资金和仓库

占用，是库存管理的理想状态。然而，由于受到不确定供应、不确定需求和生产连续性等诸多因素的制约，企业的库存不可能为零，基于成本和效益的最优化的安全库存是企业库存的下限。但是，通过有效的运作和管理，企业可以最大限度地逼近零库存。

②库存设施、设备的数量及库存劳动耗费同时趋于零或等于零（即不存在库存活动）。这种意义上的零库存，实际上是社会库存结构的合理化调整和库存集中化的表现。就其经济意义而言，它并不亚于通常意义上的仓库物资数量的合理化。

值得注意的是，零库存并不等于不要储备和没有储备，即某些经营实体（如生产企业）不单独设立仓库和库存物资，并不等于取消其所需求的储存。实际上，企业（包括生产企业和商业企业）为了应付各种意外情况（如运输时间延误、到货不及时、生产和消费发生变化等），常常储备一定数量的原材料、半成品和成品，只不过这种储备不是采取库存或自有库存的形式罢了。从理论上讲，经营实体储存一定量的产品，并由此形成“保险储备”也是一种合理的行动，它与实现零库存的愿望并不矛盾。

需要说明的是，上面所讲的零库存是针对微观经济领域内经营实体（企业）的库存状况而言的一种库存变化趋势，它属于微观经济范畴。从全社会来看，不可能也不应该实现“零库存”。为了应付可能发生的各种自然灾害，必须储存一些重要物资（如粮食、战略物资、抢险救灾物资等）。因此，在微观领域内，一些经营实体可以进行“零库存”式的生产和无库存式的销售，但整个国家或社会不能没有库存。

2. 零库存的实施途径

如上所述，零库存是微观领域内企业库存状况的理论抽象，并且是在有保证供应的条件下实现的。那么，具体到生产实践和流通，通过什么途径供应物资，推行什么样的供应体制才能在某些节点实现零库存呢？

通过研究国内外生产和流通实践，我们发现，通过下述从事生产经营活动可以在微观领域内实现零库存：

(1) 委托保管方式

在国外，有些仓库虽然隶属于某个集团或集团公司，但其服务对象并不仅限于集团内部各成员企业，而是面向社会开展经营活动。这些仓库通过为客户储存、保管货物而赚取一定的利润，以此维持其生存和发展。这就是在本章第一节谈到的“公共仓库”，也有人把这种仓库称为“营业仓库”。显然，营业仓库是一种专业化、社会化程度比较高的仓库。委托这样的仓库（或物流组织）储存货物，从现象上看，就是把所有权属于用户的货物存放在专业化程度比较高的仓库中，由后者代理用户保管和发送货物，用户则按照一定的标准向受托方（仓库）支付服务费。采用这种方式存放和储备货物，在一般情况下，用户（委托方）自已不必再过多地储备物资，甚至不必再单独设立仓库从事货物的维护、保管等活动。这样，在一定范围内便可以实现零库存和进行无库存式生产。

采用委托公共仓库（或营业仓库）方式来实现零库存，有以下几点好处：受托方（营业仓库）可以充分发挥其专业化水平较高的优势开展规模经营活动，从而能够做到以较低的仓储管理费用提供较高水平的后勤服务；对于委托方来说，可以减少大量的后勤工作，由此，能够集中精力从事生产经营活动。但是，我们也看到：以上述方式去实现零库存，实质上是库存（或库存物资）位置的移动，它并没有减少社会总库存和降低库存物资总量。

（2）推行协作分包的经营制度

协作分包方式，即美国的“sub－com”方式和日本的“下请”方式，主要是制造企业的一种产业结构形式，这种结构形式可以以若干分包企业的柔性生产准时供应，使主企业的供应库存为零；同时主企业的集中销售库存使若干分包劳务及销售企业的销售库存为零。

在许多发达国家，制造企业都是以一家规模很大的主企业和数以千百计的小型分包企业组成一个金字塔形结构。主企业主要负责装配产品和开拓市场的指导，分包企业各自分包劳务、分包零部件制造、分包供应和分包销售。例如分包零部件制造的企业，可采取各种生产形式和库存调节形式，以保证按全企业的生产速率，按指定时间送货到主企业，从而使主企业不再设一级库存，达到零库存的目的。主企业的产品（如家用电器、汽车等）也分包给若干推销人员或商店销售，可通过配额、随时供给等形式，以主企业集中的产品库存满足各分包者的销售。使分包者实现零库存。

采用上述方式去从事生产和经营活动，也可以在一定范围内实现零库存，其原因是：

①在协作、配套生产的方式下，企业与企业之间的经济关系更加密切，从而在一些企业之间（如在生产零件的企业和组装产品的主导企业之间）能够自然地构筑稳定的供货（购货）渠道。供货渠道稳定，则意味着可以免除生产企业在后勤保障工作上存在着的后顾之忧，进而可促使其减少物资库存总量。甚至取消供应品库存，实现零库存。

②在“分包销售”体制下，由于实行“统一组织产品销售、集中设库储存产品”的制度，并且是通过配额供货的形式将产品分包给经销商的，因此，在各个分包（销售）点上是没有库存的，在分包销售制度下，分包者的“销售品库存”是等于零的。

（3）实行“看板供货”制度

所谓“看板供货”即“即时供货”。这种制度最早产生于美国，后来在日本得到了完善和发展。20 世纪 90 年代中期，我国部分生产企业也曾经尝试过这种供货制度。从运作和原理上来看，“看板供货”就是在企业内部各工序之间，或者在建立供求关系的企业之间，采用固定格式的卡片由下一个环节根据自己的生产节奏逆方向向上一个环节提出供货要求，上一个供货环节根据卡片上指定的数量、品种供应数量、品种等即时组织送货。很明显，实行这样的供货方法（或供货制度），可以做到准时、同步向需求者供应货物。在这种场合下，后者自然不会再另设库存。

看板方式是准时方式中的一种简单有效的方式，其主要目的是在同步化供应链计划的协调下，使制造计划、采购计划、供应计划能够同步进行，缩短用户响应时间，节约采购资源，降低原材料和外构件的价格，提高企业的适应能力。在具体操作过程中，可以通过增减看板数量的方式来控制库存量。

（4）按订单生产方式

企业的一切生产活动都是按订单来进行采购、制造、配送的，仓库不再是传统意义上的储存物资的仓库，而是物资流通过程中的一个“枢纽”，是物流作业中的一个站点。物资是按订单信息要求而流动的，因此从根本上消除了呆滞物资，从而也就消灭了“库存”。这与传统意义上的为“库存”而生产，生产出来的产品进入“库存”后再等待订单是根本不同的。例如，作为中国首家物流示范基地的海尔集团，其“一流三网”同步流程物流模式充分体现了现代物流的特征，其中“一流”就是以订单信息流为中心，“三网”都是为订单信息流的增值提供服务的。

以海尔集团为例，仓库不再是储存物资的水库，而是一条流动的河，河中流动的是按订单采购来生产必需的物资，即按订单来组织生产。海尔每个月平均接到6000多个销售订单，这些订单的定制产品达7000多个，需要采购的物料品种达15万余种。在这种复杂的情况下，海尔物流自整合以来，呆滞物资降低73.8%，仓库面积减少50%，库存资金减少67%，海尔国际物流中心货区面积7200平方米，但它的吞吐量却相当于普通平面仓库的30万平方米，同样的工作，海尔物流中心只有10个叉车司机，而一般的仓库完成这样的工作则需要上百人。这就是海尔特色物流实现零库存的方法之一，值得国内其他企业借鉴。

（5）JIT（Just in Time）配送方式

JIT配送方式即企业及时地将按照订单生产出来的物品配送到用户手中，在此过程中，通过物品的在途运输和流通加工，减少库存的方式，企业可以通过采用标准的JIT供应运作模式和合理的配送制度，使物品在运输中实现储存，从而实现零库存。DELL公司就成功地使用了JIT配送方式，一般情况下，包括手头正在进行的作业在内，它的任何一家工厂里的库存量都不超过5~6小时的出货量。

（6）依靠专业流通组织准时而均衡供货

这里所讲的专业流通组织是指专门从事商品购销活动的企业。通常，这类组织都拥有配套的物流设施和先进的物流设备，也拥有大量的资金和物资资源。在流通实践中，依靠这样的组织去准时而均衡地向需求者供货，实际上就是利用职能企业的物力（库存物资）、财力去支撑社会上的生产和经营活动。从某种意义上说，也就是以集中库存的形式来保障生产和经营活动的正常运转。从需求者的角度上看，依靠专业性流通组织准时而均衡供货，等于是把某些后勤服务工作交给了职能企业。显然，在这样的供应体制下，作为需求者的生产企业和经营企业，不可能也没有必要再保留过多的库存物资。相反，会自动地缩减和取消自己的库存，从而实现零库存。

（7）分散库存的销售方式

分散库存即将产品“即进半售”或“超期即送”。即进半售，是指当产品入库后，除即进即售情况外，可采取接受定金或分期付款办法，将产品半卖半“送”。超期即送，是指对超过正常库龄的产品，可采取不付款“送”给用户先用，即赊销的办法。尤其在IT行业，产品月降价速度接近3%，如产品长时间放在库房而未能实现销售和回款，经过一段时间以后，产品价格会下降到远远低于原价值。这种连卖带“送”的方法，可使企业产品立刻转移出去，从而实现零库存。无论库存产品是卖出去还是“送”出去，理论上它都将保持原值，不会发生库存折损。

(8) 无库存储备方式

国家战略储备的物资，往往是重要物资，战略储备在关键时刻可以发挥巨大作用，所以几乎所有国家都要有各种名义的战略储备。由于战略储备的重要性，一般这种储备都保存在条件良好的仓库中，以防止其损失，延长其保存年限。因而，实现零库存几乎是不可想象的事。无库存的储备，是仍然保持储备，但不采取库存形式，以此达到零库存。有些国家将不易损失的铝这种战略物资做成隔音墙、路障等储备起来，以备万一，在仓库中不再保有库存就是一例。

(9) 轮动方式

轮动方式也称同步方式，是在对系统进行周密设计前提下，使整个环节速率完全协调，从而根本取消甚至是工位之间暂时停滞的一种零库存、零储备形式。这种方式是在传送带式生产基础上，进行更大规模延伸形成的一种使生产与材料供应同步进行，通过传送系统供应从而实现零库存的形式。

3. 零库存的实施条件

通过以上分析可以看出，零库存要求完全按需生产，按需采购，也就是原材料采购、产品生产、成品销售都必须是适时的。

(1) 销售环节的信息必须准确及时

这要做到需求信息完整、准确和及时。客户需求一般是随机多变的，虽然目前预测工具越来越精确，可是准确预测市场信息仍然很难。因此许多企业按订单生产，这是完全和市场需要合拍的行为，但不可避免地使许多用户因为不愿意等待时间而转向其他厂家。

(2) 高度柔性的生产系统

生产环节的零库存一方面有赖于采购的及时供应，另一方面必须有高度柔性化的系统，能够根据订单时间、规模、品种、数量调整生产线和生产流程，进行快速转换，以保证及时、准确地满足订单要求。

(3) 供应链上下游企业的紧密合作

无论是企业获得销售信息还是准确订单，及时供应原材料，都必须得到下游零售商和上游供应商的紧密合作，包括订单和销售等各种相关信息共享，原材料和零部件供应商供应能力和发货信息共享。生产企业生产计划信息共享，以及和零售商一起制订产品促销计划，保证上下环节对生产和销售的一致理解。

(4) 高效的物流配送系统

信息共享是基础，在零库存要求下，只在需要的时候到达需要数量物品，必须有非常高效的配送系统。这是指两个方面：一是及时、准确供应原材料和零部件；二是成品及时、准确送达市场。

(5) 严格的质量保证体系

上述所有这些基于协作的共享信息必须以同样方式得到理解和处理，才能在供应链上形成统一的认识和行动。由于供应链上任何环节需要的原材料或产品的量都是非常准确的，任何一个环节失误都会引起整条供应链中断和混乱，因此相互的理解、协作和信任应该得到统一认识和执行。

4. 零库存实施的风险和收益分析

零库存的实施能为企业带来巨大利益：库存成本下降，运作流程优化，完全按市场反映，避免了大量不为市场所需产品的积压和生产。但零库存同时也存在着巨大风险和隐患，一旦供应链某环节出现失误，会引起整条供应链中断或崩溃；这种风险防范只能靠供应链企业之间紧密合作才能减轻和消除。因此实现零库存最根本的条件是发展和加强供应链企业间合作、信任和互助的关系。

零库存在实施方面存在以下风险：

①缺货风险，由于缺货可能性增加，机会成本也随之增加；

②物流成本过高，需求量小，运输次数增加，相应的运输费用、管理费用和订货费用大幅上升；

③交货期过长，使企业很难快速对市场做出反应，使竞争对手有机可乘，客户满意度降低；

④信息共享及利用现代化信息平台和通信工具所带来的安全漏洞增加。

企业在实施零库存时，必须分析比较实施的风险和效益。但有些风险和收益不易量化，所以企业在衡量风险收益时，应该以成本为基础，同时兼顾考虑企业的战略发展，选择合适的成本和长期效益切入点。

5. 实施企业零库存管理应注意的主要问题

(1) 企业必须转变观念

与供应链各方建立相互信任、相互合作、相互协调的战略伙伴关系。一是要积极寻找和发展战略合作伙伴；二是在合作伙伴之间建立分工协作、相互信任的关系。合作的目标定位于削减库存，同时避免缺货现象的发生，做到适时、适量、适质、适地、适价地提供所需物品。

(2) 加快企业信息系统建设

最大限度地将销售信息、库存信息、生产信息、客户信息、成本信息等与合作伙伴交流分享，做到信息共享，增大信息透明度。同时，在此基础上，要求各方在一起发现问题、分析问题、解决问题。

(3) 采用先进的供应链库存管理技术与方法

努力提高管理水平，包括采用供应商管理库存（Vendor Managed Inventory，VMI）管理系统、联合库存管理、多级库存优化以及按订单采购、制造、配送等。同时对原材料采购管理、生产管理、销售管理、信息管理、人力资源管理等都必须有供应链管理全局的思想。

（4）充分利用第三方物流资源

坚决走专门化、集约化的道路，集中人力、财力、物力努力发展本企业具有核心竞争力的产品，把非核心竞争力的物流交由第三方物流企业代理、配送，只保留少量的安全库存，增强企业的市场竞争力。

（5）加快企业内部物流设施设备的更新，推广高新技术在物流设备中的应用

要想实现零库存，只有很好的“软件”是不行的，还必须有与之配套的“硬件”才行。目前国内大部分企业的物流设施设备现状已经阻碍了零库存的实现，提高物流设备高技术含量，加快物流设施设备的更新已是刻不容缓。

（6）加速企业电子商务的发展，尤其注意电子商务与物流领域的结合

虽然我国电子商务在实施过程中，条件还不配套、不成熟，但是随着电子计算机技术的发展，实施电子商务是一个必然趋势。

9.4 仓储增值服务

1. 仓储增值服务的含义和特征

从概念上看，增值服务是相对于常规服务而言的。常规服务一般是指提供物流的几大基本功能要素，比如提供仓储、运输、装卸搬运、包装、配送等服务，它们提供了空间、时间效用以及品种调剂效用。常规服务大多是与完成货物交付有关的服务，主要依靠物流设施、设备、器具等硬件来完成，是资产和劳动密集型的服务，具有标准化的特征。

增值服务则是根据客户的需要，为客户提供超出常规的服务，或者是采用超出常规的服务方法所提供的服务。创新、超常规、满足客户个性化需要是增值物流服务的本质特征。

在信息主导商业发展的今天，增值服务主要是借助完善的信息系统和网络，通过发挥专业物流管理人才的经验和技能来实现的，依托的主要是企业的 IT 基础，因此是技术和知识密集型的服务，可以提供信息效用和风险效用。这样的服务融入了更多的精神劳动，能够创造出新的价值，因而是增值的物流服务。

2. 仓储增值服务的内容

除了提供传统意义上的服务项目，现在的仓储企业还在努力向客户提供各种各样、符合客户需求的增值服务，以提升自己仓库的内在价值、保持竞争能力。

仓库增值服务主要集中在包装或生产上。

（1）与包装有关的增值服务

最普通的增值服务与包装有关，如加刷唛码、刷贴标志、打膜、改换包装等。在通常的情况下，产品往往是以散装形式或无标签形式装运到仓库里的，所以，这种存货基本上没有什么区别。一旦收到顾客的订单，仓库经营人就要按客户要求对产品进行定制和发放。这时的包装功能不再仅仅是“保护产品、方便运输、促进销售”，而是具备了增值服

务功能。

例如，一家汽车电池制造商把未做标志的产品装运到仓库中去，并向仓库经营人提供有关商标牌号的待印图案。一旦接到订货要求使用特定的标志时，仓库经营人就把该标志图案印制到电池上，然后用定制的盒子将产品包装起来。所以即使该产品在仓库里存放时是没有区别的，但是该顾客实际收到的是已经定制化了的产品和包装。由于支持个别顾客需求所需要的安全储备量较少，使该制造商可以减少其存货。与此同时，还可以相应地减少市场预测和生产计划的复杂性。

此外，仓储可以通过优化包装来提高这种增值报务，以满足整个渠道的顾客需求。例如，仓库可以通过延伸包装（Stretch – Wrapping）和变换托盘来增值。这种做法可以使制造商只处理一种统一的产品，与此同时，延期包装，以使包装需求专门化。

另一种有关仓库增值的例子是在产品交付给顾客以前，去除保护性包装。在大型器械的情况下，这是一种有价值的服务，因为有时要顾客处理掉大量的包装是有困难的，因此，去除或回收包装材料是提供的增值服务。

仓库经营人还可以通过改变包装特点来增值，诸如供应商将大批量的防冻剂装运到仓库，然后仓库经营人又对该产品进行瓶装，以满足各种牌号和包装尺寸的需要。这类延期包装使存货风险降到最低程度，减少了运输成本，并减少损坏（即相对于玻璃包装的产品而言）。

（2）与生产有关的增值服务

仓库还能够完成生产活动，以延迟产品的专门化和优化产品的特点。有时，在仓库里进行装配还可以纠正生产中的问题。例如，可以将汽车引擎装运到仓库里去。如果汽化器发生了质量问题，他们就可以在仓库里更换，无须将每一个装置都退回到引擎厂去。在这种情况下，仓库是作为生产的最后阶段进行作业的。

（3）与金融相关的增值服务

仓库还能提供一些金融服务业务，这是传统仓储向现代物流发展的一个延伸业务，它可以被看成是一种金融产品。例如，由仓库代替买卖双方进行货款结算的业务，以及提供仓单质押业务（详见本书第二章第六节）等。

（4）其他增值服务

另一种增值服务是对诸如水果和蔬菜之类的产品进行温控。仓库经营人可以依赖储存温度，提前或延迟香蕉的成熟过程。这种产品可以按照市场的状况成熟。

提供增值的仓储服务还能够提供有关的市场机密。例如，美国进口商可以为私人牌号的顾客重新给产品加标志。这种重新加标志的活动是在该产品进入美国后才能完成的，以防止供应商识别进口商的最终顾客。

此外，还包括品质检验、代理客户承担指定商品的促销、陈列等服务。

当然，从全球一体化物流和供应链集成的发展趋势来看，增值服务的范畴要广阔得多。基于一体化物流和供应链集成的增值服务是向客户端延伸的服务，通过参与、介入客户的供应链管理及物流系统来提供服务，这种服务能够帮助客户提高其物流管理水平和控制能力，优化客户自身的物流系统，加快响应速度，为企业提供制造、销售及决策等方面的支持。如库存管理与控制、采购与订单处理、市场调研与预测、产品回收、构建物流信息系统、物流系统的规划与设计、物流系统诊断与优化、物流咨询及教育培训等。这类服务往往要企业发挥更大的主动性去挖掘客户的潜在需求，需要更多的专业技能及经验，具有更大的创新性和增值性，是高技术、高素质的服务。这种高层次的增值服务需要建立在双方充分合作信任的基础上。

3. 实施增值服务的步骤

(1) 引导客户需求，实现客户增值新体验

在以客户为中心的市场经济条件下，任何仓储物流企业的立足、发展和壮大都要符合客户做主导的新经济模式。换言之，也就是说企业在实施任何新的服务策略之前，一定要明白客户到底需要什么服务，什么时候、什么环境下需要这种服务；而不能认为只要自己能提供什么样的增值服务，客户就会接受这种服务。这里是指企业的服务策略必须要有很强的针对性，要对症下药，才能有的放矢。

但是，客户需求往往是千变万化的。不同的客户，甚至同一客户在不同的情况下，往往也会有不同的服务需求。有时候甚至连许多客户自己都不清楚到底需要什么服务，这时仓储物流企业就应该适时对客户需求进行适当的引导，为客户分析市场形势，提供量体裁衣式的增值物流服务，并努力让客户体验到物超所值的仓库增值服务。只有服务对口了、到位了，满足了客户的服务需求，客户才能体会到服务增值的感受，自然也就提高了对仓储企业的信任度和认可度，才会放心接受其提供的其他增值服务，企业的服务范围因此得到扩展，服务质量和企业的核心竞争力进一步提高，最终实现企业与客户、服务与需求的良性互动循环。

在企业与客户的互动循环中，引导客户需求是第一步，也是至关重要的一步。万事开头难，引导客户需求，不仅要对客户进行充分详尽的客户需求调研，而且要把提供增值服务与实现客户增值体验结合起来。要让客户知道自己得到的服务价值超过自己所支付的服务费用。这就需要仓储企业解决好两个问题：一是如何满足客户的个性化、多样化需求；二是如何实现物超所值的服务承诺。解决好上述两个问题，也就是仓储企业实施增值服务所必须走好的两步。

(2) 对症下药，提供一体化的物流解决方案

传统仓储服务的内容大多都集中在传统意义上的储存、保管、配送的范畴之内。他们对传统服务内容有着比较深刻的理解，对某个单项服务内容有一定的运作经验，但却缺乏将多个单项服务内容有机组合起来的经验和尝试，即缺乏针对客户专门提供一体化物流的解决方案。这种能力的欠缺造成了我国大多数仓储物流服务商很难满足客户的个性化需求，也就很难为客户提供个性化、多样化的仓储增值服务。

我国物流市场发展的现状客观上要求仓储企业向第三方物流企业甚至向一体化物流解决方案提供商转变。物流解决方案提供商并不是一个崭新的概念，国外已有一些比较优秀的物流企业具有这方面的成熟运营经验，他们可以是物流咨询公司，也可以是以物流软件

起家，继而以物流软件为基础提供解决方案的企业，例如德国著名的 SAP、韩国的 SLI 等。国内的物流解决方案提供商大都与物流软件供应商合作，共同为客户提供物流解决方案。一般来说，物流解决方案提供商不需要硬件投资，如仓库设施、运输工具等，只需要提供物流运作思路和物流管理方案。相比之下，国内由传统储运企业转型而来的 3PL 不仅拥有成熟的配套硬件设施，而且积累了丰富的物流运作经验，相对其他物流解决方案提供商而言，在基础设施和运作经验上更具优势，阻碍它们向一体化物流解决方案提供商转变的唯一障碍便是优秀物流专业人才的缺乏。

3PL 要适时向物流解决方案提供商转变，为客户提供个性化的增值服务，不仅需要突破人才瓶颈，还应该形成独特的商业模式，尽快开发出针对常见物流需求和物流问题的配套方案模型，包括物流信息系统解决方案、物流优化配送解决方案、物流供应链管理解决方案、一体化物流解决方案等。如广东邮政在原有一体化物流服务的基础上，已经瞄准了增值服务这一领域，即向客户提供全程的物流解决方案。

（3）借助信息技术，实现增值服务承诺

信息技术在物流运作中的广泛应用，不仅打破了传统的运输、仓储、配送等物流各个环节各自为政的局面，使一体化物流运营成为可能，而且使仓储物流企业为客户提供增值服务提供了有力的技术保证。

在信息日显重要的商务活动中，仓储物流企业要实现物超所值的服务承诺，必须充分依靠信息技术，通过建立良好的信息系统，实现与客户的高效沟通。这是确保企业与客户进行良好的交互活动、提供 IT 服务并提高服务质量的前提条件。

通过建立物流管理信息系统，仓储物流企业可以运用先进的信息技术来管理物流业务运作，实现业务信息的一体化运营，提高信息层面的透明度，缩短物流运作时间，这样企业才有可能实现服务承诺，为强化物流增值服务奠定基础。

信息技术的应用往往是双向的、互动的。仓储物流企业要想提高增值服务的水平，除了自身的信息系统建设外，还可以考虑为客户提供配套的物流信息服务，如运行系统的平台和技术支持，建立和客户的交互活动，提供服务信息的实时查询、浏览、在线货物的跟踪，联机实现配送路线的规划、物流资源调度、货物检查等。借助信息技术，为客户提供物流信息服务，不仅可以提高企业与客户之间的沟通效率，还可以提高双方交易的反应速度，使客户真正体会到增值服务所带来的超值感受。

4. 客户化仓储

（1）客户化仓储的产生

客户化是仓储增值服务的重要特点。动态的仓储环境，增长的顾客需求，及对更佳仓储表现的要求，要求仓储企业只有不断地提供越来越多适应客户要求的仓储服务项目，才能在日益激烈的市场竞争中占有一席之地。

面对不断变化的顾客需求，典型的情况是仓储主管对顾客的需求做出被动的反应，随着顾客新需求的提出，仓储主管试图找到一种方法以满足这些需要，随着新需求出现的速度远远超过了反应的速度，这种方法已经越来越不奏效了。现在仓储企业需要的是主动而非被动的反应。为此，客户化仓储的概念被提出，这种主动追求客户化仓储的仓库将是今天乃至将来的成功者。

向客户化仓储的一个重大的转变发生在1980年，是从了解仓储的重要性开始的，随着配送网络分析指出，可以通过增加产量、统一配送及降低运输成本提高效率，大型的中心设备便成为趋势所在，仓库在通过运输设备运送商品中做得越来越好，因此增加了它们的周转次数。

对仓储重要性的清楚认识导致了高质量的订单选拣设备和仓储管理系统的引入，以便在仓储中提供优良的表现。向客户化仓储迈进第二步发生在1990年，仓储有效地利用了信息的力量，计算机使得仓储工作变得更容易，仓储管理系统（WMS）通过实时的信息做出更明智的选择。

（2）客户化仓储的优点

客户化仓储提供了下列优点：

①减少了所需的库存空间；

②减少了库存增加对仓库的压力；

③提高了顾客服务水平（减少退回订单，增加反应能力，增强客户化能力）；

④减少顾客退货及退货费用；

⑤减少了储存单元的重组；

⑥降低了陈旧和周转缓慢的库存水平；

⑦增加了对特殊和快速订单的应付的可变性；

⑧生产可以计划、安排、统一，平衡产品以使之在最经济的批量下生产而不是以库存为基础；

⑨生产可以降低转产的效率和组件的次数；

⑩增加库存周转次数。

（3）客户化仓储带来的转变

客户化仓储使生产和销售的责任界限变得更模糊，工厂完成的一些任务将转由仓储完成，并将导致四个区域的重大转变：

①设施。由于生产的是基本产品，因此生产变得简单化的同时。减少了存储成品的空间，因此，仓储需要为客户化提供更多空间，包括商标、包装纸、包装箱的储存空间，生产供应、摆放货架、托盘、组装、油漆、定价、包装、贴标签、装配或生产的工作空间及进行进一步客户化仓储的可变空间。

②设备。随着储存需求的改变及一些生产功能的进入，客户化仓储需要更多的、新的、不同的设备，如果需要仓储提供客户化，则具有相当灵活、合适的设备将是必需的。

③技术。为了能处理客户化需求，仓库必须拥有一个实时的、以条形码为基础及射频技术的仓储管理系统，除了典型的仓储管理系统的功能外，客户化仓储管理系统还需要有以下功能：装配客户化所需的材料，按照材料加工单安排生产任务，追踪工作过程。

④劳力。在特定的客户化仓储设计中，需要更多的劳动力，或者说仓库中不允许存在

剩余劳动力，但是，很明显它将要求劳动力有更高的技术水平和可变性，可能一些生产工人将从生产线上转移到仓库中去完成生产转至仓储的任务。

9.5 进行有效的仓储管理

进行有效的仓储管理必须考虑以下几个方面：

1. 有效的人工管理

劳动力是任何成功仓储最重要的因素。然而随着经济的发展，人工处理的程序越来越复杂，人工成本占库存成本的很大一部分。是否能够分配好人力资源进行有效运作是高效仓储管理的重要评判标准之一。人工管理技术可以帮助那些被员工困扰的仓储企业，辅助管理者决策所需仓储员工的数目，并且可以采用工程劳动标准和支持系统评估仓储工人的绩效。另外，公司应该提供激励措施给由员工组成的团队而不是个人，发挥团队的最大潜力。

有不少仓储管理系统缺少在人工管理及绩效考核方面的考虑，或者是缺少对人工管理这一功能的衔接。若单纯引进人力资源的管理，而未和物流仓储的结合又导致企业整体信息化的脱节。

2. 仓库布局设计和设备的改进

作为物流流程整个系统的枢纽，仓库的设计布局是否合理影响着整个库内作业效率。例如可以把仓库按产品类别分为不同的拣选区。这样，整箱、拆箱、整盘分开作业，可以避免现场凌乱，减低货物掉落破损。另外，对仓库的设备改进还体现在对货物物资的包装上。长期以来，仓储企业为了追求“零库存”，一直投资于仓库存储环境的改善和库房建设上，以吸引货主的青睐。但库房利用率不可能始终保持在100%，而且仓储的周期也越来越短。这时，对货物包装的投资成为仓库提高效率、提高竞争力的一个考虑因素。

先进的包装不但可以为货物提供有效的保护，吸引货主（特别是那些较难保存的货物），而且还能为仓储机械化作业提供方便。引进无线射频和数据自动采集技术使包装的标准化、集束化。一方面可以充分发挥装卸搬运机械的效能，从而提高装卸、搬运、堆码垛的效率，加速实现仓储作业机械化。另一方面，现代仓储信息化的自动化收发不仅要求物资包装的尺寸、规格统一，而且还要求将物资信息通过条形码等技术体现在包装上，而这恰恰是物资包装标准化所要实现的目标。因此，改善物资包装，有利于仓储管理自动化。目前，国内的大部分WMS软件都包括了RFID技术等数据自动采集的功能。

3. 开展增值服务以及逆向物流的实现

传统的仓储主要收益来源于保管费，所以希望仓库总是满满的。而现在，一些仓储企业向货主提供的服务不再局限于收货、储存和运送，已经开始向货主或零售商提供额外的增值服务。一些制造业希望同时向多个市场提供产品，零售商也希望顾客能够收到其所需的货物，或是专门的推销商品。仓库会在货物出库前对产品（货物）进行加工，根据货主的需要对产品进行设计、组合、包装和贴标签，然后向不同的市场发货。例如 PC 机的库内加工，就是将原来分散的各个计算机配件组装成一台顾客需要的 PC，而这一切不需要计算机的制造商将分散的货物出库完成，完全由仓库代劳。

逆向物流也正呈现出越来越重要的地位，对很多没有自己物流仓储系统的制造商或零售商来说，仓储中心对逆向物流的支持成为竞争因素之一，任何作业的神经中枢都是仓库，有效管理仓储中心产品的回收、处理、修理及退换对客户服务有着极其重要的影响。

4. 仓库内的中枢指挥中心

中枢指挥中心可以是一个项目管理机构，指导库存新账的完成、报告执行结果以及每一部的进展情况，同时维系外部客户联系。指挥中心应该包括两个部分：人和系统。仓库内的作业操作是在“四面墙”的仓库内完成的，仓库管理系统除了能够实现包括进出货管理、库存管理、订单管理、拣选、复核、商品与货位基本信息管理、补货策略、库内移动组合等“墙内”的系统功能之外，还要考虑仓库管理系统（Warehouse Management System，WMS）和运输管理系统、客户管理、员工管理系统之间的衔接。在仓库管理系统下能够实时查询产品的存放地点以及在供应链的存放地点，并且运用实时信息可以准确、合理地在多节点网络中分配货物。这就是 WMS 作为库内指挥中心的作用。专业的物流软件公司一般提供仓储、配送、综合物流一系列的信息化服务，就是为了整个物流过程的衔接与统一。仓库在引进 WMS 时也要为今后物流其他环节的信息化应用留好对接口。

虽然有了完善的仓储管理系统，但是人在指挥中心中的作用不能被技术所代替。物流项目负责人需要在大量数据的基础上对有限的资源进行最佳分配。仓储不是自动化业务，仓储有太多的不确定因素，需要对仓储内外熟悉的负责人担任起总控的角色。

在进行仓储系统的优化中，应注意以下几点原则：

（1）目标——必须量化和度量

要想获得成功必须有明确的目标，为了优化，你必须知道怎样才算被优化。量化目标使得使用计算机决定一个物流计划方案是否优于另一个方案成为可能，管理人员就可以衡量优化方案是否有投资回报。例如，快递公司可能把目标定为：日常最低维修成本、燃料成本和劳动力成本，这些成本是很容易被量化和度量的。

（2）模型——必须真实地代表物流过程

模型是把优化要求和限制转化为计算机可以接受的语言途径。例如，我们需要模型来表示从仓库出货到装运卡车的过程。最简单如出货的总重量、体积的模型必须真实表示装运要求。

如果一种重量、体积模型被用于表示另外一种新型车辆的装运，模型就失真了，因为它没有真实代表实际的装运情况。如果模型不能代表真实的情况那么整个优化措施将会是不切实际、没有效率的。

（3）数据——必须准确、时效和容易理解

数据引导着整个优化过程，如果数据不准确或不及时地纳入整个优化过程，那么指定的物流计划明显是不能令人信服的。优化过程包含实施计划，数据必须要容易被理解、接受，这样才能有良好的沟通，整个系统才会协调。例如，如果卡车运输对某些货物有体积限制，那么仅仅掌握运输货物的重量是不够的。

（4）整合——必须支持全部数据转换

数据整和是非常重要的，因为大量的数据要围绕物流优化来采集。例如，优化从仓库到商店运输过程需要相关订单、客户、车辆、驾驶员和道路信息等数据，这些大量反馈的数据中有的是无用数据，有的是错误数据，需要整合，筛选出与优化相关的有效数据。

（5）传达——优化方案必须以一定的形式传达给执行官、管理者

只提供物流优化解决方案而不具体实施并不能算是成功的，只有提供给管理层实施方案而不具体实施并不能算是成功的，唯有提供给管理层实施方案并最后取得期望的投资回报才算是成功的。因此优化方案必须以最简单、明了的方式传达给管理者和执行者，管理者需要更多全面集中的信息来实施整修计划，其中网络是信息传递的重要媒介。

（6）算法——必须以独立地解决单个问题

物流优化技术之间最大的区分在于计算机寻求物流优化途径的算法。毫无疑问，对于每类物流问题都有各处的特点，必须针对每个不同的问题开发相关的计算机算法来提供最佳的优化方案。然而值得注意的是：算法结构必须能够被每个物流优化系统识别和理解；优化的算法要有弹性，能够在使用时和其他系统协调。物流优化问题有许多可能的方案，如货物运输容量的减少有时有几千种可能的方案。利用不合适的算法结构意味着计算机挑选的方案可能以一些不可靠的，违背优化原则的数据为基础，或者整个方案的运算时间过长，甚至得不出方案。

（7）运算——运算平台必须在有效时间内算出优化方案

由于每一个实际物流问题都有成千上万的优化方案，因此需要强大的计算机来支持运算，它能保证在合理的时间内计算出最好的物流优化方案。显然，由于优化技术要在实际环境中运行迅速得到实现，因此在短时间内得出最优方案是必要的。与单一的计算机运算比较，强大的互联网平台能够提供更好、更快的解决方案。

（8）人才——专业的人才必须占主导地位

技术专家需要大量模型、数据和优化工具优化技术迅速，但如果没有一些专业的技术人才来掌握，它不会取得预期的效果。这些技术人才能确保运用数据、模型的正确性，技术投入到实践中能按设计的运行。仅仅希望通过一些数据收集，运用模型和软件分析而没有技术人才的支持是不现实的，他们主导着知识和经验。

（9）流程——商业流程的运作必须支持优化并且保证提升的空间

物流优化是一个不断累积变化的过程，因为物流的目标、规则和过程并不是一成不变的。当变化来临的时候，不但数据、模型、算法需要做出相应的改变，潜在的商业流程也需要考虑如何变化来支持新的优化方案。商业流程如果不能支持优化或者保证物流优化的提升空间将会导致优化技术不能被有效利用甚至是无用的。

（10）投资回报——投资回报必须考虑整个技术、人才和实施

天下没有免费的午餐，物流优化需要大量的资金、技术和人才，投资回报需要考虑以

下两点：

①整体优化价值的评估；

②优化方案的比较，优化技术的选择。

在成本价值估算方面，当公司有现成的网络平台、应用软件之后，一般都过低估计运用物流优化技术的成本，而这些都需要有专业人才来完成。很少有成功的利用物流优化技术的成本低于最初的技术成本价值估算的案例。如果在初期物流优化的总成本能得到控制，则整个方案的成本一般就会减少。

在预算投资回报时，必须要有好的方法决定一个基准线，衡量技术价值和人才的作用，度量提升的效果，然后考虑进一步的优化。因为数据有时效性，实施过程需要不断地被关注，没有公司能够十分准确地预见他们的物流优化方案实际能够取得怎样的效果。

参考文献

［1］蒋长兵．物流系统与物流工程［M］．北京：中国物资出版社，2006.

［2］陈子侠，蒋长兵，陈达强．现代物流管理教程［M］．北京：中国物资出版社，2007.

［3］陈子侠．现代物流学理论与实践［M］．杭州：浙江大学出版社，2003.

［4］张远昌．仓储管理与库存控制［M］．北京：中国纺织出版社，2004.

［5］郭元萍．仓储管理与实务［M］．北京：中国轻工业出版社，2005.

［6］王文信．仓储管理［M］．厦门：厦门大学出版社，2006.

［7］赵林度，李严锋，金汉信，等．仓储与库存管理［M］．重庆：重庆大学出版社，2008.

［8］高本河，缪力新．仓储与配送管理基础［M］．深圳：海天出版社，2004.

［9］田源．仓储管理［M］．北京：机械工业出版社，2005.

［10］高晓亮，伊俊敏，甘为华．仓储与配送管理［M］．北京：清华大学出版社，北京交通大学出版社，2006.

［11］周万森．仓储与配送管理［M］．北京：北京大学出版社，2005.

［12］真虹，张婕姝．物流企业仓储管理与实务［M］．北京：中国物资出版社，2007.

［13］王国文．仓储管理与战略［M］．北京：中国物资出版社，2009.

［14］沈瑞山．仓储管理［M］．北京：中国人民大学出版社，2009.

［15］刘彦平．仓储和配送管理［M］．北京：电子工业出版社，2006.

［16］高钧．仓储管理［M］．南京：东南大学出版社，2006.

［17］赵涛．仓储经营管理［M］．北京：北京工业大学出版社，2004.

［18］陆超．仓储管理实务［M］．北京：高等教育出版社，2007.

［19］窦志铭．物流商品养护技术［M］．北京：人民交通出版社，2001.

［20］洪家祥，罗凤兰，胡春．仓储与配送［M］．南昌：江西高校出版社，2007.

［21］韩岗．如何进行仓储物料管理［M］．北京：北京大学出版社，2004.

［22］周云霞．仓储管理实务［M］．北京：电子工业出版社，2007.

［23］杜朝辉．仓储与配送［M］．哈尔滨：哈尔滨工业大学出版社，2008.

［24］王转，程国全．配送中心系统规划［M］．北京：中国物资出版社，2008.

[25] 康均，王涛．北宋时期的仓储管理与会计制度［J］．财会学习，2006（4）：66－70.

[26] 郑洁，赵敏．现代仓储管理模式探讨［J］．经营管理者，2008（17）：55.

[27] 任娟．浅析我国物流保险问题［J］．铁路采购与物流，2008（5）：21－22.

[28] 马根峰，王平．物流配送中商品灯货数量的控制技术［J］．物流技术，2002（4）：17－18.

[29] 张春普，张居卿．对物流产业下仓储合同的标的物的探究［J］．集团经济研究，2007（11）：272－273.

[30] 孙艳．仓储合同的法律问题探析［J］．物流技术，2003（12）：31－32.

[31] 房绍坤．仓单若干问题探讨［J］．求是学刊，2002（1）：75－78.

[32] DONALD WATERS. 库存控制与管理［M］．李习文，李斌，译．2 版．北京：机械工业出版社，2005.